铁路基础设施检测技术丛书

铁路综合巡检技术

丛书编委会　编著

中国铁道出版社有限公司

2025年·北　京

内 容 简 介

本书为“铁路基础设施检测技术丛书”之分册。全书共分6章，详细论述了铁路智能巡检发展历程、工务巡检技术、接触网巡检技术、电务巡检技术、三维点云检测技术、综合巡检车多源融合检测技术等内容。本书内容翔实、深入浅出、实用性强，对铁路综合巡检及设备养护维修具有重要意义。

本书适合铁路工程领域综合巡检从业人员参考，也可供高等院校、高职院校铁路相关专业师生学习参考。

图书在版编目（CIP）数据

铁路综合巡检技术 / 丛书编委会编著. -- 北京 : 中国铁道出版社有限公司, 2025. 5. -- (铁路基础设施检测技术丛书). -- ISBN 978-7-113-32168-0

Ⅰ. U216.3

中国国家版本馆CIP数据核字第20259FM082号

书　　名：**铁路综合巡检技术**

作　　者：丛书编委会

策　　划：刘　霞

责任编辑：牛泽平　　编辑部电话：（010）51873155　　电子邮箱：yxdz@tdpress.com

封面设计：高博越

责任校对：安海燕

责任印制：赵星辰

出版发行：中国铁道出版社有限公司（100054，北京市西城区右安门西街8号）

网　　址：https://www.tdpress.com

印　　刷：北京联兴盛业印刷股份有限公司

版　　次：2025年5月第1版　2025年5月第1次印刷

开　　本：700 mm × 1 000 mm　1/16　印张：17　字数：234千

书　　号：ISBN 978-7-113-32168-0

定　　价：138.00元

铁路基础设施检测技术丛书

编委会

序

2024年是中华人民共和国成立75周年，是实现“十四五”规划目标任务的关键一年，也是铁路加快推进“六个现代化体系”建设的重要一年。中国国家铁路集团有限公司党组提出，要以全面深化改革创新为动力，以加快构建“六个现代化体系”为载体，奋力推动铁路高质量发展、率先实现铁路现代化取得新成效，勇当服务和支撑中国式现代化的“火车头”，为以中国式现代化全面推进强国建设、民族复兴伟业贡献铁路力量。贯彻落实加快构建“六个现代化体系”，对铁路基础设施检测保障运营安全的能力提出更高要求。

随着“八纵八横”高铁网逐步建成，高速铁路运营大修改造窗口期即将到来，“开展时速350公里线路等速检测，拓展普速铁路周期性综合检测范围，加大跨局检测组织力度，将高温、高寒时段加密检测纳入年度计划，提高动态检测覆盖率、均衡度”已成为加快构建现代化养护维修体系的有效举措之一。

到2035年我国铁路网规模将达20万公里左右，其中高铁7万公里，如何保障大规模路网的安全运营和科学经济的养护维修，也成为未来关注的重点。用机器替代人工，动态替代静态，智能替代经验，精准状态评价替代服役年限评价，是铁路基础设施检测工作未来发展的趋势。

目前我国已成功研制并应用高速综合检测列车、综合巡检车、专业检查车和运营列车在线检测等多种基础设施检测移动装备，为我国铁路运营前联动测试安全评估和运营后日常动态检测养护维修提供了重要手段。

“铁路基础设施检测技术丛书”涵盖铁路基础设施动态检测多个专业，深入浅出，内容翔实，有助于相关人员从多个维度、多个视角系统深入理解动态检测的技术要点，对确保高速列车运行的平稳安全和高速铁路养护维修的长远发展意义重大，社会效益显著。

2024年10月

前　言

巡检是铁路基础设施检查的重要内容，传统人工巡检作业方法已不能满足现代铁路基础设施检测高效、准确的要求，还有可能给巡视人员带来未知的安全风险。综合巡检车是将机器视觉和人工智能相融合的大型综合巡检设备，能更客观、准确地记录和识别铁路基础设施的外观状态，有效提升铁路基础设施巡检效率。本书是为了促进巡检技术发展，更好地使用大型综合检测装备而编著，介绍了综合巡检车的主要功能、系统组成、检测原理和标定方法。

本书包括6章。第1章介绍铁路智能巡检发展历程，第2章介绍工务巡检技术，第3章介绍接触网巡检技术，第4章介绍电务巡检技术，第5章介绍三维点云检测技术，第6章介绍综合巡检车多源融合检测技术。

本书由“铁路基础设施检测技术丛书”编委会编著，铁科院基础设施检测研究所、北京铁科英迈技术有限公司的技术人员参与编著，魏世斌、戴鹏主要编著，田新宇主审。各章具体编著人员如下：第1章：戴鹏、谭松、尚云涛；第2章：程雨、顾子晨、王昊、李颖、王宁；第3章：周威、杜馨瑜、薛宪堂、王燕国；第4章：程雨、杜馨瑜、宋浩然；第5章：孙淑杰、王胜春、刘俊博；第6章：刘国跃、王登阳、蒋曙光。参与编著的人员还有任盛伟、李向东、方玥、王乐、张翼等。

由于编著者水平有限，书中难免错漏之处，恳请读者批评指正。

编著者

2024年6月

目　录

第 1 章　铁路智能巡检运用需求与技术发展

第 2 章　工务巡检技术发展及数据分析应用

第 4 章 电务巡检技术发展及数据分析应用

第 5 章　三维点云检测技术发展及数据分析应用

第 6 章　综合巡检车多源融合检测技术运用

第1章 铁路智能巡检运用需求与技术发展

1.1 技术背景

1.1.1 铁路基础设施巡检技术兴起

线路巡道是铁路基础设施管理的重要工作。线路巡道人员在保证行车安全，防备人为、自然、不测灾祸和保障设备状态等方面，都发挥着至关重要的作用。按照《高速铁路线路维修规则》要求，针对钢轨外观及表面伤损检查应采用巡检设备与人工巡视相结合的方式进行，人工巡视检查每年不少于一遍，发现钢轨擦伤、鱼鳞裂纹、磨耗、锈蚀及其他伤损时应进行定期复核；对扣件安装状态、部件缺损等问题检查也提出了每半年检查一遍的要求。人工巡视检查如图1-1所示。

图 1-1 人工巡视检查

由于我国铁路线路基础设施分布的地区跨度大，环境多变，每天运营过程中受列车冲击力作用，轨道设备、扣件，接触网、通信信号设备可能发生磨损、断裂、异常形变等问题。过去依靠人工巡道的作业方法，巡视工作量大、夜间作业可视条件差、检查作业效率低，同时还可能给巡视人员带来未知的安全风险，这种传统方式需消耗大量的人力和资源，也因其耗时、低效、主观性强等诸多缺点，已不能满足线路巡检工作高效、准确的要求，因此，研制自动化的线路检测设备成为保障线路结构设备安全的迫切需求。

以提升线路巡检作业效率为目标，铁路运维团队开始广泛研究采用机器视觉来替代人工巡道作业。机器视觉检测方法与传统的人工目视检查相比，具有检测结果客观、可追溯等优势。将检测设备安装在轨道车上进行快速移动检测，可以大量节约检测占用的天窗时间，因此受到世界各国铁路运维部门青睐。

1.1.2 铁路基础设施巡检发展阶段

1. 铁路基础设施巡检成像技术发展

21世纪初，德国和意大利的学者开始尝试使用视频摄像机拍摄钢轨来检查其状态。受限于当时的硬件技术水平，视频图像的清晰度较差，结果存在运动畸变和模糊，因此主要依靠人工浏览分析来查找缺陷。

2005年以后，采用线扫描工业相机开展轨道自动巡检成为轨道巡检的主流手段。意大利Mermec、美国Ensco等公司研发了线路巡检系统并安装在检测车上执行日常检测。日本铁路公司于2006年推出了141系综合检测车，对扣件螺栓紧固状态、道床结构以及钢轨接缝进行检测。德国研发了轨道扫描系统（RAILSCAN）、轨道巡检系统（RAILCHECK）用于开展日常巡检。另外，法国、意大利等国家也研制了不同种类的巡检系统，主要检测功能覆盖钢轨表面缺陷、轨枕破损、扣件异常的自动检查。2010年，中国铁道科学研究院研制了第一套国产化的钢轨表面擦伤检测和轨道巡检系统，如图1-2所示，基本实现了对钢轨、扣件、轨道板、轨旁设备等主要结构部件的全覆盖检测。

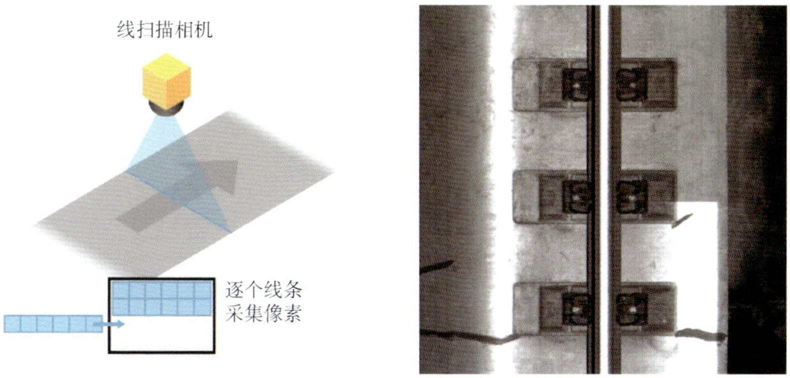

图 1-2 基于工业相机采集的轨道图像

随着巡检技术的发展，线路巡检业务逐渐由轨道结构检查扩展到线路环境巡检。随着现代硬件和激光成像技术的快速发展，基于激光扫描技术获得被测对象三维点云的成像方法开始应用于线路巡检。三维点云能实时获得被测对象的三维表达，并能测量目标形状变化以及物体之间相对距离变化，如图1-3和图1-4所示。

图 1-3 铁路场景三维点云数据

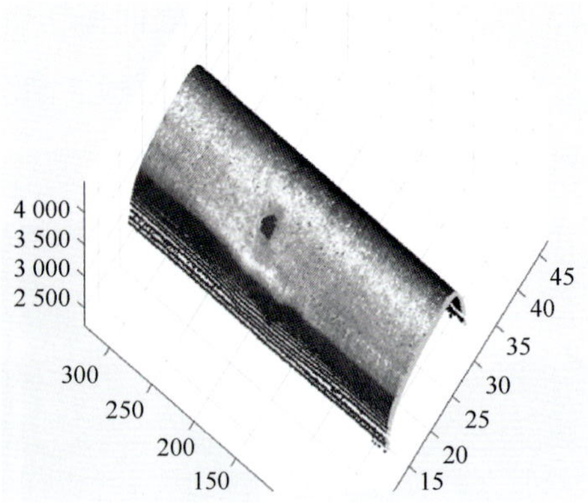

图 1-4 钢轨表面三维点云数据软件示意

2. 铁路基础设施巡检图像分析系统发展阶段

随着图像处理、模式识别和计算机视觉技术的发展，各种用于轨道设施异常状态自动化检测的智能分析系统被广泛运用。在早期方案中，基于人工设计特征和机器学习的检测模型是主流方法。这类方案多借鉴移植“人脸识别”“行人检测”等经典方法。如采用“人脸识别”中的Haar特征+Adaboost分类器的扣件缺陷识别系统；采用“行人检测”中常用的HOG特征并结合K-近邻分类器（KNN）、支持向量机（SVM）等方法的缺陷检测系统等。也有学者设计了基于对比度变换的钢轨表面擦伤检测系统等。因基于人工设计特征的方法在表征模式变化的局限性，早期方法均存在不同线路运用适应性不够、在开放式环境下识别准确率不足等问题。

针对这些问题，国内外研究人员开始尝试使用深度学习神经网络进行轨道图像智能分析。2016年以后，基于深度学习的图像识别技术已经逐渐成为铁路基础设施图像智能化分析技术发展的一个主要发展方向。研究人员针对铁路基础设施巡检图像自动化检测的实际需求，解决了铁路基础设施视觉感知深度学习建模的方法论问题，即如何有效学习巡检数据的特征，建立了具有智能感知能力的深度学习模型。同时，基于深度学习全面系统地研究了目标分类、目标定位、设备缺陷识别等多个问题的智能识别系统建模方法。此外，通过开展大量理论推导、试验验证工作，针对多种设施的检测需求提出了若干可应用的智能识别算法并形成了原型系统。围绕智能识别算法到原型系统的构建，掌握了从数据准备、模型训练、跨平台迁移、部署应用的成套技术，形成了巡检数据智能化分析系统设计和应用框架。基于深度学习的巡检图像数据智能识别分析框架如图1-5所示。

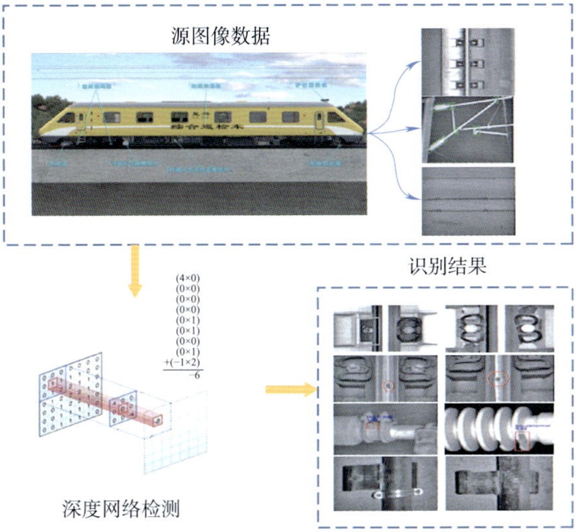

图 1-5　基于深度学习的巡检图像数据智能识别分析框架

深度学习技术为铁路基础设施巡检图像智能化检测提供了新的技术手段，相关研究成果已经集成到巡检系统，在我国各路局站段投入使用，已经执行了上万公里的检测任务，并取得了令人满意的检测应用效果。但在实际应用的过程中，也发现一些不足，如训练样本不足、缺陷分类有限、对新线路的推广和适应能力不强等，后续为了不断提升系统的性能，需要建立合理的样本收集和管理机制，系统性地开展全路范围的缺陷样本收集工作，继续突破小样本条件下的智能识别建模理论与方法的突破，支撑铁路基础设施巡检智能化分析的应用。

1.1.3　铁路智能巡检现场需求分析

工务专业主要负责管理钢轨、扣件、轨道板等设备。钢轨表面伤损是线路维护中的一项重要工作，常见的钢轨表面伤损有钢轨表面擦伤和波浪磨耗等。扣件缺陷主要关注扣件弹条的缺失、断裂、移位、变形。通过巡检图像观察无砟轨道道床状态，及时发现掉落的异物，提升系统安全检查能力。此外还需要对步行板和护栏状态进行判断。工务设备设施典型图像如图1-6所示。

(a) 钢轨踏面伤损

(b) 扣件断裂

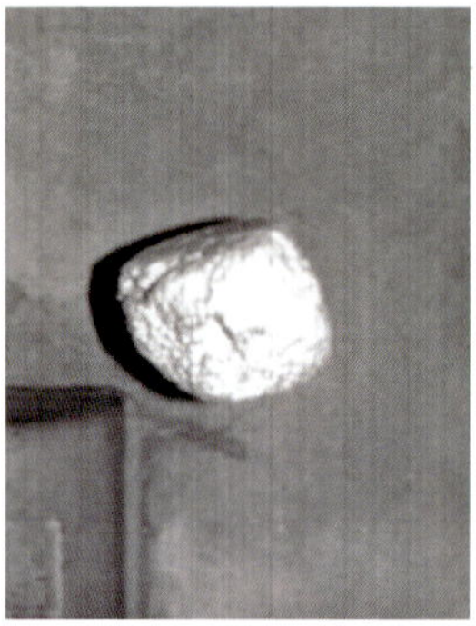

(c) 道床掉落异物

(d) 高铁步行板

(e) 铁路护栏区域

图 1-6　工务设备设施典型图像

供电专业负责管理接触网、支柱及接触网悬挂装置。由于弓网间存在复杂的机械连接及电气连接关系，接触网零部件在运营过程中常出现松、脱、裂、缺、断等故障，严重影响了牵引供电系统安全运行，甚至危及行车。针对接触网缺陷分析目前还是以人工检查分析为主。人工检测工作量大，检测周期长，且主观影响因素较大，亟需开展对于接触网设施智能分析的研究。接触网装置图像如图1-7所示。

图 1-7　接触网装置图像

电务专业负责管理轨旁用于通信和传输信号的设备，该类设备种类繁多，包含了应答器、轨腰塞钉、信号机等。轨腰塞钉脱落、应答器外观破损、通信漏缆及卡具破损是主要关注的问题。另外快速定位找出轨旁箱盒设备并通过图像分析外观状态，可以切实提高巡检效率。电务设备设施典型图像如图1-8所示。

(a) 轨腰塞钉　　(b) 应答器

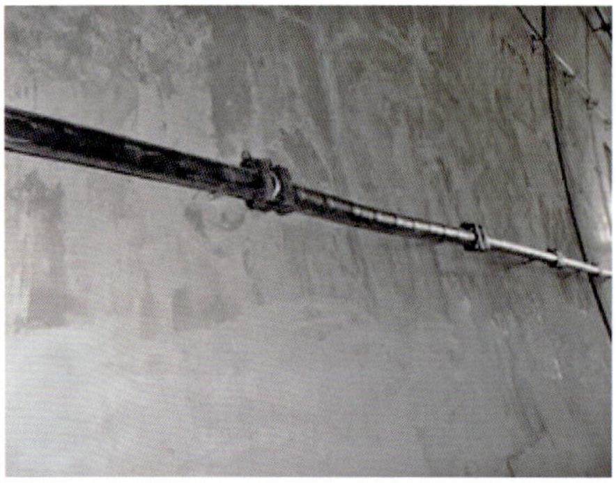

(c) 隧道通信漏缆及卡具

(d) 轨旁箱盒

图 1-8　电务设备设施典型图像

1.2　综合巡检车总体功能及基本原理

高速铁路综合巡检车（图1-9）主要由车体、转向架、动力单元、传动系统、电气系统、制动系统、液压系统、车钩缓冲装置、检测装置等部分组成。检测装置包括轨道状态巡检系统、轨道几何参数及钢轨轮廓检测系统、限界检测系统、接触网悬挂状态高清成像系统、接触网几何参数检测系统、地磁磁通量检测系统、轨旁信号设备外观巡检系统、隧道通信漏缆外观巡检系统、定位同步及环境视频监测系统及检测数据存储管理系统。综合巡检车检测系统如图1-10所示。功能对照表见表1-1。

图 1-9　GX-160 型综合巡检车

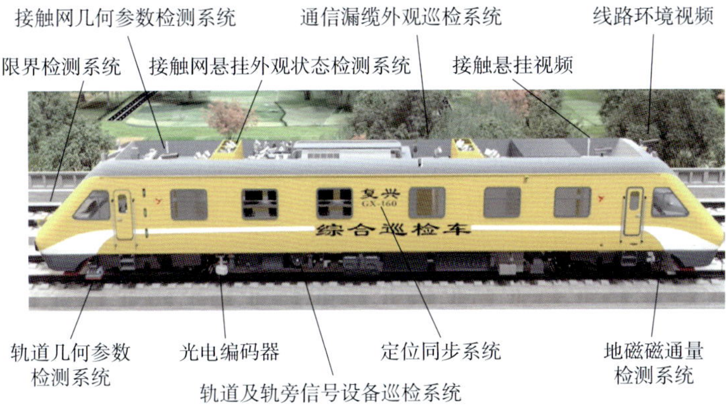

图 1-10　综合巡检车检测系统

表 1-1　高速铁路综合巡检车检测系统功能对照

分类	高速综合巡检车检测项目	检测功能
外观状态	（1）轨道状态巡检	对钢轨表面伤损和扣件异常进行检测
	（2）接触网悬挂状态高清成像	对支持装置、接触悬挂、附加悬挂、吊柱座等外观状态进行检测
	（3）轨旁信号设备外观巡检	对应答器、轨腰外侧塞钉、电务轨旁箱盒等外观状态进行检测
	（4）隧道通信漏缆外观巡检	对隧道内通信漏缆卡具状态进行检测
几何形位	（5）轨道几何参数及钢轨轮廓检测	对轨距、轨向、高低、水平、三角坑、钢轨轮廓、磨耗等参数进行测量
	（6）接触网几何参数检测	对接触线高度和拉出值、定位器坡度等几何参数进行测量
	（7）地磁磁通量检测	对自动过分相装置地面磁感应器的磁通量进行测量
	（8）限界检测	对线桥隧限界和轨旁设备侵限进行检测
视频监测	（9）接触悬挂视频	对接触悬挂进行连续视频记录
	（10）线路环境视频	对线路环境进行连续视频记录
综合平台	（11）定位同步	为检测系统提供统一里程信息和数据采样信号
	（12）检测数据管理	全车检测数据的存储与管理

第2章 工务巡检技术发展及数据分析应用

2.1 轨道状态巡检系统

2.1.1 检测参数及指标

轨道状态巡检系统用于轨道设施的高清图像的实时采集：运用计算机视觉技术，采用先进的高分辨率、低噪声和小畸变的图像传感器，配合光源组件，通过精确定位的空间采样来实现轨道设施的高清图像的实时采集。主要技术参数如下：

（1）图像分辨率：纵向≤1.0 mm/像素，横向≤1.0 mm/像素。

（2）钢轨表面伤损自动识别率：可识别面积大于或等于15 mm×15 mm钢轨表面擦伤，检出率≥80%。

（3）扣件异常检测自动识别率：可识别扣件缺失、弹条断裂等异常，检出率≥80%。

2.1.2 系统架构

车下安装轨道图像采集组件，采用高分辨率线阵扫描组件，结合线路基础设施检测的应用需求，选用红外激光进行补光，采用窄带滤光技术，将95%以上的阳光全部滤除，获取轨道的二维图像，实现全天候成像质量完全一致，为统一数据智能分析和智能识别算法奠定基础。

车内采集服务器主机内部集成高清图像采集模块、信号处理和电源控制模块，具备光源自动控制、多相机采集同步控制、图像编解码、检测摄像组件供电控制、里程同步等功能，并满足5 000 km图像存储要求。

系统通过安装于车轮轴箱的编码器，对图像在线路上的对应位置进行定位，关联对应的里程信息。系统采集模块通过设计反馈控制装置及高精度机械固定装置，克服了运动扫描造成的振动畸变影响。同时采用集成化图像扫描组件，获取到轨道高清图像信息，实现对轨道的巡检。系统设计如图2-1所示。

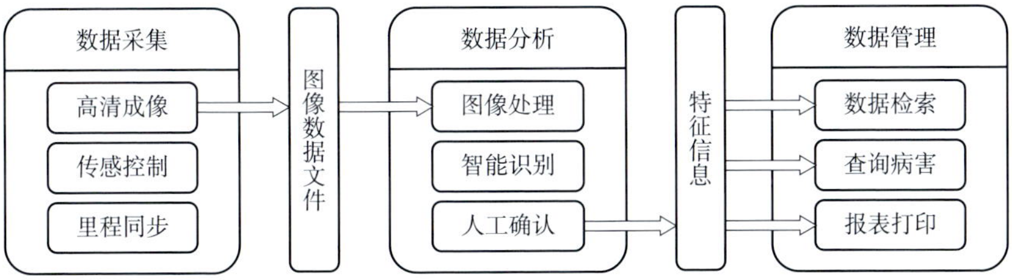

图 2-1　系统设计框图

2.1.3　硬件构成

轨道状态巡检系统主要由图像处理机、线阵图像采集机、激光光源成像组件等硬件组成，系统连线图如图2-2所示。

1. 激光光源成像组件

激光光源成像组件由高清线阵相机、红外激光光源、控制装置及安装机械件组成；共计4台，安装于车下，分别用于左轨腰、左轨面、右轨腰、右轨面的高清成像，如图2-3～图2-6所示。

2. 线阵图像采集机

线阵图像采集机安装于车内机柜，由高性能工业级控制计算机、图像采集板卡等组成，用于高清图像的高速采集、压缩及存储，如图2-7所示。

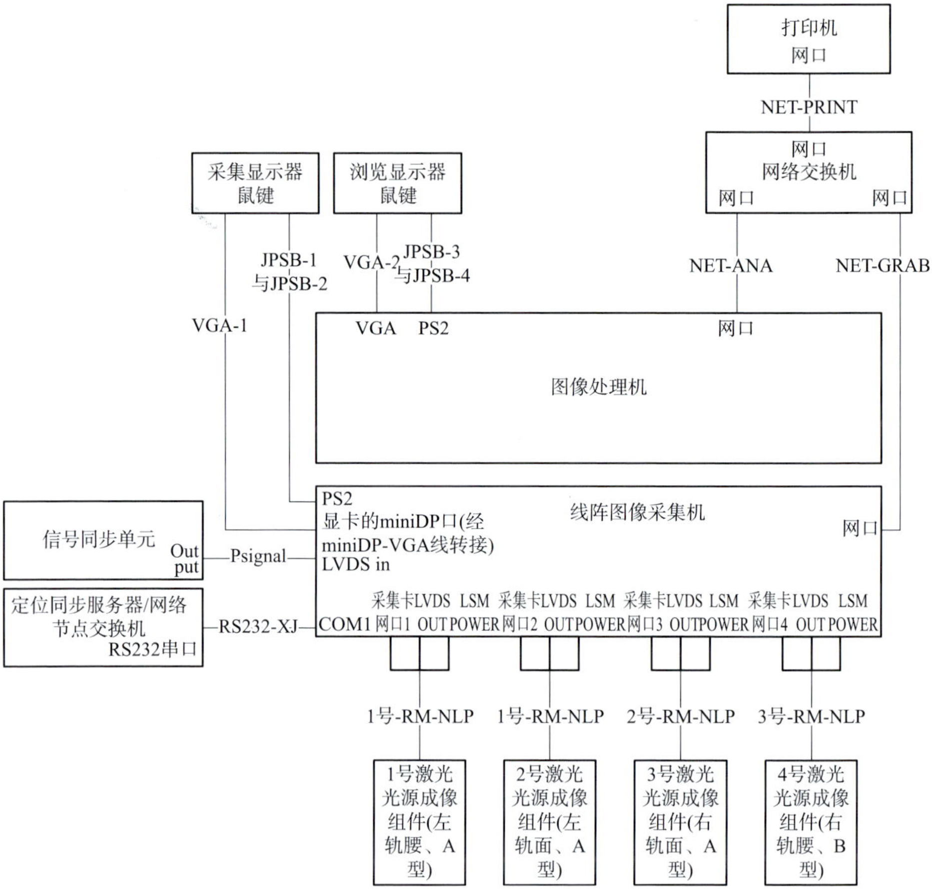

图 2-2　轨道状态巡检系统连线

图 2-3　左轨腰激光光源成像组件

图 2-4　左轨面激光光源成像组件

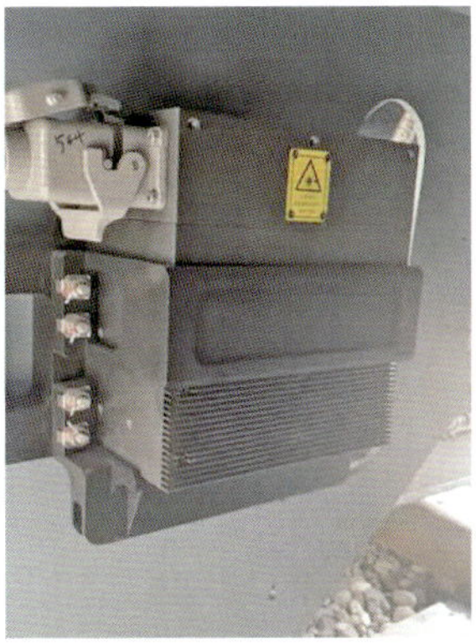

图 2-5 右轨面激光光源成像组件

图 2-6 右轨腰激光光源成像组件

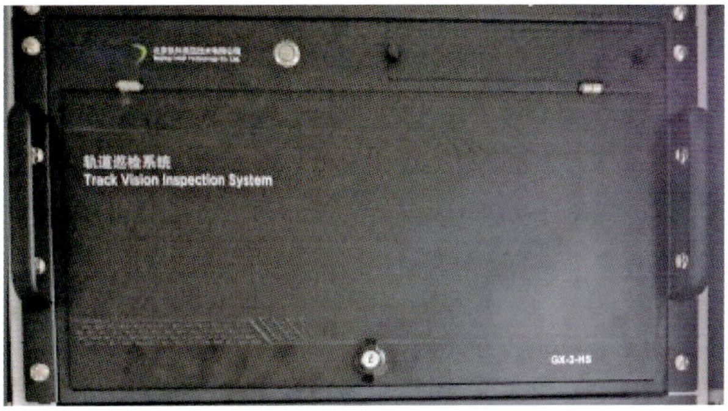

图 2-7 线阵图像采集机

3. 图像处理机

图像处理机安装于车内机柜，主要由高性能工业级控制计算机组成，用于图像数据的回放查看，如图2-8所示。

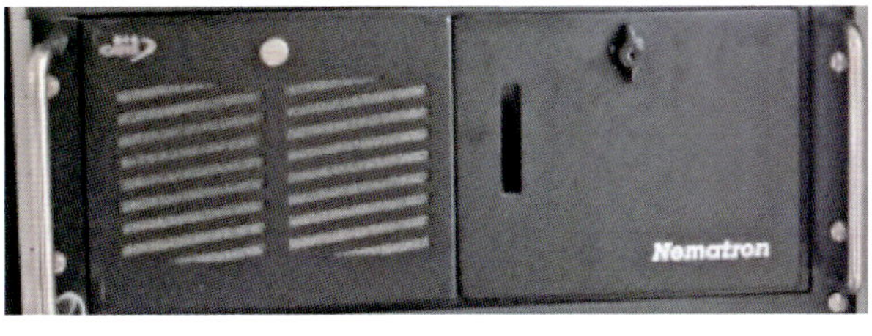

图 2-8 图像处理机

轨道状态巡检系统车下安装4套激光光源成像组件，按图2-9所示位置布置，与车体刚性连接。车辆提供竖向安装平面，平面度2，每套组件重量不超过15 kg。设备线缆长度不超过15 m。

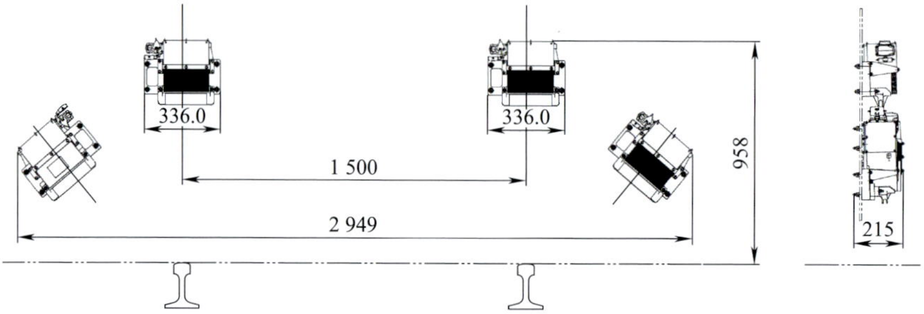

图 2-9　车下成像组件安装位置示意（单位：mm）

2.1.4　软件组成

1. 采集软件

轨道状态巡检系统图像采集软件采集两侧钢轨正上方及轨腰外侧图像，并将图像数据存储在本地磁盘。双击图标 TMAS，可启动图像采集软件，软件主界面如图2-10所示，主要包括菜单栏、控制按钮、信息栏、日志栏及显示区域。

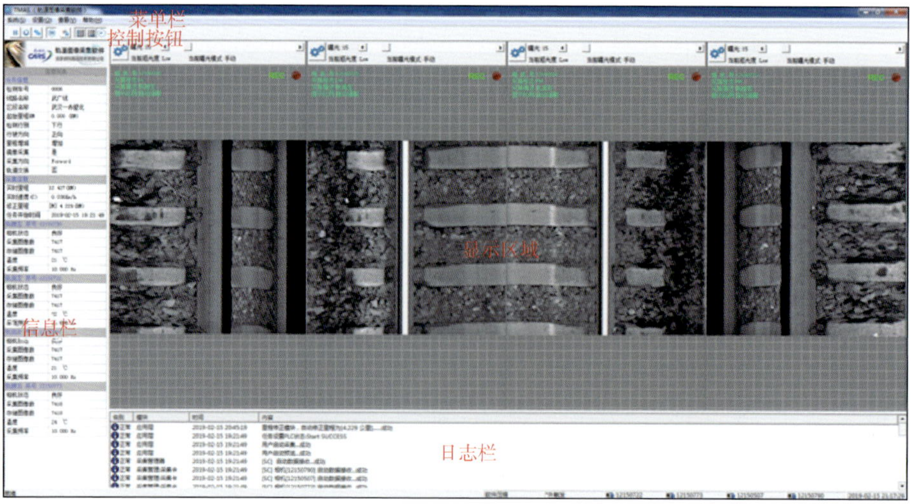

图 2-10　轨道状态巡检系统图像采集软件主界面

2. 分析软件

轨道状态巡检系统采用视觉技术获取轨道及其附属设施的图像信息，巡检图像智能分析软件用于巡检的图像数据浏览和编辑，为用户提供了对图像数据进行标识、检索的功能；具有对轨面擦伤、扣件缺陷、无砟道床异物、步行板缺陷等进行自动识别的功能。巡检图像智能分析软件主功能界面如图2-11所示。

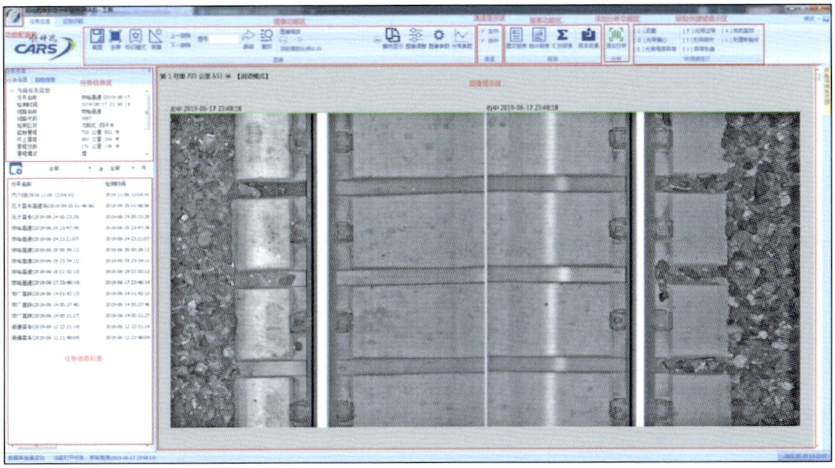

图 2-11　软件主功能界面

2.1.5　检测原理

1. 成像原理

通过大量的实验室试验和动态试验，本系统采用CMOS线阵相机+激光光源的成像方案，成像原理如图2-12所示。

在脉冲信号的触发作用下，相机与激光器同步工作，激光器射出波长808 nm激光线，通过透镜将激光束散射为一条条形区域，拍摄区域被照亮，同时，相机捕捉激光线照射的区域，采用滤光片获取固定波长的光线，滤除太阳光或其他波段的光干扰，拍摄图像。采用此方案获取的图像，照度均匀，抗干扰性强，图像质量高。

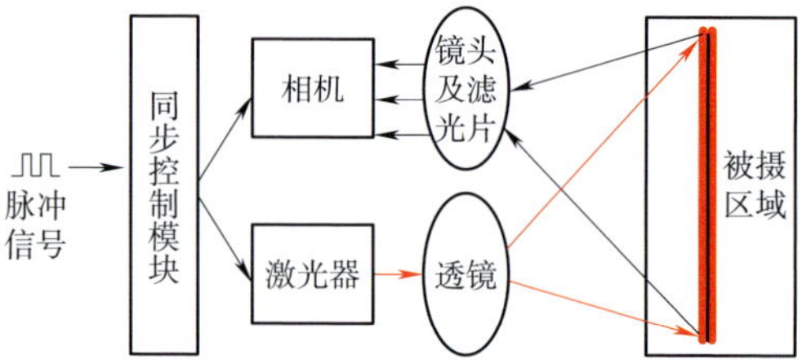

图 2-12　线阵相机 + 激光光源成像原理

2. 采集驱动与系统控制原理

一般线阵相机的工作原理都是通过外部脉冲信号激励驱动，因此通过控制激励信号的产生方式可以实现动态条件下的等距离采样。本系统设计方式是建立与动力传动轴之间的联结结构，实现根据动力机构的频率变化控制脉冲信号的方法。具体驱动原理如图2-13所示。

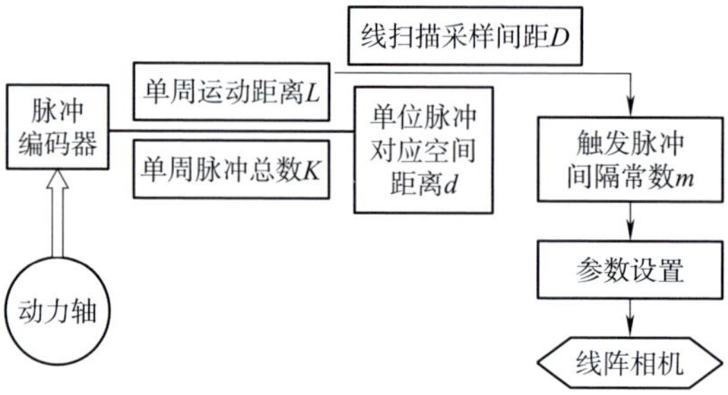

图 2-13　线阵相机等间距扫描驱动原理

脉冲编码器是一种旋转式脉冲发生器，可以把机械转角变成电脉冲。利用脉冲编码器可测出动力轴旋转角度和速度变化的特性，设计一种随动装置，使得编码器伴随动力轴旋转一圈所产生的电脉冲信号总数为固定常值K。基于上述驱动结构，当承载平台速度发生变化时，变化的是单位脉冲信号的宽度，其单位脉冲信号对应的空间距离仍是固定的。这就实现了非匀速运动条件下的空间等间距动态采样。

采集过程的具体控制则通过对关键参数进行调节实现。假设承载平台在动力轴转动单周的运动距离为L，则二者比值即为单位脉冲信号的运动距离d，该参数也是采集系统可达最小空间分辨率。由此可知，在承载平台既定的情况下，脉冲编码器分辨率越高，图像可达精度也越高。具体应用时，可根据所需的采样空间距离D设置单位脉冲信号宽度倍数m配置相机参数。假设行车速度为v的情况下，线扫描频率f和以上参数之间的换算关系如式（2-1）所示。

$$\begin{cases} d=\dfrac{L}{K} \\ m=\dfrac{D}{d} \\ f=\dfrac{v}{md} \end{cases} \tag{2-1}$$

最终得到的频率与行车速度之间呈线性变换关系。另外，在速度v一定的情况下，图像要获得更高的空间分辨率，则需要更高的采样频率，也就是说图像分辨率精度受限于系统可达的实际峰值频率。

3. 智能定位识别算法

综合巡检车的巡检图像智能分析软件可从巡检图像中，自动识别多专业设备缺陷以及定位设备位置。

工务巡检智能识别项点包括：扣件缺陷识别、轨面伤损识别、无砟道床异物识别、步行板缺陷识别。

扣件缺陷识别可识别无砟扣件和有砟扣件的缺失、断裂、移位、变形及反装，如图2-14、图2-15所示。

(a) 正常扣件

(b) 扣件缺失

(c) 扣件断裂

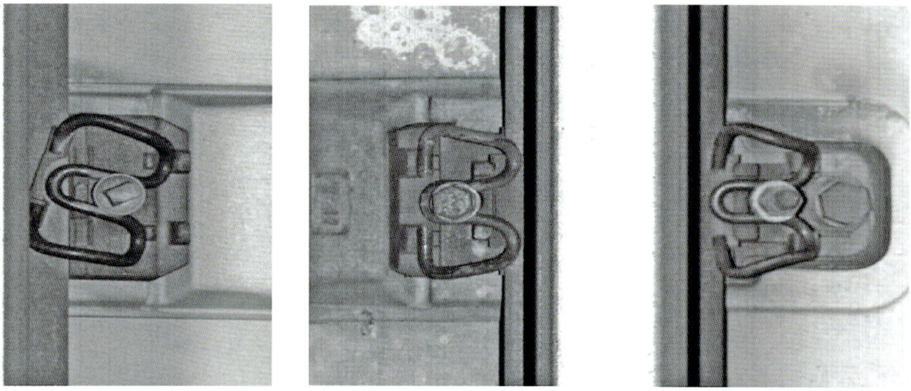

(d) 扣件移位　　(e) 扣件反装　　(f) 扣件变形

图 2-14　无砟扣件缺陷类型

(a) 正常扣件　　(b) 扣件丢失　　(c) 扣件断裂

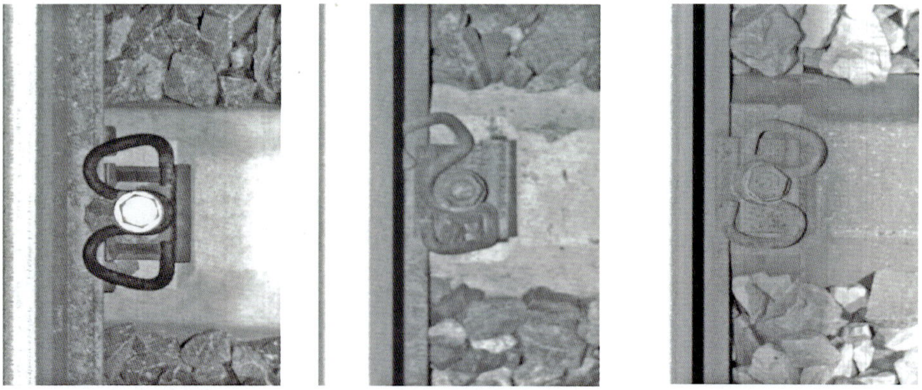

(d) 扣件反装　　(e) 扣件变形　　(f) 扣件移位

图 2-15　有砟扣件缺陷类型

轨面伤损可识别钢轨表面擦伤、剥离掉块等，如图2-16所示。

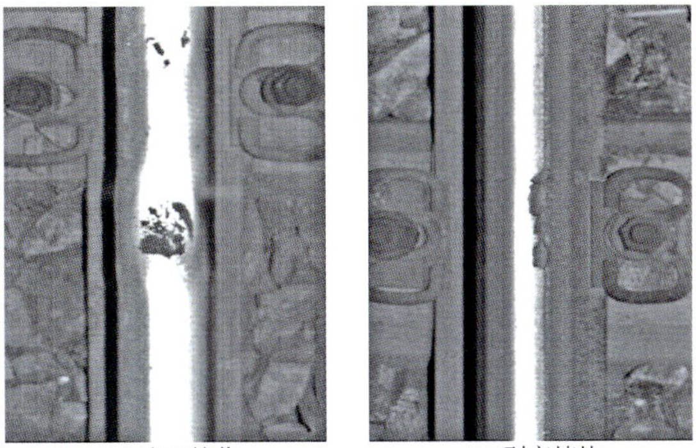

(a) 表面擦伤　　(b) 剥离掉块

图 2-16　轨面伤损缺陷类型

无砟道床异物识别可识别无砟轨道中常见的断裂弹条、石块、零件、垃圾等异物，如图2-17所示。

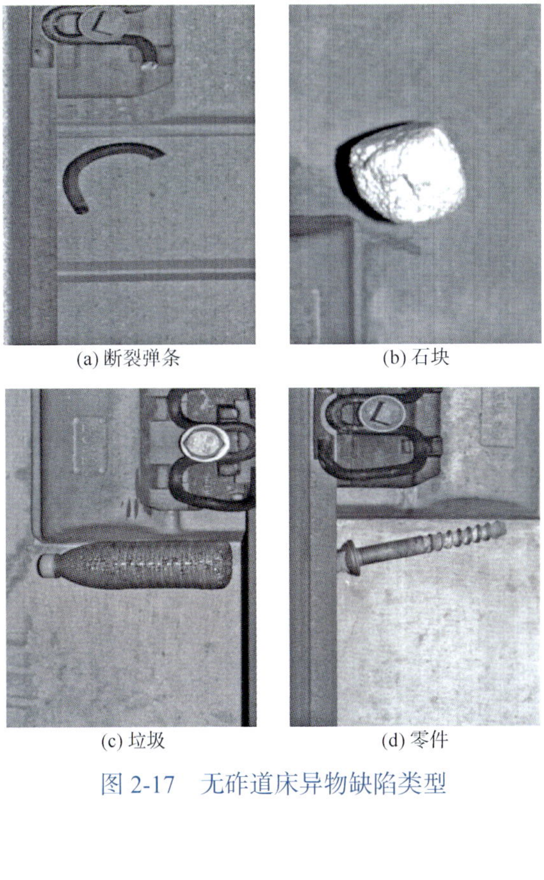

(a) 断裂弹条　　(b) 石块

(c) 垃圾　　(d) 零件

图 2-17　无砟道床异物缺陷类型

步行板缺陷识别可识别轨旁步行板的破损与缺失（图2-18）。

(a) 步行板缺失

(b) 步行板破损

图 2-18　步行板缺陷类型

2.1.6　系统标定

1. 标定准备

（1）在转速台滚筒上粘贴专用标定纸。

（2）根据成像组件在实际加装平台上的安装位置，确定组件视窗距滚筒顶面的距离。用于拍摄轨面的组件，以钢轨顶面为基准面；用于拍摄轨腰的组件，以轨顶轨底连线为基准面。

（3）参数预估。

横向像素根据拍摄对象范围设置（最大值2 048）；纵向像素根据轮径值、镜头焦距、相机感光传感器尺寸等参数计算得出；分倍频根据合同要求的纵向适配比例及公式计算，推理出分倍频，最终算出纵向适配值应尽可能接近于系统要求数值。例：某检测车巡检系统图像横向像素设为2 048，车辆轮径1 050 mm，使用分辨率5 000的编码器，则纵向适配比例=（轮径值）1 050×（圆周率）3.141 592 6/（编码器分辨率）5 000/（倍频）2×（分频）3 =0.989 6，即分倍频分别设为3和2时，得出纵向适配比例数值最接近于小于1 mm/像素的指标要求。纵向像素根据每张图2 000 mm的要求设置纵向拍摄像素，根据公式：纵向像素=2 000/纵向适配比例（0.989 6）=2 021。

2. 参数标定

（1）开启图像采集系统，启动外触发模式。

（2）开启转速台，采集并存储图像数据。

（3）通过图像浏览软件，测量专用标定纸固定长度对应横向和纵向的实际图像像素数，并做相应记录。

以固定100 mm为例，有计算公式：横向像素分辨率=100 mm ÷ 图像中100 mm对应的横向像素数；纵向像素分辨率=100 mm ÷ 图像中100 mm对应的纵向像素数。

（4）用以上计算得出的每个像素数值，与系统预估设置的横纵向像素值对比，此值应与系统实际设置的横纵向像素一致，若有细微差别以计算数据为准进行修正。

3. 功能检查

按照表2-1所示项目进行功能检查。

表 2-1 GX-3 型轨道状态巡检系统主要功能检查项目

图像采集存储功能	可配置、启停采集切换任务，控制传感器采集图像存储图像，图像数据以*.Rssf格式保存，索引文件以*.dex格式保存	满足； 不满足；__________
定位信息同步功能	可接收定位同步系统的定位信息，并可在标识点处自动接收	满足； 不满足；__________
图像数据浏览功能	可加载浏览图像采集系统采集的图像数据	满足； 不满足；__________
图像数据分析功能	可对图像数据进行智能识别，并可输出图文报表	满足； 不满足；__________

2.1.7 常见故障及处理方法

1. 启动采集软件时相机连接失败

（1）检查采集卡网口指示灯是否正常闪烁。

（2）检查网口是否松动，如松动重新插紧后重启软件。

2. 采集时单路相机不出图

观察对应通道采集帧数和存储帧数是否实时变化，与其他通道是否一致，如一致调节曝光看能否出图，如不一致检查采集卡网口是否松动。

3. 采集某通道图像过暗

（1）调节曝光值，最大值不超过15。

（2）如始终偏暗，可能为激光器故障。

4. 浏览/分析软件无法读取采集数据

检查采集机/数据服务器中对应路径中“图像数据”文件夹共享设置，是否为“所有人”的读/写/操作权限。

5. 开启设备供电开关，设备指示灯未亮，设备没有启动

（1）检测供电插头是否插紧。

（2）检查设备背面供电开关是否开启。

（3）机柜内供电插头是否插在插座上。

轨道状态巡检系统操作与维护详见《轨道状态巡检系统操作维护手册》。

2.1.8 系统应用

轨道状态巡检系统可识别扣件、钢轨表面、轨旁步行板、无砟轨道板、轨枕等多种工务设备缺陷。

1. 扣件缺陷识别

（1）WJ-7型扣件如图2-19所示。

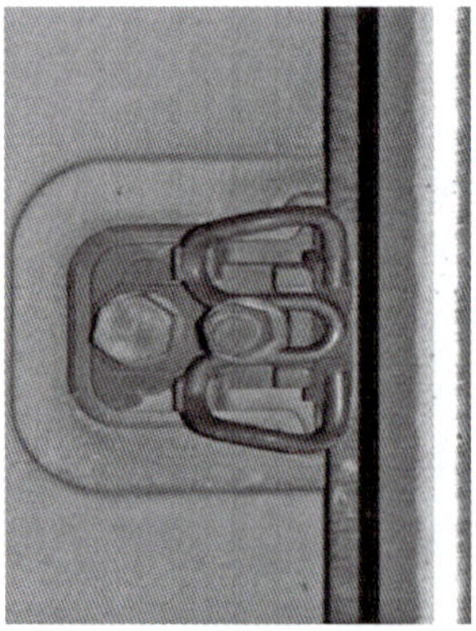

(a) 正常

(b) 缺失

(c) 断裂

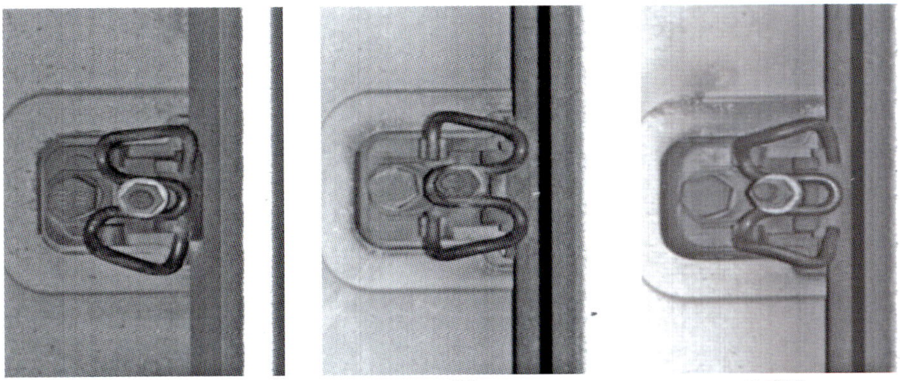

(d) 移位　　(e) 反装　　(f) 变形

图 2-19　WJ-7 型扣件

（2）WJ-8型扣件如图2-20所示。

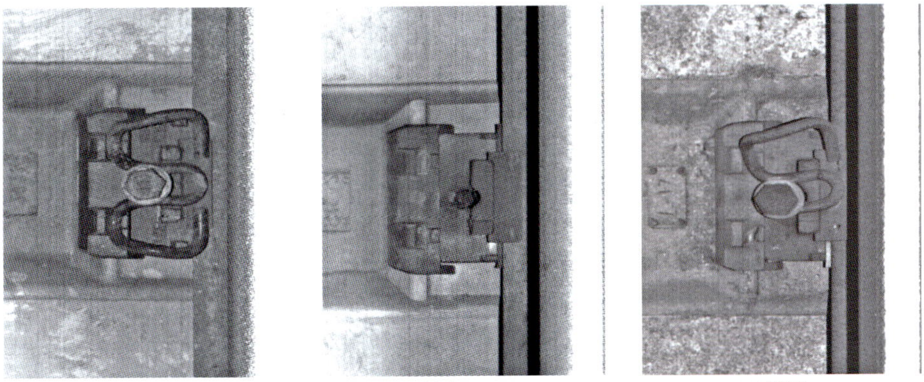

(a) 正常　　(b) 缺失　　(c) 断裂

(d) 移位　　(e) 反装　　(f) 变形

图 2-20　WJ-8 型扣件

（3）W300型扣件如图2-21所示。

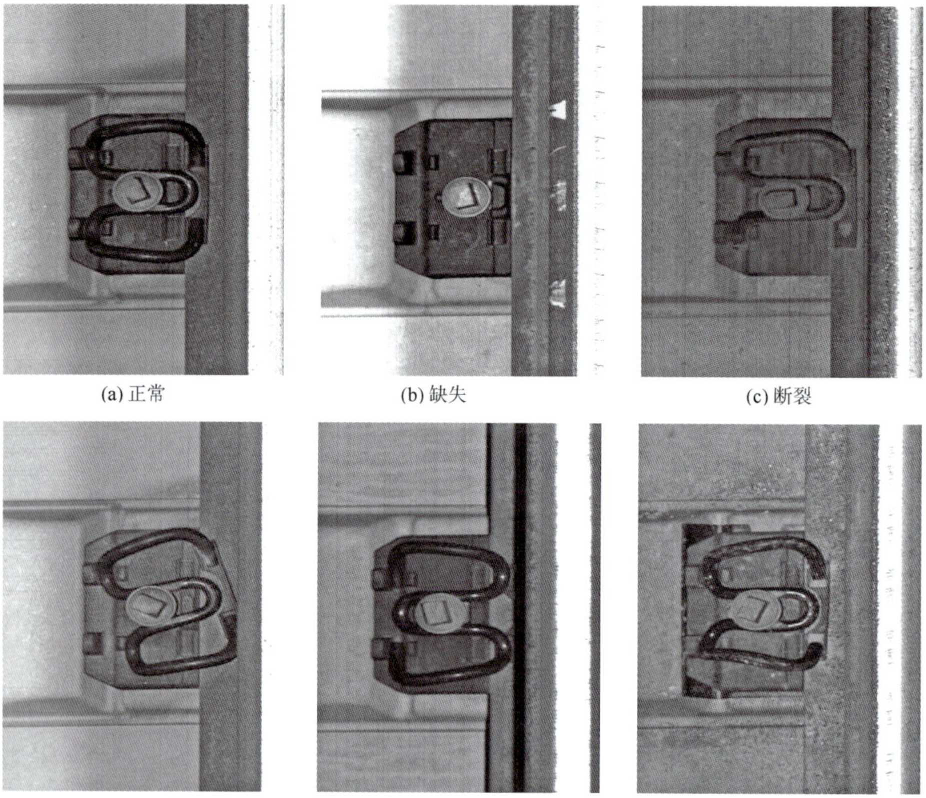

(a) 正常　(b) 缺失　(c) 断裂

(d) 移位　(e) 反装　(f) 变形

图 2-21　W300 型扣件

（4）Ⅱ型扣件如图2-22所示。

(a) 正常　(b) 缺失　(c) 断裂

(d) 移位　　(e) 反装　　(f) 变形

图 2-22　Ⅱ型扣件

（5）Ⅲ型扣件/Ⅳ型扣件如图2-23所示。

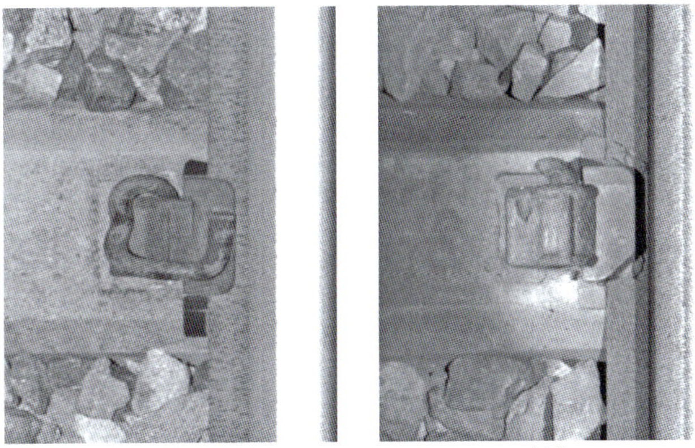

(a) 正常　　(b) 缺失

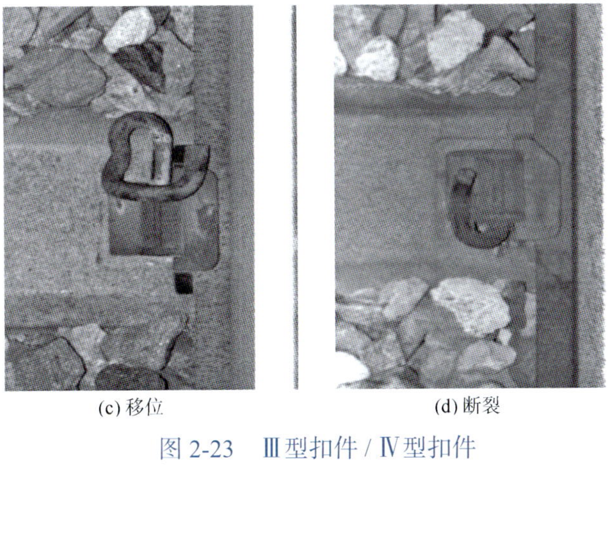

(c) 移位　　(d) 断裂

图 2-23　Ⅲ型扣件 / Ⅳ型扣件

（6）V型扣件如图2-24所示。

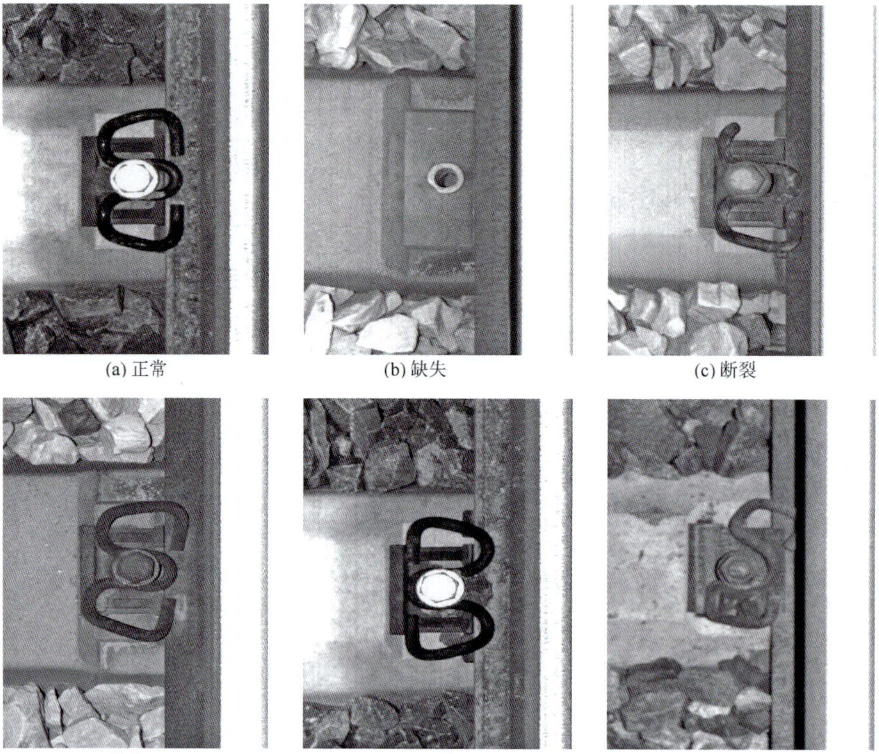

(a) 正常　(b) 缺失　(c) 断裂

(d) 移位　(e) 反装　(f) 变形

图 2-24　V 型扣件

（7）FC型扣件如图2-25所示。

正常　缺失　移位

图 2-25　FC 型扣件

2. 轨面缺陷识别

轨面缺陷如图2-26所示。

(a) 擦伤　　(b) 硌伤　　(c) 掉块

图 2-26　轨面缺陷

3. 无砟道床异物识别

无砟道床异物如图2-27所示。

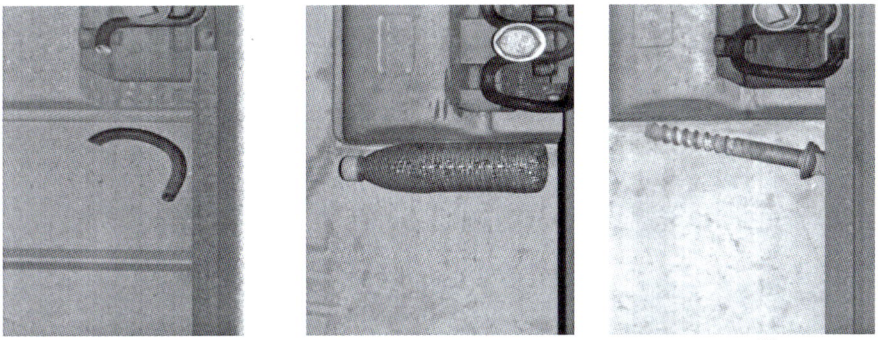

(a) 断裂弹条　　(b) 垃圾　　(c) 零件

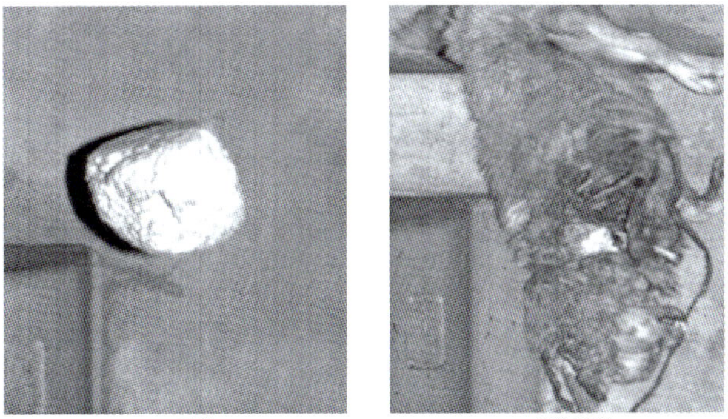

(d) 石块　　(e) 动物尸体

图 2-27　无砟道床异物

4. 轨旁步行板缺陷识别

轨旁步行板缺陷如图2-28所示。

步行板缺失

步行板破损

图 2-28　轨旁步行板缺陷

2.2　轨道几何检测系统

2.2.1　检测参数及指标

轨道几何检测系统可以完成对轨道几何不平顺参数轨距、轨向、高低、水平（超高）、三角坑、轨距变化率、曲线半径等的动态测量。系统利用惯性器件、高速摄像机、激光器等传感器按照等距离采样的方式，在车辆运行过程中完成前端数据采集，通过数学模型计算、数字信号处理获得轨道几何不平顺相关参数，按照轨道质量管理标准自动对轨道几何不平顺参数大值进行超限判断并分级，按里程统计各类参数的偏差种类、分级、扣分等内容形成统计报表，实现轨道几何的动态实时检测、分析功能，为轨道养护维修提供数据支持。性能指标见表2-2。

表 2-2 轨道几何检测系统性能指标

检测项目	测量范围	最大允许误差	波长或基长 /m	起始测量速度/(km/h)	分辨力
轨距	1 420～1 485 mm	±0.8 mm	—	0	0.1 mm
(左、右)轨向	±50 mm ±100 mm ±300 mm	±1.5 mm ±3.0 mm ±5.0 mm	1.5～42 1.5～70 1.5～120	25 40 70	0.1 mm
(左、右)高低	±50 mm ±100 mm ±300 mm	±1.2 mm ±3.0 mm ±5.0 mm	1.5～42 1.5～70 1.5～120	25 45 80	0.1 mm
超高水平	超高：±225 mm 水平：±50 mm	±1.5 mm	—	0	0.2 mm
扭曲(三角坑)	±100 mm	±2 mm ±3 mm	基长≤5.5 5.5<基长<20	0	0.2 mm
曲线半径	≤15 000 m	±2%	—	25	—
轨距变化率			基长在1～20范围内可选	0	0.1 mm/m
车体横向加速度	±10 m/s^2	±0.1 m/s^2	—	0	0.01 m/s^2
车体垂向加速度	±10 m/s^2	±0.1 m/s^2	—	0	0.01 m/s^2

2.2.2 系统架构

轨道几何检测系统由车下检测梁、激光摄像组件、惯性组件和车上实时采集处理计算机、图像处理计算机、服务器、电源箱等节点组成，是一个多级分布式检测系统。对传感器信号进行采集后，通过惯性测量模型算法合成计算轨道几何参数，并对数据进行存储、波形显示、数据统计等功能。系统设计框图如图2-29所示。

2.2.3 硬件构成

轨道几何检测系统主要由激光摄像组件、惯性组件、检测梁、图像处理机、实时处理计算机、服务器等硬件组成。

1. 激光摄像组件

激光摄像组件内部安装有高速相机和激光器，如图2-30和图2-31所示。

高速相机透过光学玻璃片获取轨道图像信息，经过计算机处理后通过CAN总线发送所需要的数据给实时数据处理计算机进行轨道几何参数计算。

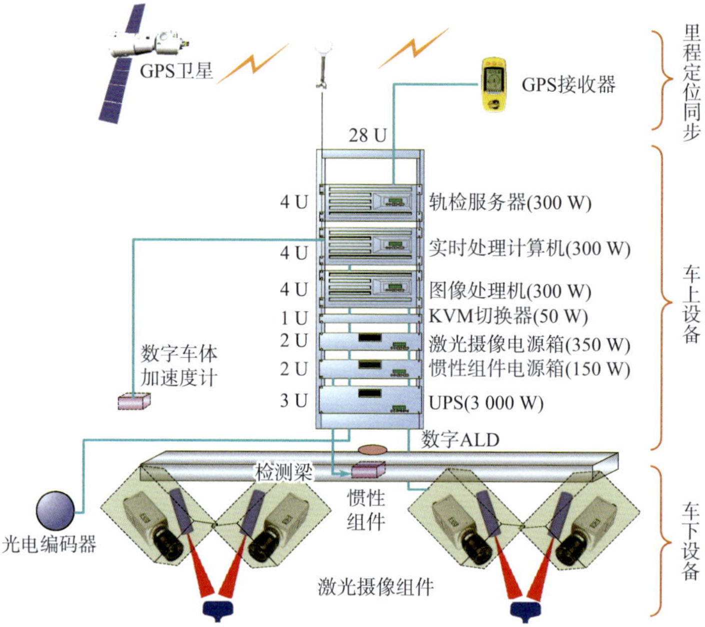

图 2-29　系统结构示意

图 2-30　激光摄像组件外形

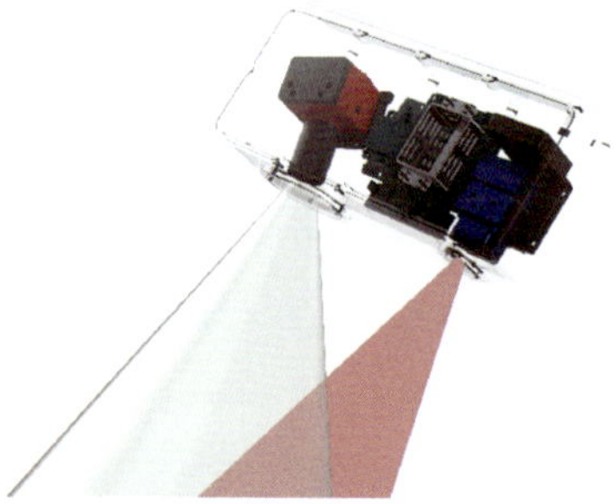

图 2-31　激光摄像组件内部

激光器是轨道检测系统中轨距测量的重要器件之一，其作用为在钢轨表面形成能量较高的窄光带，便于相机提取钢轨的轮廓外形，如图2-32所示。激光器光源的光谱特性、强度、稳定性都会对摄像机采集到图像质量产生影响，其性能的优劣直接影响到整个检测系统。工业相机的选用在分辨率、帧频速度、曝光时间等方面都需要满足相应的指标，达到高速采集要求。

图 2-32 激光器发射激光到钢轨上形成钢轨轮廓

2. 惯性组件

惯性组件由光纤陀螺、石英加速度计、A/D转换电路、信号处理与接口电路等。由于惯性组件安装在转向架上，振动较强烈，将采用减振措施。惯性组件的外形如图2-33所示。

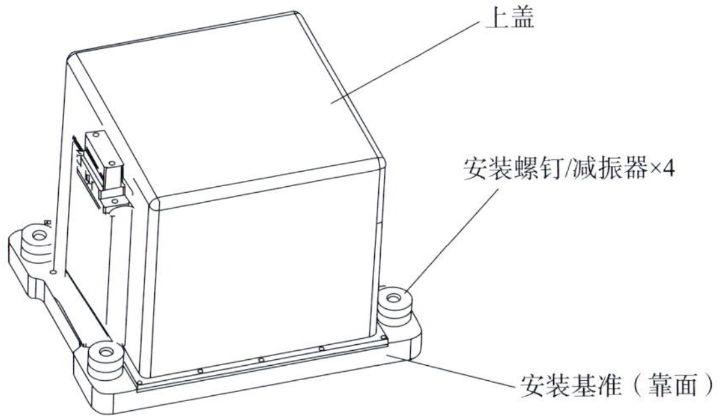

图 2-33 惯性组件外形示意

为保证惯性组件在规定的电磁环境中，与车上其他电子系统相互兼容，要求惯性组件能抑制各种电磁干扰，同时对其他设备的干扰也必须控制在一定水平。电磁兼容设计执行了相关的设计标准，并根据以往型号积累的经验，从电磁干扰形成的机理入手，采取的措施包括：光纤陀螺结构防磁设计；使用双绞线传输脉冲信号；采用适当的滤波器；大电流和小电流信号之间避免共地，信号地与机壳地分开等。

3. 检测梁

检测梁安装在车辆的转向架上，由于检测梁是刚性结构，这种设计的目的是所有的传感器都在同一环境下，惯性传感器能跟踪梁的空间运动。为了确保检测梁的安全，需要在平衡负重、结构寿命和强度方面对检测梁进行设计。检测梁的材质和重量要严格控制，不能影响转向架的惯性特性，同时检测梁必须足够坚硬，确保与所有传感器相互之间安装牢固。每个传感器自身必须能抗冲击，但检测梁的设计也要考虑减振问题，尤其在线路恶劣环境下如何保护所有的传感器和布置的线缆。为了维修方便，检测梁应设计可以方便拆卸的盖子，从梁到车体的布线通过柔性套管外加不锈钢护管保护。在安装及连接环节要考虑安全余量，设计多级安全保护，以确保不能松动或下落，当主要部分受到冲击振动，也能确保安全。

轨道检测系统检测梁轮廓如图2-34所示。检测梁主要组成部分有吊臂、梁体、激光摄像组件、惯性组件、惯性组件防护罩、减振垫、调整垫片。

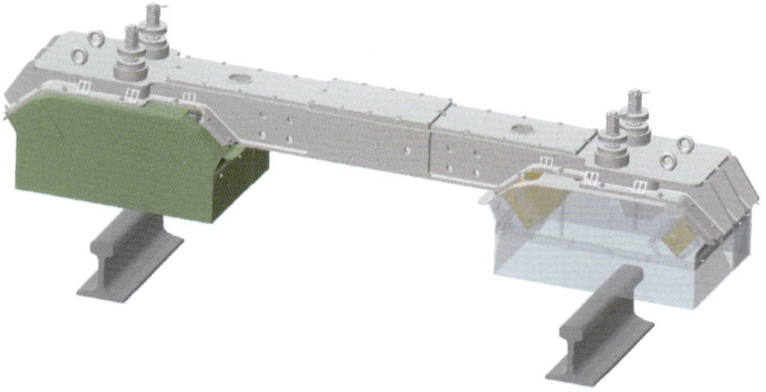

图 2-34　检测梁组成及轮廓示意

检测梁设计过程中要参考传感器尺寸及安装要求，设计连接件，进行强度计算和模态分析。采用有限元分析机械建模进行机械部件的设计，所有的组成部件设计后集成在一起检查其配合、接口以及公差。转向架及相关部件的车辆模型需要使用3D环境，以便设计部件满足精确要求，避免安装时出现问题。模型建立后，在简化的线路环境下对其结构进行分析。利用设计好的冲击、振动和负载试验数据，使用有限元分析软件分析每个部件并集成为一个单元。使用有限元分析软件对所有内容进行分析。系统部件将在模拟实际环境下进行仿真，对产生的大量安全指标数据进行部件的疲劳分析。

4. 安装接口

检测梁安装在车辆的转向架上，检测梁中间安装惯性组件，两端各安装2组激光摄像组件，其整体是一个刚性结构。

轨道几何及钢轨轮廓检测梁安装在综合巡检车转向架端部，在构架端部留有安装接口，轨廓检测梁纵向中心线与转向架纵向中心线重合。检测梁安装如图2-35所示。

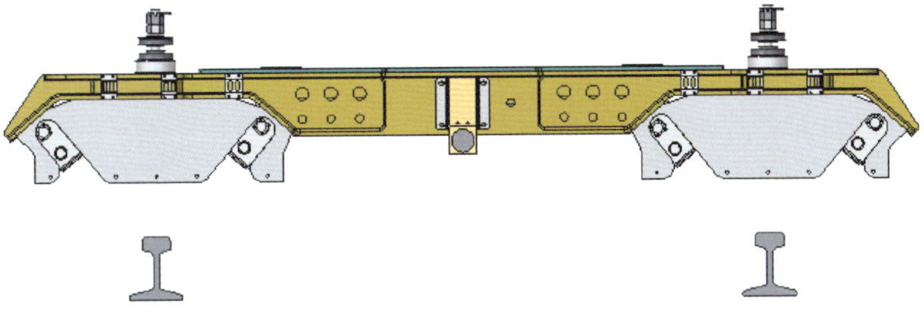

图 2-35 检测梁安装示意

2.2.4 软件组成

1. 数据采集合成软件

实时采集处理计算机使用QNX操作系统，安装实时采集处理软件（GJ），软件版本GJ V6.8.2.4D-110。实时采集处理软件（GJ）的主要功能：

采集传感器信号、数字信号滤波、轨道几何参数合成、实时波形显示、超限判别、原始信号存盘。另外还有参数设置和实时信息显示功能。软件正常工作时，显示如图2-36所示工作界面。

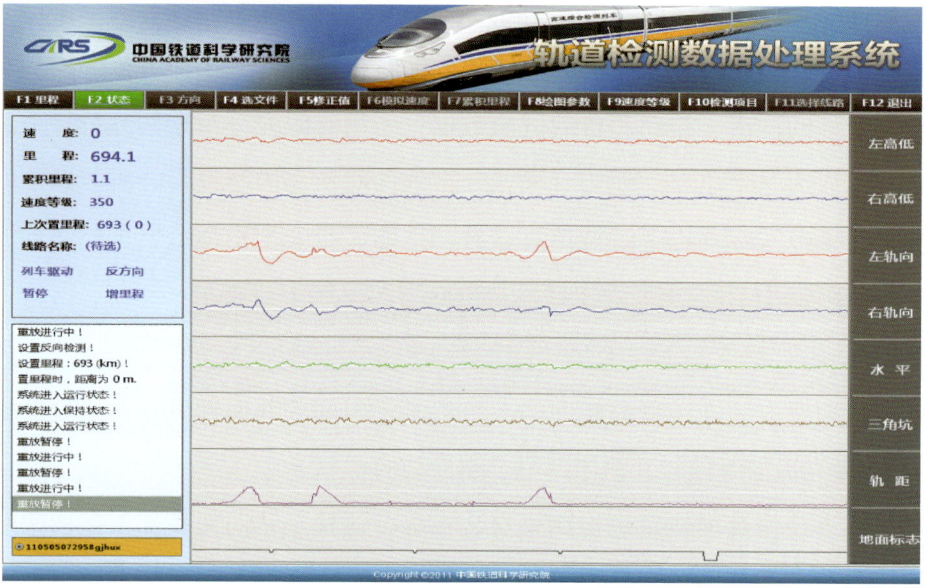

图 2-36　实时采集处理计算机工作界面

2. 图像处理软件

图像处理计算机使用Windows操作系统，安装有轨道几何检测激光摄像图像处理软件（LaserRail），软件版本LaserRail V3.3D，如图2-37所示。图像处理软件（LaserRail）的主要功能：图像采集、轨距点和轨面顶点定位、相对位移计算。另外，还能实时显示曝光时间、帧频及轨距（轨面顶点）数据，修改配置文件。双击图像处理计算机桌面上的“图像处理软件”图标运行图像处理软件。

3. 服务器软件

轨道检测数据集成处理软件（TIDPS）软件版本TIDPS V1.2.5，可安装在轨检服务器或数据分析机中，如图2-38所示。数据分析机使用64位

Windows操作系统。TIDPS的主要功能：数据编辑、波形查看、波形联动、超限管理、区段汇总及报表打印。

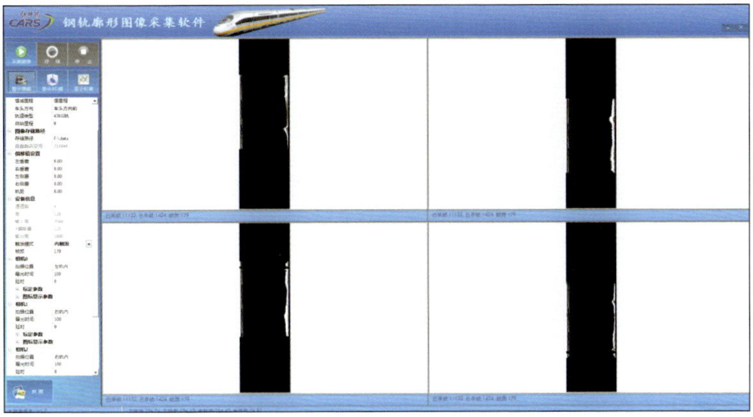

图 2-37　图像处理软件工作界面

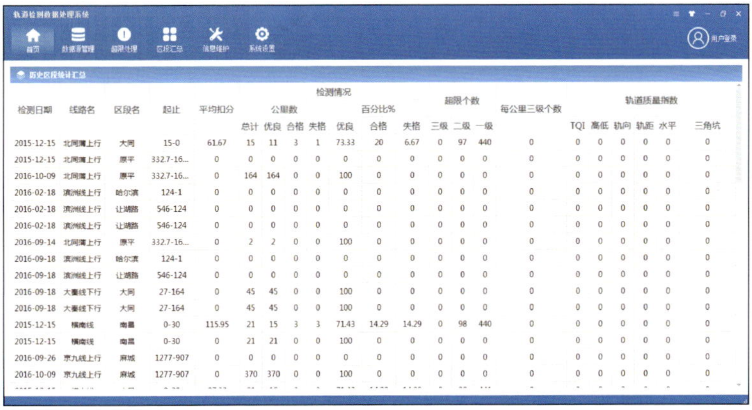

检测日期	线路名	区段名	起止	平均扣分	检测情况 公里数				百分比%			超限个数			每公里三级个数	轨道质量指数					
					总计	优良	合格	失格	优良	合格	失格	三级	二级	一级		TQI	高低	轨向	轨距	水平	三角坑
2015-12-15	北同蒲上行	大同	15-0	61.67	15	11	3	1	73.33	20	6.67	0	97	440	0	0	0	0	0	0	0
2015-12-15	北同蒲上行	原平	332.7-16...	0	0	0	0	0	0	0	0	0	0	0	0	0	0	0	0	0	0
2016-10-09	北同蒲上行	原平	332.7-16...	0	164	164	0	0	100	0	0	0	0	0	0	0	0	0	0	0	0
2016-02-18	滨洲线上行	哈尔滨	124-1	0	0	0	0	0	0	0	0	0	0	0	0	0	0	0	0	0	0
2016-02-18	滨洲线上行	让湖路	546-124	0	0	0	0	0	0	0	0	0	0	0	0	0	0	0	0	0	0
2016-02-18	滨洲线上行	让湖路	546-124	0	0	0	0	0	0	0	0	0	0	0	0	0	0	0	0	0	0
2016-09-14	北同蒲上行	原平	332.7-16...	0	2	2	0	0	100	0	0	0	0	0	0	0	0	0	0	0	0
2016-09-18	滨洲线上行	哈尔滨	124-1	0	0	0	0	0	0	0	0	0	0	0	0	0	0	0	0	0	0
2016-09-18	滨洲线上行	让湖路	546-124	0	0	0	0	0	0	0	0	0	0	0	0	0	0	0	0	0	0
2016-09-18	大秦线下行	大同	27-164	0	45	45	0	0	100	0	0	0	0	0	0	0	0	0	0	0	0
2016-09-18	大秦线下行	大同	27-164	0	45	45	0	0	100	0	0	0	0	0	0	0	0	0	0	0	0
2015-12-15	横南线	南昌	0-30	115.95	21	15	3	3	71.43	14.29	14.29	0	98	440	0	0	0	0	0	0	0
2015-12-15	横南线	南昌	0-30	0	21	21	0	0	100	0	0	0	0	0	0	0	0	0	0	0	0
2016-09-26	京九线上行	麻城	1277-907	0	0	0	0	0	0	0	0	0	0	0	0	0	0	0	0	0	0
2016-10-09	京九线上行	麻城	1277-907	0	370	370	0	0	100	0	0	0	0	0	0	0	0	0	0	0	0

图 2-38　服务器软件工作界面

2.2.5　检测原理

轨道几何检测系统的基本工作原理是：使用激光摄像组件测量检测梁相对于钢轨的横向和垂向位移，使用惯性器件测量检测梁的姿态变化，两者结合通过数学模型计算和数据处理得到轨道几何参数。

1. 轨距

利用激光摄像组件获取轨顶面下16 mm处单边横向位移计算轨距。轨距的计算是轨道几何参数里面比较简单的，只是利用位移信号就可以获得轨距参数，轨距计算的准确性与图像处理系统对钢轨断面图像的处理技术有关，首先需要获取钢轨断面图像，经过软件坐标变换将物理坐标和像素坐标对应，再进行二值化、细化、滤波、提取特征点、去噪等各个环节得到有用信息，发送给主处理机进行合成计算。

采用激光摄像的方式测量轨距，激光器和摄像机组成一个整体组件，线光源垂直于钢轨纵向中心线，摄像机以一定的角度摄取在结构光照射下的钢轨图像，如图2-39所示。

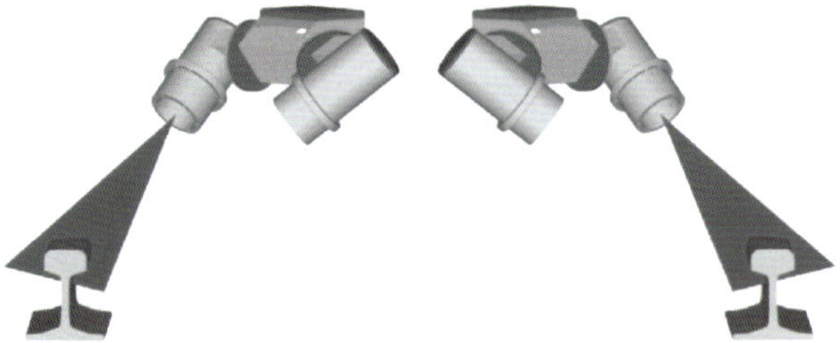

图 2-39　激光摄像系统和轨道空间关系

2. 高低

高低参数的计算采用安装在检测梁中间的惯性组件内的垂向加速度计和激光摄像组件提供的垂向位移来测得，根据它们的测值进行必要处理，并加入姿态修正量最终合成计算得到高低参数。惯性基准原理如图2-40所示。

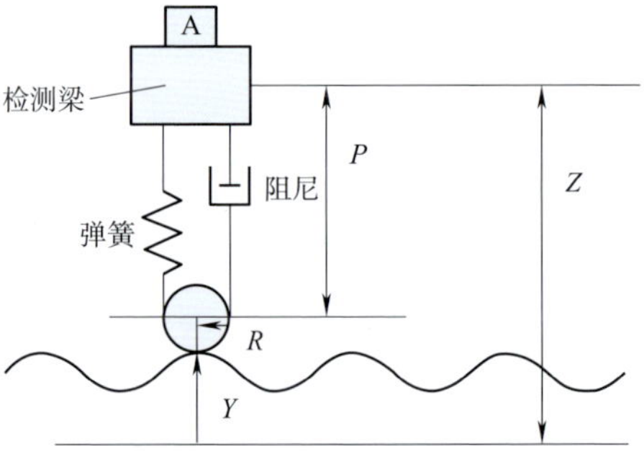

图 2-40　惯性基准法测量原理示意

垂向位移测量检测梁与轮轴的相对位移P（P_L和P_R），加速度计A_v输出值a的二次积分为检测梁相对惯性基准的位移Z。轨道高低不平顺值Y的计算式为

$$Y = Z - P - R \tag{2-2}$$

因轮子半径R为常量，实际测量时式（2-2）可改为

$$Y = Z - P = \iint a\mathrm{d}t\mathrm{d}t - P \tag{2-3}$$

垂向加速度计信号需要经过预处理滤波，计算机采样后经解偏滤波器解偏消除零漂分量。高低的合成计算难点在对高低加速度计的信号进行有效提取，消除列车运行时各种姿态的运动对垂向方向的干扰，比如侧滚产生的加速度在垂向分量A_r、离心加速度在垂向的分量A_S等。另外，还要进行有效、准确的滤波器设计，获得所需的各种波长的数据用于各种速度等级的线路检测。高低计算公式为

$$\text{左向低} = \iint (A_v - A_r - A_S) - P_L \tag{2-4}$$

$$\text{右向低} = \iint (A_v - A_r - A_S) - P_R \tag{2-5}$$

3. 轨向

轨向的测量，采用惯性方法，包括两个部分，一部分是安装于检测梁中央位置惯性组件中的横向加速度计，称为轨向加速度计（ALGN），用于测量检测梁中央位置的横向惯性位移。另一部分是激光摄像组件测量装置所测得的左右轨距分量G_L和G_R。由惯性位移和左右轨距分量计算得到左右轨的轨向。轨向测量原理如图2-41所示。

轨向的计算公式为

$$\text{左轨向：} Y_{LX} = Y_{(X)} + \frac{G}{2} + G_L \tag{2-6}$$

$$右轨向：Y_{RX} = Y_{(X)} - \frac{G}{2} - G_R \tag{2-7}$$

轨向加速度计输出信号先经过滤波器进行预处理，处理后的信号被采样进入计算机解偏后，再由数字滤波器处理，得到加速度信号。由于加速度输出信号，包含着重力加速度、离心加速度以及振动等影响，因此还必须对其进行姿态补偿或滤除。

设轨向加速度计输出信号为a，a中除轨向引起的加速度分量a_0外，还有重力加速度分量a_g，离心加速度分量a_c，滚动加速度分量a_r等。

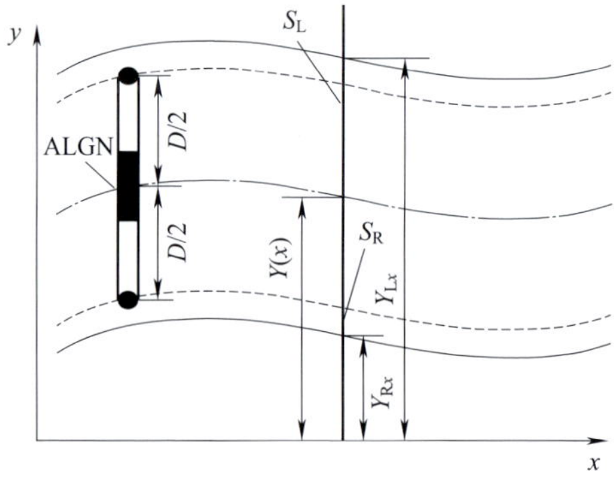

图 2-41　轨向测量原理示意

$$a_0 = a - a_g - a_c - a_r \tag{2-8}$$

检测梁中心惯性位移为

$$Y(x) = \iint a_0 \mathrm{d}t\,\mathrm{d}t \tag{2-9}$$

4. 曲率

曲率定义为一定弦长的曲线轨道对应之圆心角θ，度数大，曲率大，半径小；反之，度数小，曲率小，半径大，曲率亦用$1/R$表示。

当惯性组件安装在转向架上时，可以通过摇头陀螺的测量值直接获得轨道的曲率。摇头陀螺测量转向架的偏航角，其输出信号ω_z表达式为

$$\omega_z = \varphi_b \cos\theta_b \cos\psi_b - \sin\theta_b \psi_b \tag{2-10}$$

因忽略了俯仰角，因此

$$\omega_z \approx \varphi_b \cos\theta_b \tag{2-11}$$

而当滚动角较小时不需要用滚动角余弦做修正，因此可简化为

$$\varphi_b \approx \omega_z \tag{2-12}$$

这样，曲率由摇头陀螺输出数值经过一定的处理直接获得

$$\text{Curvature} = \varphi_b \approx \omega_z \tag{2-13}$$

摇头陀螺YAW的输出信号要首先经过滤波器进行信号预处理，当时间频率一定时，由于速度v的不同，而空间频率ψ就不同。预处理后输出信号经采样，进入计算机进行数字滤波处理。数字滤波的作用，是对信号预处理引起的特性变化进行校正，使得滤波混合处理后，在设计的通带范围内，幅值特性为常量。利用安装在检测梁内惯性组件内的摇头陀螺，结合其他修正量计算轨道曲率。

5. 超高（水平）

利用安装在检测梁内的惯性组件、激光摄像组件提供的各个传感器信息计算轨道超高（水平）。超高的计算使用的传感器最多，而且它计算的角度对高低、轨向等量的计算提供修正角度，该几何参数计算的准确性对其他参数的计算影响较大。

水平是轨道同一横截面上左、右轨顶面相对所在水平面的高度差，但不含曲线上按规定设置的超高值及超高顺坡量。测量水平的传感器分布如图2-42所示。图中倾角计INCL和滚动陀螺Roll用于测量检测梁的滚动角θ_b，Roll测量θ_b中的高频成分，INCL测量θ_b中的低频成分由于检测梁摇头会对INCL输出产生附加影响，YAW为INCL的补偿信号。

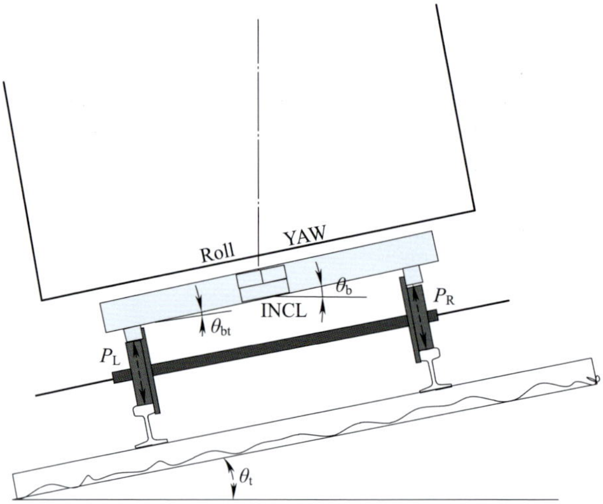

图 2-42　水平测量示意

激光摄像组件提供的垂向位移P_L和P_R用于测量检测梁与轨道间的相对夹角θ_{bt}。检测梁滚动角θ_b和检测梁与轨道夹角θ_{bt}代数和，即可计算出轨道倾角θ_t，由θ_t和两轨中心线间隔G（1 500 mm），计算出水平值。

$$H = G \cdot \sin\theta_t \tag{2-14}$$

车辆运行过程中，安装于惯性组件内的横向加速度A的输出信号包含有轨道水平引起的加速度分量A_1，离心加速度分量A_2，检测梁摇头加速度分量A_3，检测梁滚动加速度分量A_4，检测梁横向水平位移产生的加速度分量A_5等。但是测量水平的有效加速度为A_1。

$$A=A_1+A_2+A_3+A_4+A_5 \tag{2-15}$$

$$A_1=A-(A_2+A_3+A_4+A_5) \tag{2-16}$$

采用补偿或滤波等方法自动消除A_2、A_3、A_4、A_5影响。

6. 扭曲

扭曲俗称三角坑，反映了轨顶的平面性。若轨顶a、b、c、d四点不在一个平面上，c点到a、b、d三点组成平面的垂直距离h为扭曲。扭曲会使车

每公里线路局部峰值动态评定标准：优良——总扣分在50分及以内；合格——总扣分在51～300分；失格——总扣分在300分以上。

（2）区段均值管理

线路质量的均值管理和评价的指标为轨道质量指数（TQI），轨道质量指数管理值见表2-3。

表 2-3　轨道质量指数管理值

速度等级 /（km/h）	左高低 / mm	右高低 / mm	左轨向 / mm	右轨向 / mm	轨距 / mm	水平 / mm	三角坑 / mm	TQI 值 / mm
$v \leqslant 80$	2.2～2.5	2.2～2.5	1.8～2.2	1.8～2.2	1.4～1.6	1.7～1.9	1.9～2.1	13～15
$80 < v \leqslant 120$	1.8～2.2	1.8～2.2	1.4～1.9	1.4～1.9	1.3～1.4	1.6～1.7	1.7～1.9	11～13
$120 < v \leqslant 160$	1.5～1.8	1.5～1.8	1.1～1.4	1.1～1.4	1.1～1.3	1.3～1.6	1.4～1.7	9～11
$160 < v \leqslant 200$	1.1～1.5	1.1～1.5	0.9～1.1	0.9～1.1	0.9～1.1	1.1～1.3	1～1.4	7～9
$200 < v \leqslant 250$	1.4	1.4	1.0	1.0	0.9	1.1	1.2	8.0
$250 < v \leqslant 350$	0.8	0.8	0.7	0.7	0.6	0.7	0.7	5.0

区段均值评价采用扣分法。单个TQI计算单元的扣分标准可由铁路局集团公司规定。区段均值评价以整公里为单位，每公里扣分总数为5个计算区段的TQI扣分值之和，计算公式如下：

$$T = \sum_{1}^{5} T_{200} \tag{2-19}$$

式中　T——每公里扣分总数；

T_{200}——单个TQI计算单元的扣分数。

每公里线路区段均值评定标准划分为：均衡——代表线路质量均衡，不需要维修；计划——代表应列入维修计划，适时进行修理；优先——代表应优先列入维修计划，尽快安排修理。

2.2.8.3　轨道几何检测超限编辑

在轨道几何检测过程中，由于传感器、天气和数据传输等原因产生轨道不平顺常常存在异常值，同时由于标定误差和惯性组件漂移等原因使得水平和轨距信号产生基线偏移，影响了计算机自动超限判断，因此在轨道检测过程中需要对异常超限进行编辑。下面结合检测波形简单介绍异常值超限编辑方法。

1. 岔区处异常轨道不平顺编辑

（1）辙叉心处异常轨道不平顺编辑

对于固定型辙叉，在辙叉心有害空间处，钢轨实际作用边不连续，如图2-44和图2-45所示，GJ-6D型轨检系统采用了图像测量方法，轨距、轨向受道岔结构影响，此处出现的轨距、轨向、轨距变化率超限在编辑时应予删除，如图2-46所示。

图 2-44　固定型辙叉

图 2-45　固定型辙叉有害空间

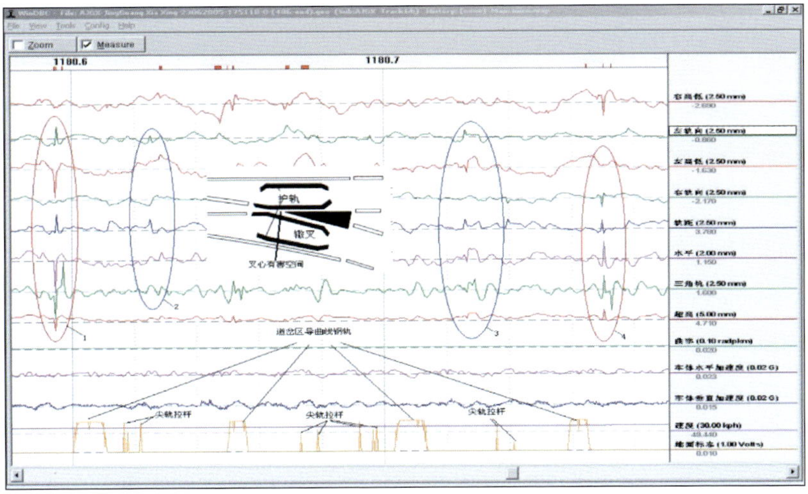

图 2-46　固定型辙叉道岔处超限

（2）尖轨处异常轨道不平顺编辑

藏尖式尖轨因将尖轨实际尖端藏在基本轨工作边之内,因此改善了车轮与尖轨实际尖端的相互关系,提高了列车运行的安全性。此时基本轨工作边会做刨切设计，如图2-47所示，轨检车通过时若尖轨降低值不好，此时会出现轨距变化率，在编辑时要结合车体横向加速度反应是否明显进行编辑。藏尖式尖轨与基本轨不密贴，轨检车通过时检测出的小轨距超限，这时应予保留。

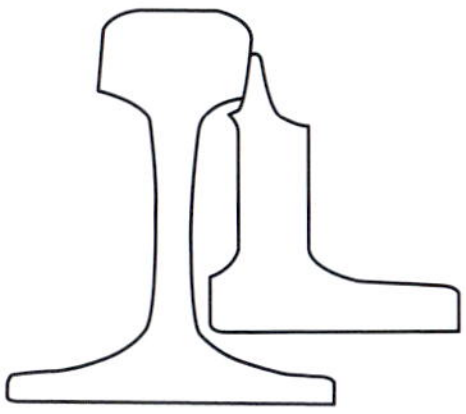

图 2-47　藏尖式尖轨

BWG18号（CN-6118）和BWG 42号（CN-6142）道岔，采用了动态轨距优化（FAKOP）技术。尖轨处设计了轨距加宽量（图2-48）。18号道岔的轨距加宽从第3号轨枕开始，到第39号轨枕加宽结束，长度约22 m，最大加宽量15 mm。42号道岔的轨距加宽从第2号轨枕开始，到第74号轨枕加宽结束长度约43 m最大加宽量15 mm。见表2-4。

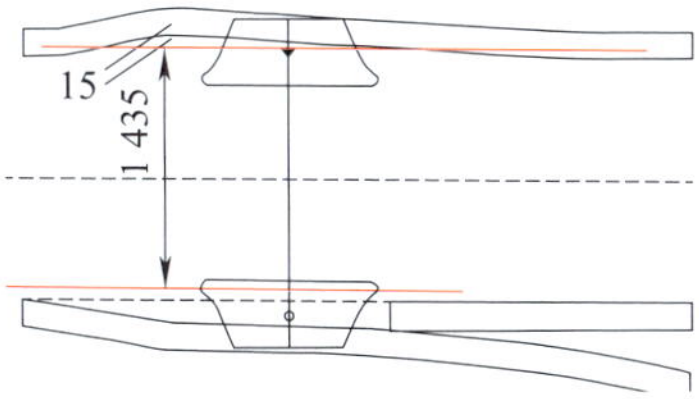

图 2-48　加宽示意（单位：mm）

表 2-4　BWG 道岔轨距加宽值

18号道岔转辙器轨距加宽值（单位：mm）									
轨枕编号	轨距	轨枕编号	轨距	轨枕编号	轨距	轨枕编号	轨距	轨枕编号	轨距
1	1 435	9	1 444.9（1 445.9）	17	1 447.5	25	1 442.8	33	1 438.1
2	1 435	10	1 446.6（1 446.8）	18	1 446.9	26	1 442.2	34	1 437.5
3	1 435.1	11	1 448.3	19	1 446.3	27	1 441.6	35	1 436.9
4	1 437.9	12	1 449.8	20	1 445.7	28	1 441	36	1 436.3
5	1 442.5	13	1 449.8	21	1 445.1	29	1 440.4	37	1 435.7
6	1 439.8（1 443.3）	14	1 449.2	22	1 444.5	30	1 439.8	38	1 435.2
7	1 441.4（1 444.2）	15	1 448.6	23	1 443.9	31	1 439.3	39	1 435.1
8	1 443.1（1 445.0）	16	1 448.1	24	1 443.4	32	1 438.7		

42号道岔转辙器轨距加宽值（单位：mm）									
轨枕编号	轨距	轨枕编号	轨距	轨枕编号	轨距	轨枕编号	轨距	轨枕编号	轨距
1	1 435	16	1 444.5	31	1 448.9	46	1 444.1	61	1 439.2
2	1 435.1	17	1 444.9	32	1 448.6	47	1 443.7	62	1 438.9
3	1 435.4	18	1 445.4	33	1 448.3	48	1 443.4	63	1 438.5
4	1 436.7	19	1 445.9	34	1 447.9	49	1 443.1	64	1 438.2
5	1 438.1	20	1 446.4	35	1 447.6	50	1 442.8	65	1 437.9
6	1 439.6	21	1 447.0	36	1 447.3	51	1 442.4	66	1 437.6
7	1 441.2	22	1 447.7	37	1 447.0	52	1 442.1	67	1 437.2
8	1 442.8	23	1 448.4	38	1 446.6	53	1 441.8	68	1 436.9
9	1 442.9	24	1 449.0	39	1 446.3	54	141.5	69	1 436.6
10	1 443.0	25	1 449.6	40	1 446.0	55	1 441.1	70	1 436.3
11	1 443.1	26	1 449.9	41	1 445.7	56	1 440.8	71	1 435.9
12	1 443.3	27	1 450.0	42	1 450.4	57	1 440.5	72	1 435.6
13	1 443.5	28	1 449.9	43	1 445.0	58	1 440.2	73	1 435.3
14	1 443.8	29	1 449.6	44	1 444.7	59	1 439.8	74	1 435.1
15	1 444.1	30	1 449.2	45	1 444.4	60	1 439.5		

这些轨距加宽超限，在波形图上反映是很明显的，如图2-49和图2-50所示，对于这种原因引起的轨距、轨向超限应结合实际的轨距加宽量进行人工编辑。

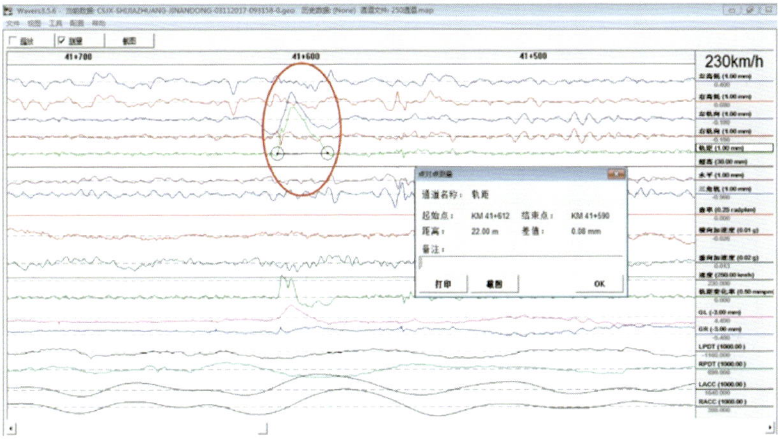

图 2-49　BWG 18 号道岔轨距加宽波形

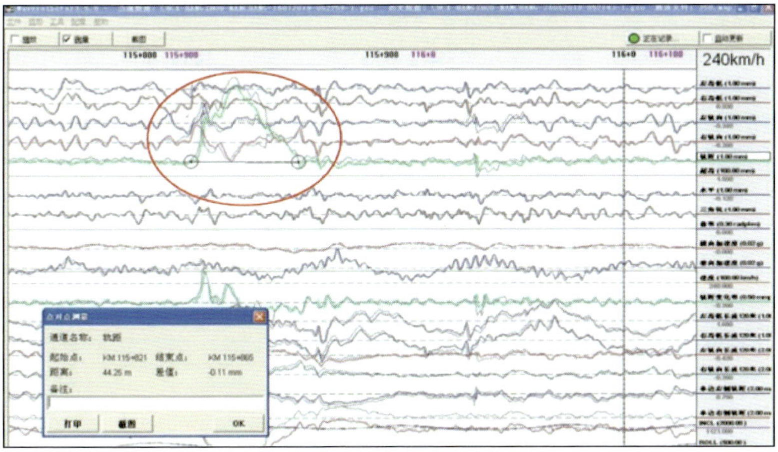

图 2-50　BWG 42 号道岔轨距加宽波形

2. 低速侧向通过道岔引起的轨向超限编辑

轨检车侧向低速通过道岔导曲线时，由于导曲线不设超高，超高通道信号较小，但导曲线一般半径较小，曲率信号较大，因此结合ALD信号比较容易确定侧向过叉位置，如图2-51所示。此时惯性组件内轨向加速度计变化较大，轨向平衡能力差，由于滤波原因把小半径曲线的部分成分当作轨向输出。因此，低速侧向过道岔时的轨向超限应予删除。

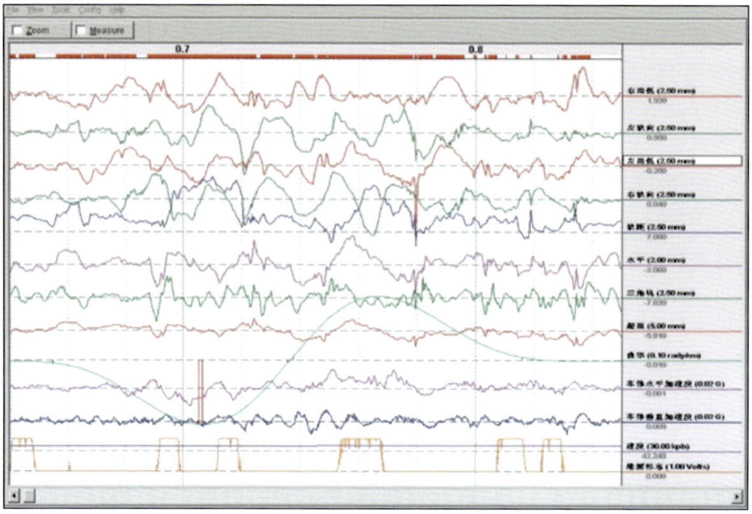

图 2-51　低速侧向道岔

道岔侧向通过允许速度表见表2-5。

表 2-5　道岔侧向通过速度

道岔号	侧向允许通过速度 /（km/h）
9	30
12	45
18	80
42	160
62	220

3. 普速线路小半径曲线轨距编辑

依据TG/GW102—2019《普速铁路线路修理规则》，245 m≤R＜295 m的小半径曲线轨距加宽为5 mm，195 m≤R＜245 m的小半径曲线轨距加宽为10 mm，R＜195 m的小半径曲线轨距加宽为15 mm。轨检车在检测小半径曲线时，轨检系统根据测量的曲率自动识别曲线半径，根据半径大小考虑扣除加宽量，然后再进行超限判断。但实际曲率测量会有误差，如把295 m＞

$R \geqslant 245$ m的曲线当作295 m半径以下的曲线判断时，轨距就会扣除加宽量，容易误判为小轨距，而波形图上轨距为实际轨距偏差，并没扣除加宽量的影响。因此编辑时应结合线路台账信息核对曲线里程对其进行编辑。

（1）检测设备故障引起的孤立超限判断方法

孤立的轨道不平顺主要因为图像干扰引起，一般由于只是单侧钢轨断面受到干扰，其特征主要表现为轨距、水平、三角坑和单侧高低和轨向同时出现尖刺，而对应的加速度信号并无明显反应，这种超限应予删除，如图2-52和图2-53所示。

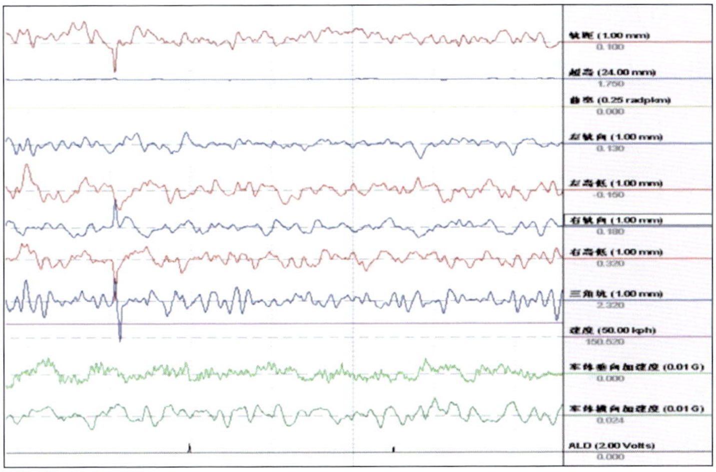

图 2-52　孤立不平顺异常超限

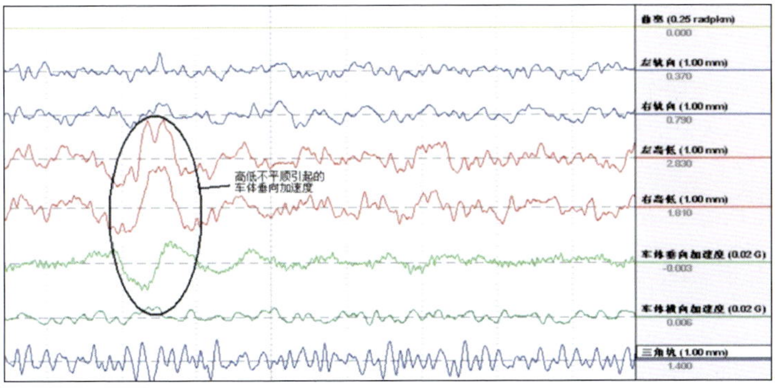

图 2-53　高低不平顺引起的车体垂向加速度

（2）车体加速度辅助判断方法

一般大的轨道不平顺都可能引起较大的车体加速度响应，但受到列车速度的影响不同波长的轨道不平顺在不同速度下引起的车体加速度也不相同。一般情况高低和车体垂向加速度、轨向和车体水平加速度相关性较好，特别是轨道不平顺波长与车体敏感波长（与速度有关）一致时，轨道不平顺与车体加速度能一一对应，只是相位不同。因此，利用车体加速度可以辅助评判超限正确性，以利于超限编辑。

（3）阳光干扰

由于GJ-6D型轨检系统采用图像测量方法，当阳光照射在激光切割断面上时，将引起图像处理困难，很难识别实际的钢轨轮廓，使得高低、轨向、水平、三角坑、轨距变化率项目检测波形出现剧烈变化，如图2-54所示。这种情况一般只出现在单侧钢轨，遇到这种情况应删除相应区段超限，如果判断持续时间较长，应关闭相应检测通道的超限判断。

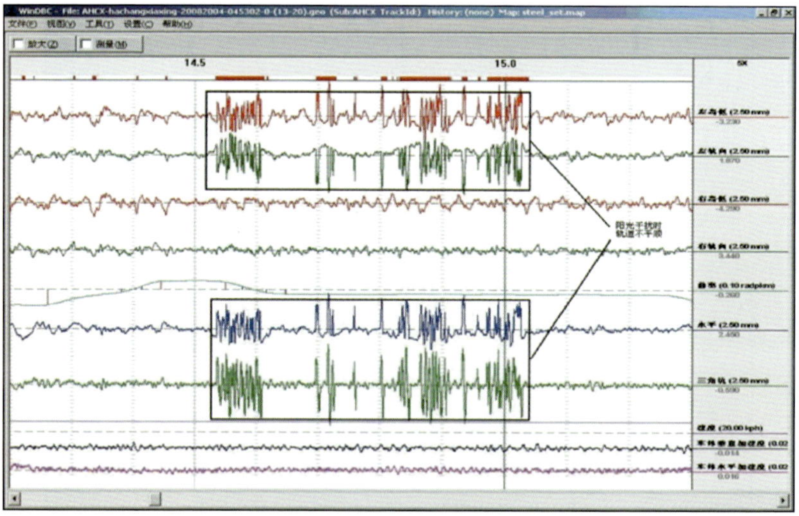

图 2-54　阳光干扰

（4）其他干扰

对于采用图像处理轨道检测系统，因挂纸、泥沙雪、钢轨打磨等干扰引起激光和检测图像不正常，检测波形产生异常，这种情况为表现单侧钢轨不平顺出现异常，如图2-55和图2-56所示波形。

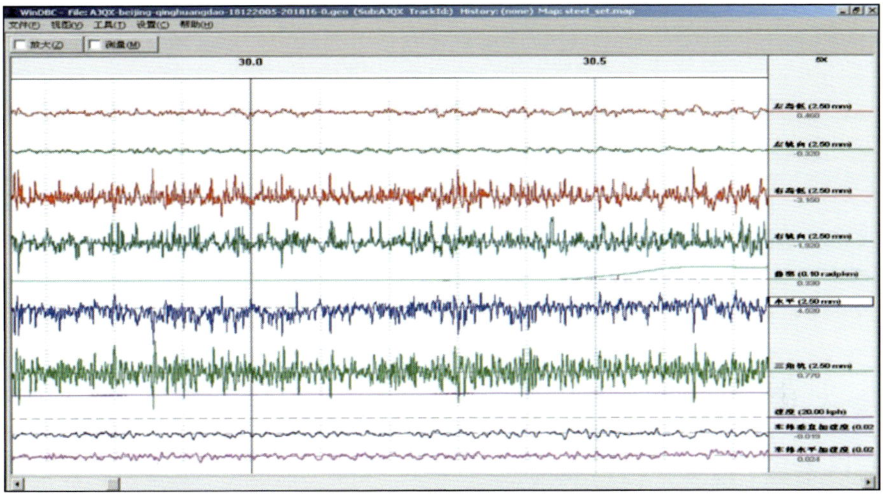

图 2-55　挂纸干扰

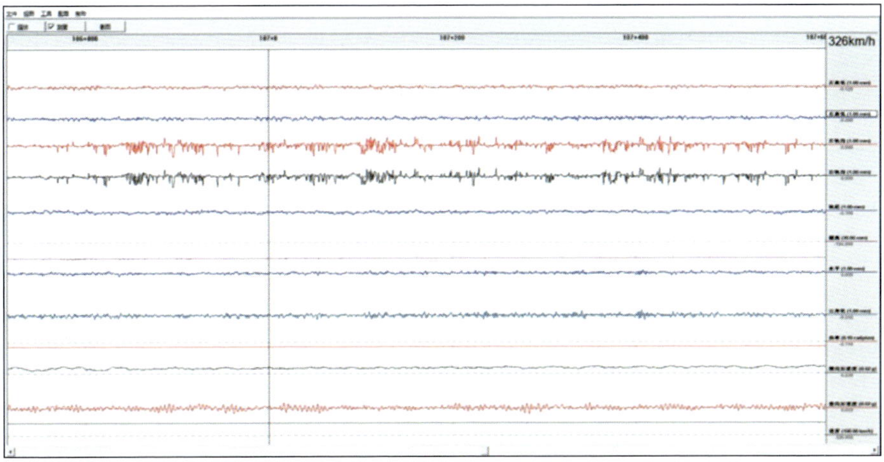

图 2-56　钢轨打磨

4. TQI编辑规则

TQI每200 m为一个计算单元，如果该200 m区段内包含以下情况，该TQI置无效。

加宽道岔，如图2-57所示。

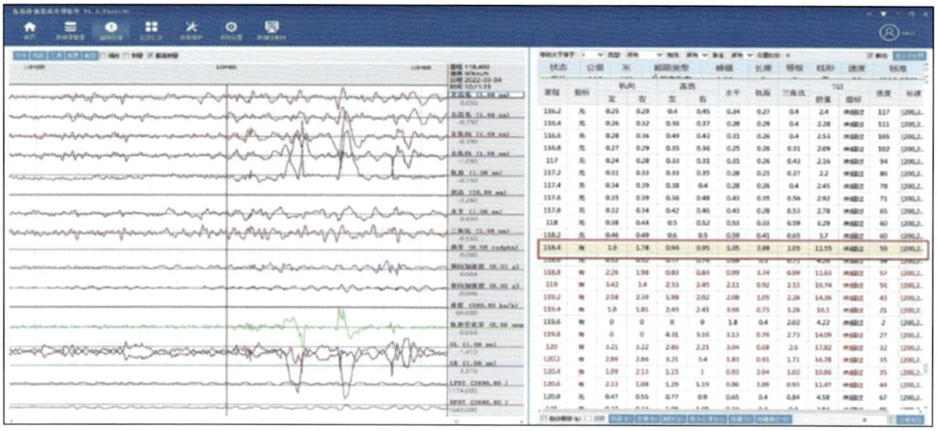

图 2-57　加宽道岔 TQI 编辑

设备故障，导致高低、轨向、轨距、水平、三角坑单项或者多项连续干扰，如图2-58所示。

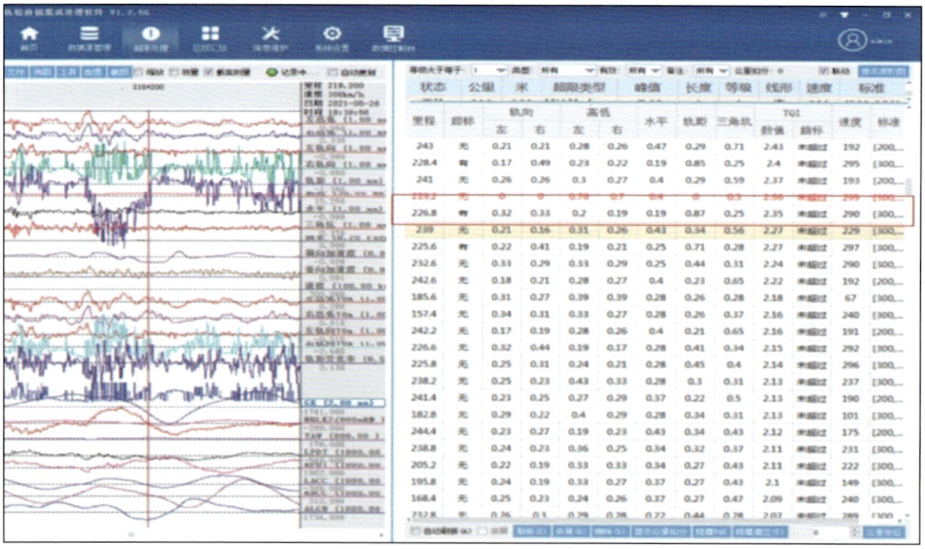

图 2-58　设备干扰区段 TQI 编辑

雨雪、阳光等干扰，导致高低、轨向、轨距、水平、三角坑单项或者多项连续干扰，如图2-59所示。

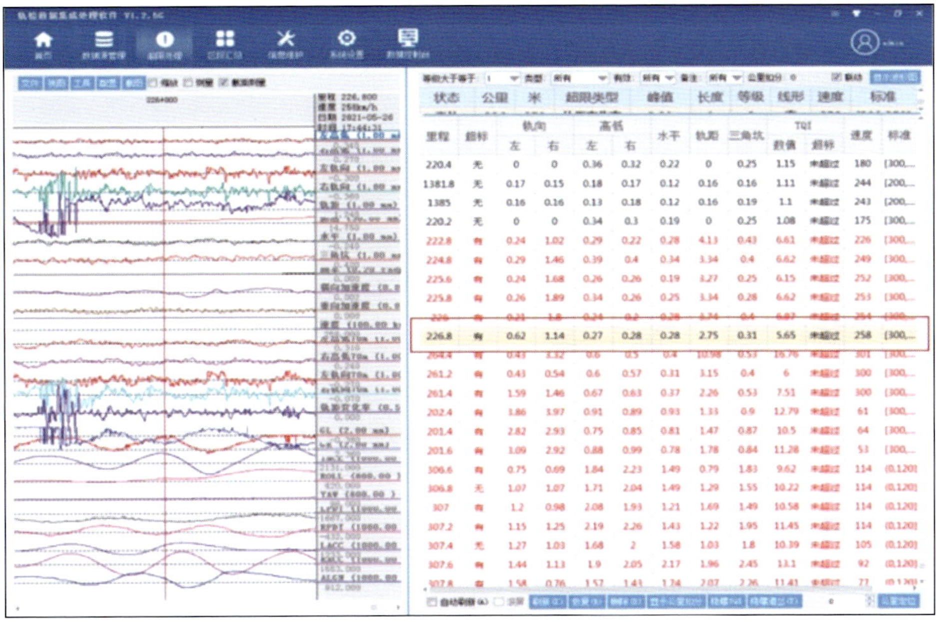

图 2-59　干扰区段 TQI 编辑

低速区段（轨检车30 km/h，动检车40 km/h），如图2-60所示。

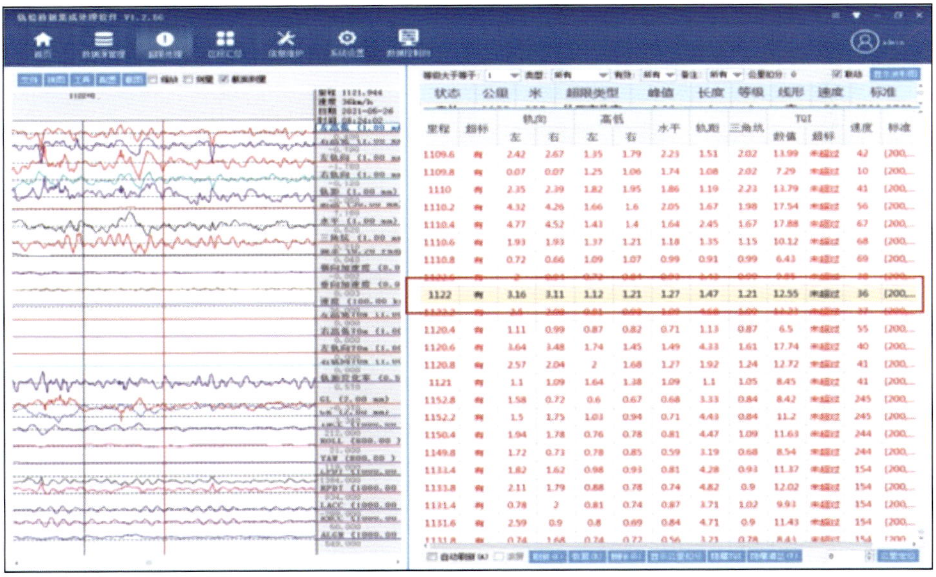

图 2-60　低速区段 TQI 编辑

侧向进出站及站线，如图2-61所示。

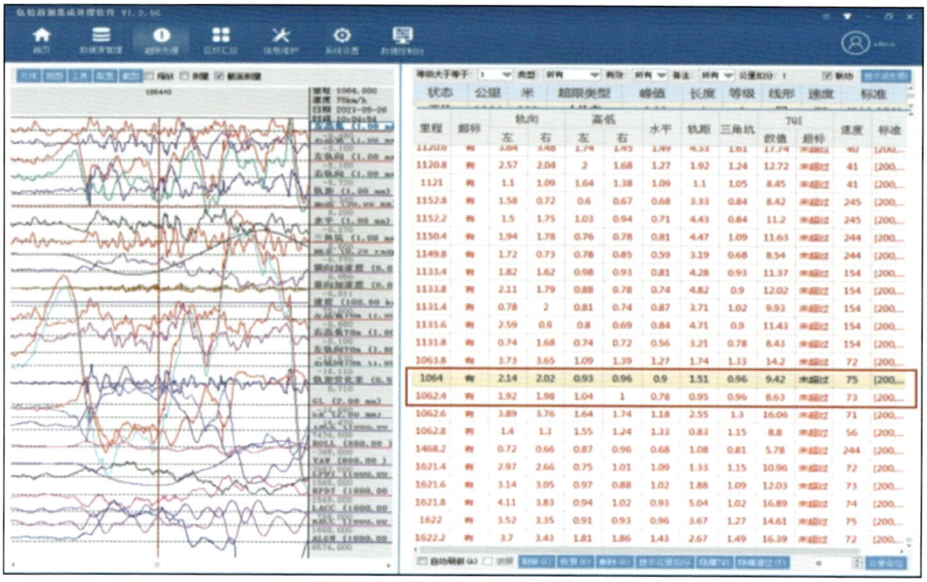

图 2-61　侧向进出站 TQI 编辑

此外，请注意，除以上情况外，TQI都要保留，不是所有超标TQI都要删除。

2.3　钢轨轮廓检测系统

2.3.1　检测参数及指标

钢轨轮廓检测系统能够实现对钢轨全断面轮廓的非接触高精度检测，获取磨耗、轨底坡等参数。系统按照轨道质量管理标准自动对磨耗大值进行超限判断并分级，生成各类统计报表。同时，系统具备历史对比、区段平均钢轨轮廓计算等丰富的数据分析功能。系统性能指标见表2-6。

表 2-6 钢轨轮廓检测系统性能指标

序号	检测项目	测量范围	静态最大允许误差	动态重复性精度
1	钢轨垂直磨耗	-5～30 mm	±0.2 mm	±0.5 mm（采样间隔1 m）
2	钢轨侧面磨耗	-5～30 mm	±0.2 mm	±0.5 mm（采样间隔1 m）
3	钢轨全断面轮廓	轨头全断面轮廓	±0.2 mm	—
4	最高检测速度	160 km/h		
5	采样间隔	0.25 m、0.5 m、1 m、2 m等可配置		

2.3.2 系统架构

钢轨轮廓系统与轨检系统共用前端采集组件，但尽管存在硬件上的耦合，在系统架构设计中，两者的检测数据计算是完全独立解耦的，系统架构如图2-62所示。

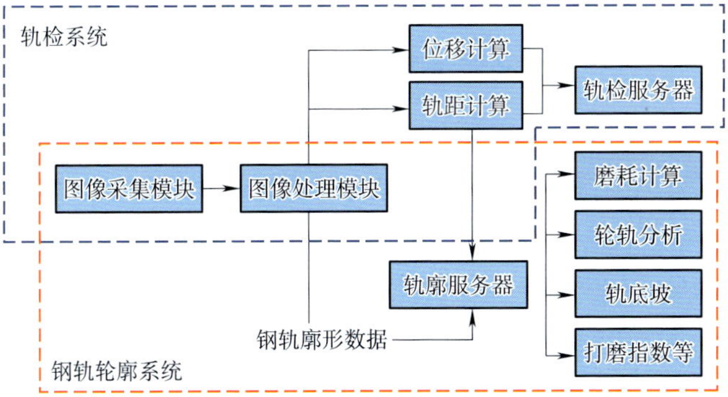

图 2-62 钢轨轮廓系统与轨检系统图像处理部分架构设计

2.3.3 硬件构成

钢轨轮廓检测系统车外硬件与轨检系统基本相同，增加了两个外侧激光摄像组件。系统硬件连线图如图2-63所示。

1. 激光摄像组件

激光摄像组件（图2-64）共计4套安装在检测梁左右两端，由面阵相机和激光器组成，钢轨轮廓系统新增的外侧组件激光为蓝色波段。

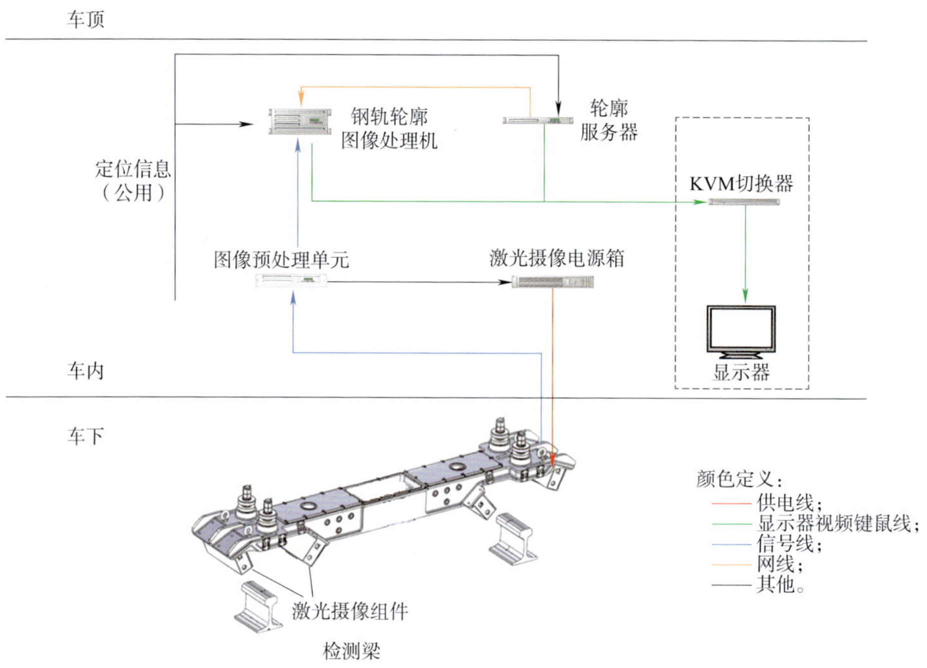

图 2-63　钢轨轮廓系统硬件连接

图 2-64　激光摄像组件

2. 图像预处理单元

图像预处理单元（图2-65）安装于车内机柜，主要用来进行激光摄像组件采集的图像预处理。

3. 激光摄像电源箱

激光摄像电源箱（图2-66）安装于车内机柜，主要用来给激光摄像组件供电，并监控激光器的实时温度。

图 2-65　图像预处理单元

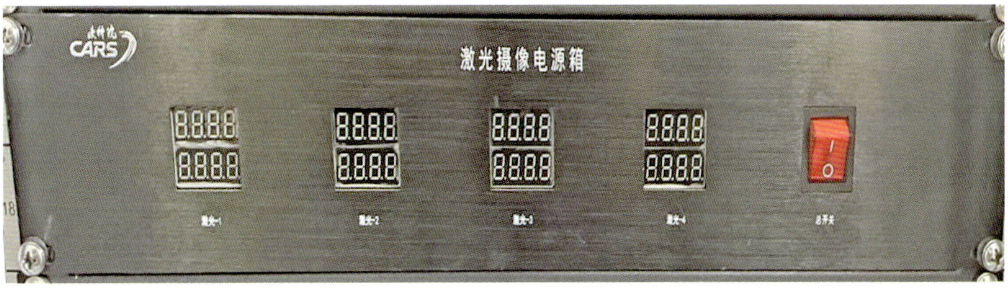

图 2-66　激光摄像电源箱

4. 钢轨轮廓分析机

钢轨轮廓分析机安装于车内机柜，部署有钢轨轮廓检测系统分析软件，用来进行数据计算、超限编辑、回放查看等所有轨廓分析功能。

2.3.4　软件组成

图像处理模块只进行轨检系统相关的计算，通过大数据编码的方式对钢轨轮廓坐标进行存储，钢轨轮廓服务器将承担轨廓系统计算分析的功能。通过轨检轮廓计算的解耦，钢轨轮廓系统与轨检系统相互不受影响，钢轨轮廓系统可针对现场实际需求对钢轨轮廓数据进行深入挖掘分析，除磨耗计算外，还可进行轮轨关系分析等深入研究。

1. 采集软件

参考2.2.4。

2. 分析软件

分析软件主要功能是加载轮廓检测文件（扩展名为.RPC），通过轮廓匹配算法，计算磨耗等参数，并将每一帧轮廓与之关联显示，实时展示和分析钢轨的轮廓状态，同时，分析软件还能进行历史数据对比、超限编辑和报表输出等功能。

（1）文件加载

打开软件后选择文件tab页，选择“加载数据”按钮，弹出文件选择界面如图2-67所示，双击选择RPC文件即可自动导入，程序开始进入后台磨耗计算并显示，如图2-68所示。第一次导入会计算磨耗及轮廓匹配结果，并保存至缓存，后续打开会自动读取缓存，不会重新计算，节省时间。如有计算配置参数变化，需点击重新计算，生成新结果。

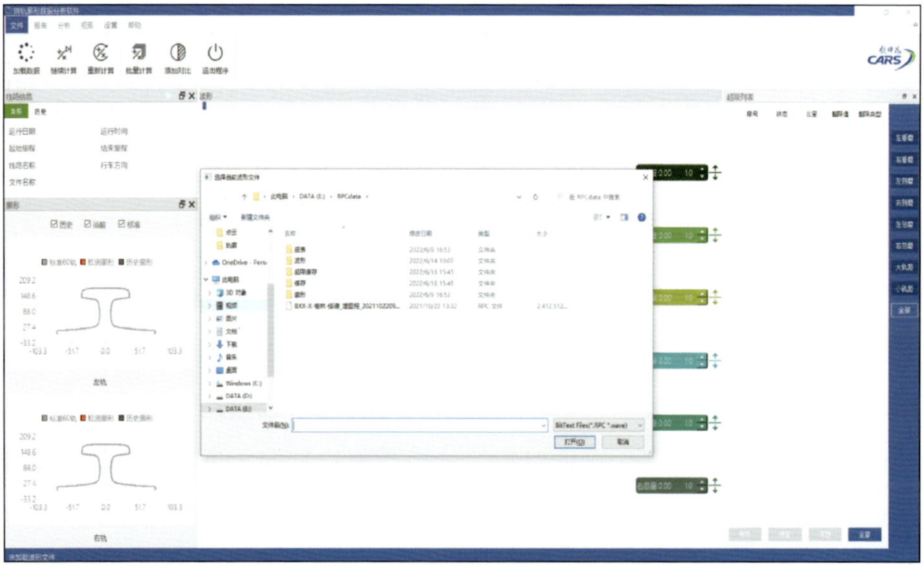

图 2-67　加载数据

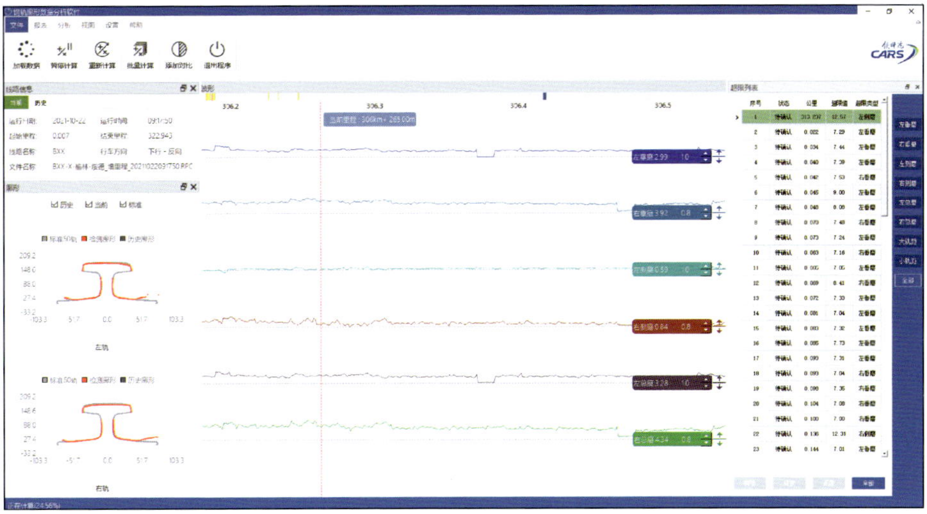

图 2-68　数据计算

（2）文件导出

在主界面选择报表tab页，单击导出波形数据，即弹出如图2-69所示界面，填写开始和结束里程，点击确定即可导出。也可以选择导出全部的波形数据。点击确定后会在原始轮廓文件同级目录下生成波形数据文件。

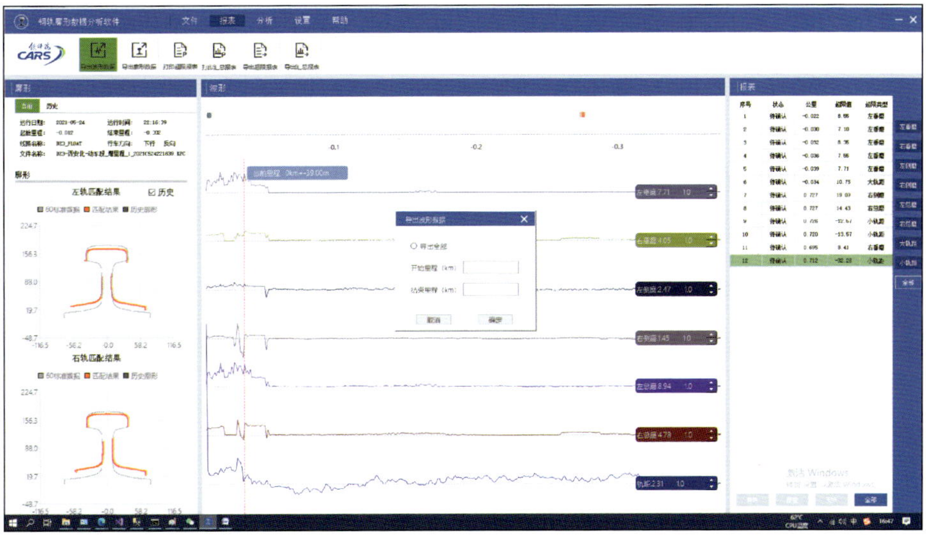

图 2-69　波形数据导出

（3）历史对比

在主界面选择文件tab页→添加对比，即弹出如图2-70所示，选择已经计算过的历史RPC文件即可与当前波形进行对比，历史波形统一用灰色显示。

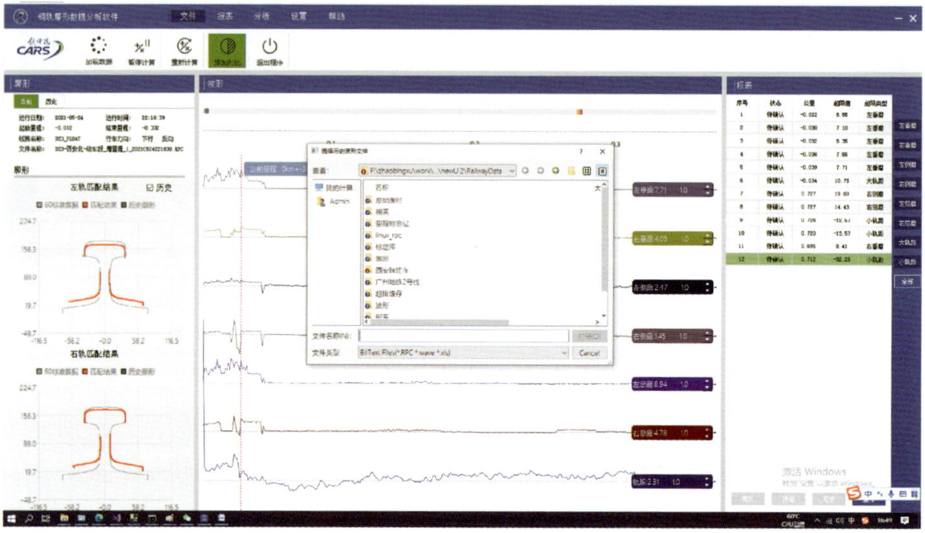

图 2-70　加载历史数据

加载完历史数据后，通过主界面选择“文件”选项卡，单击“关闭对比”可以将当前的历史数据清除，只保留当前的磨耗波形及轮廓匹配结果。

2.3.5　检测原理

钢轨轮廓检测系统通过一系列的图像处理技术，对图像采集模块采集的钢轨轮廓图像进行目标曲线提取，如图2-71所示，包括图像平滑、分割、细化，进而得到钢轨轮廓线坐标。目标曲线的提取是整个图像处理中关键的一步，它直接影响了整个图像测量系统的测量精度。在拍摄时，为了避免外界光的干扰，采用了窄带滤光装置，使系统在相对简单的环境下获取钢轨的光截曲线，从而使钢轨光截曲线在图像的背景中能突显出来。在理想情况下，1个像素的曲线才能真实反映钢轨的外形。然而在实际情况中，光截曲线与背景的灰度变化存在一个灰度过渡区域，并且由于CMOS的拖尾效应以及环境噪声的影响，获得的光截曲线是一个灰度带。所以在目标曲线提取环节中，首先通过预处理去除图像中的噪声，然后将光截曲线从背景中分割出来，最后将其处理成1个像素的钢轨外形曲线。

(a) 图像平滑　(b) 图像分割　(c) 图像细化　(d) 坐标变换

图 2-71　图像处理过程

再通过一系列图像处理后，利用坐标变换将两个半断面轮廓合成为一个全断面轮廓，将实测的轮廓与标准轮廓模板进行二维匹配，计算测量点与对应的标准轨上的匹配点之间的欧氏距离，最终得到钢轨轮廓上各点的磨耗值。

2.3.6　系统标定

钢轨轮廓系统标定分为图像标定与归一化标定，其中图像标定由激光摄像组件厂家完成，系统使用人员主要参与归一化标定。

归一化标定的目的是使钢轨轮廓的内外侧实现世界坐标的统一，完成全断面轮廓的高精度拼接。操作步骤如下：

（1）在平直轨道上放置好归一化标定用方块，并使方块表面水平。

（2）启动程序之前,先打开配置文件“TransPara.xml”，修改“＜CLChannel＞4＜/CLChannel＞”对应的通道数（2路对应为2，6路对应为6）。

然后启动程序（归一化标定软件.exe），如图2-72所示，点击“采集图像”按钮，确认状态栏的已采集帧数和采集帧频正常，确认各通道图像正常。

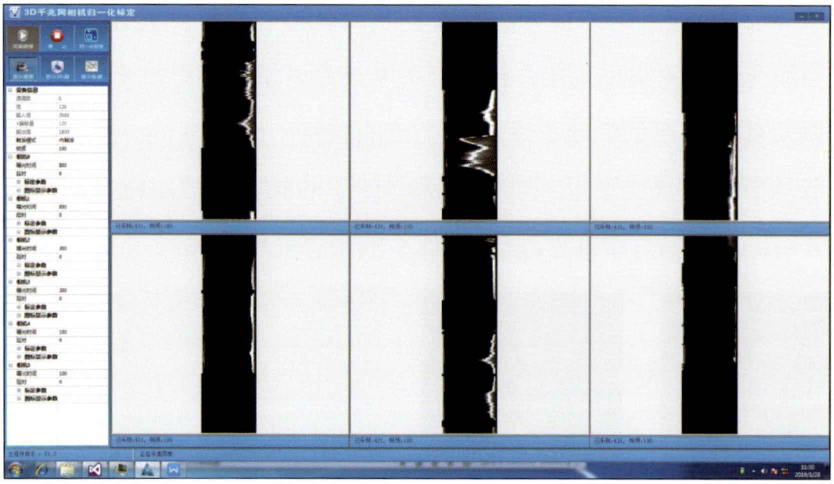

图 2-72　启动程序

（3）切换到“显示3D图”（图2-73），确认正常显示轮廓图像。调整对应通道的曝光时间，使标定块的轮廓清晰可见。

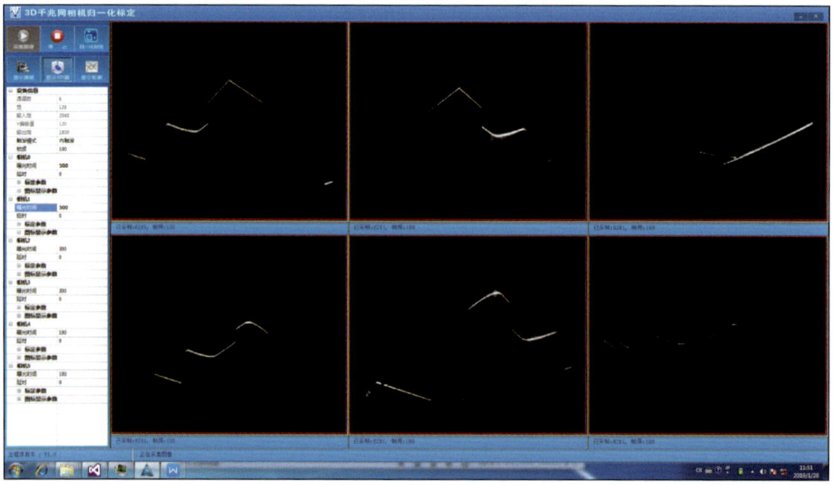

图 2-73　显示 3D 图

（4）归一化标定需要逐个通道依次标定，各通道的标定过程相同；每个通道的标定分为手动标定和自动标定两种方式。

现以通道0相机的标定为例：

①手动标定。

切换到“显示轮廓”，点击“归一化标定”按钮，弹出“世界坐标系调整”对话框（图2-74）。

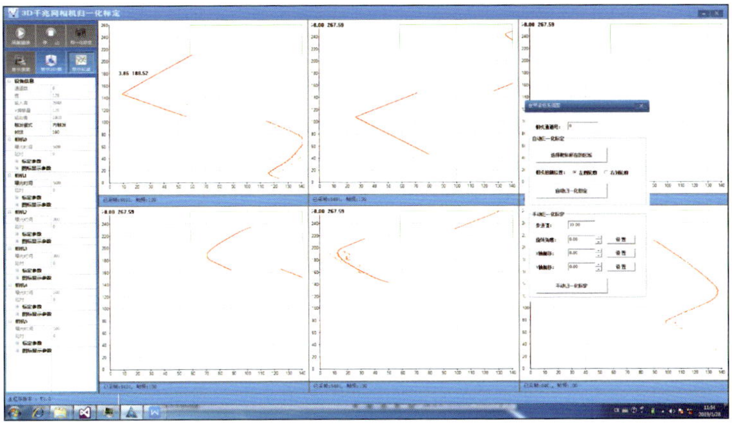

图 2-74　对话框界面

如图2-75所示，首先设置“相机通道号”：对应0通道设置为0；1通道设置为1……

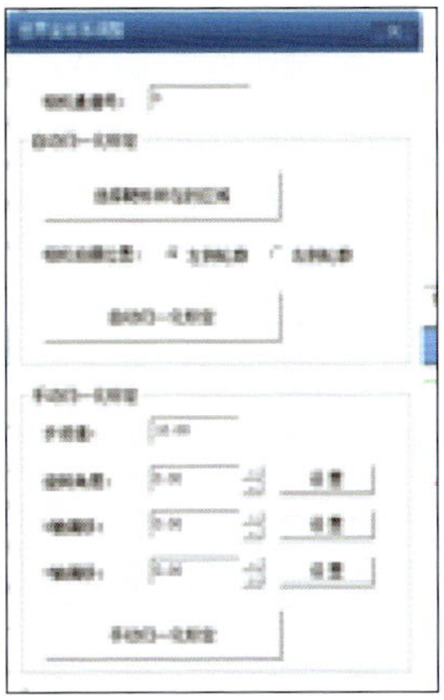

图 2-75　相机通道

然后调整手动归一化标定“旋转角度”“x轴偏移”“y轴偏移”的值，使通道0的轮廓图（红色点集）旋转移动到标定块基准线（绿色点集），如图2-76所示。

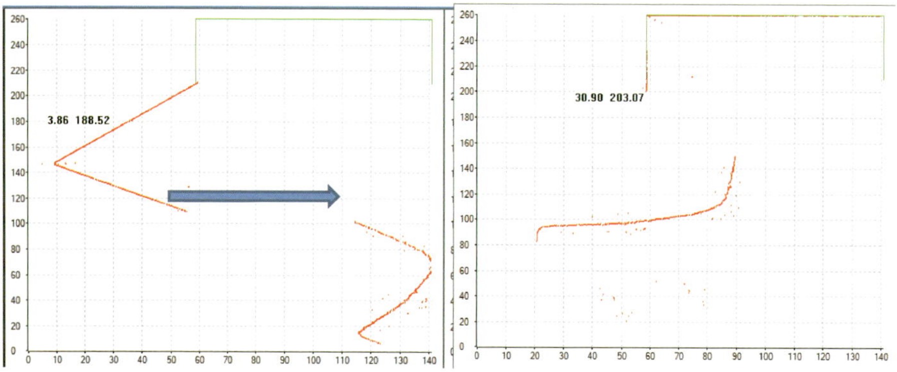

图 2-76　旋转平移

“步进值”：对应的“旋转角度”“x轴偏移”“y轴偏移”控件上下按钮每次点击递增或递减的值。

设置好步进值后（图2-77），点击“旋转角度”“x轴偏移”“y轴偏移”后的按钮可以直接控制轮廓的旋转和平移，如图2-78、图2-79所示，如果是直接在编辑框 旋转角度: 0.00 中输入值，需要点击后面的“设置”按钮 设置 后才生效。

“步进值”可以先设置为10，粗调“旋转角度”“x轴偏移”“y轴偏移”，使轮廓图（红色点集）和标定块基准线（绿色点集）基本重合。

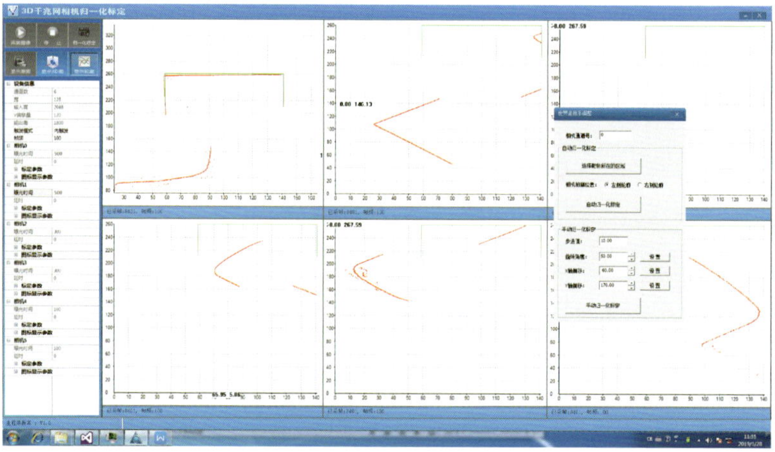

图 2-77　设置步进值

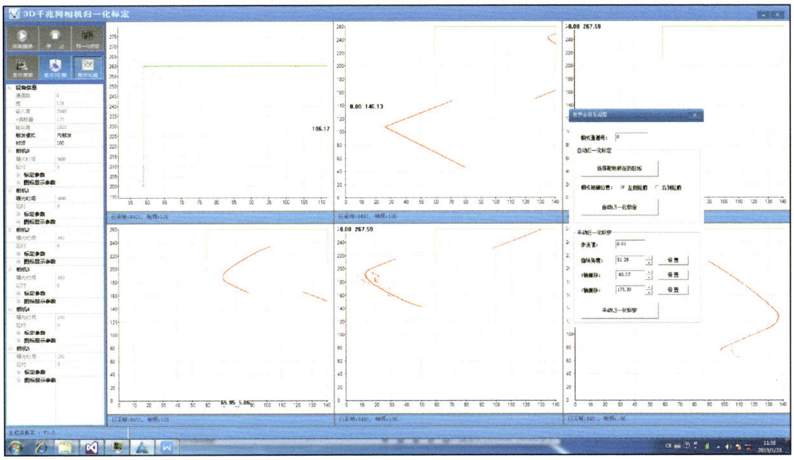

图 2-78　旋转平移（一）

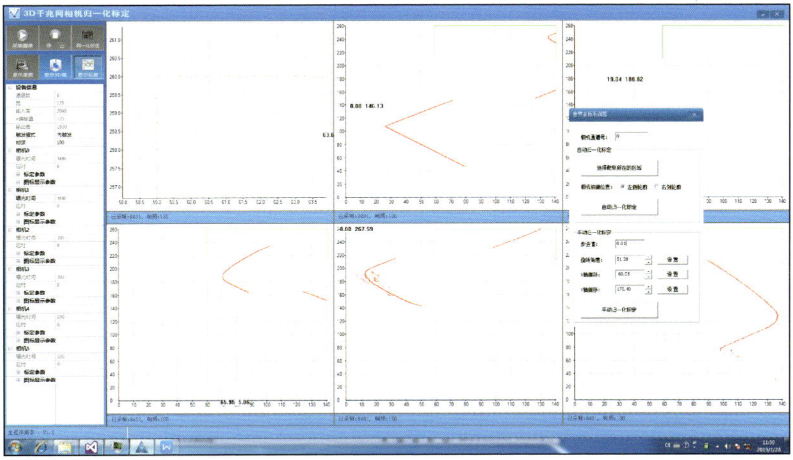

图 2-79　旋转平移（二）

然后再设置“步进值”为1或0.01等更小的值，右键拖拽0通道的轮廓图，放大图像，然后细调“旋转角度”“*x*轴偏移”“*y*轴偏移”，增加轮廓图（红色点集）和标定块基准线（绿色点集）重合性。

调整完毕后，点击“手动归一化标定”按钮，将调整好的归一化参数保存下来。

保存完毕后，软件会自动开始实时采集图像，可以继续点击“归一化标定”按钮标定下一个通道的相机（图2-80）。

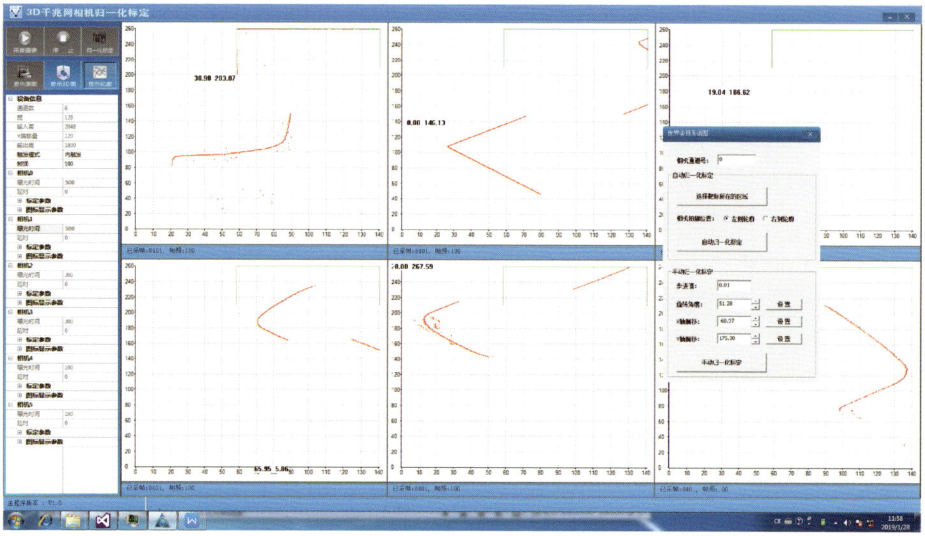

图 2-80　手动切换通道

②自动标定。

切换到“显示3D图”，点击“归一化标定”按钮，弹出“世界坐标系调整”对话框，如图2-81所示。

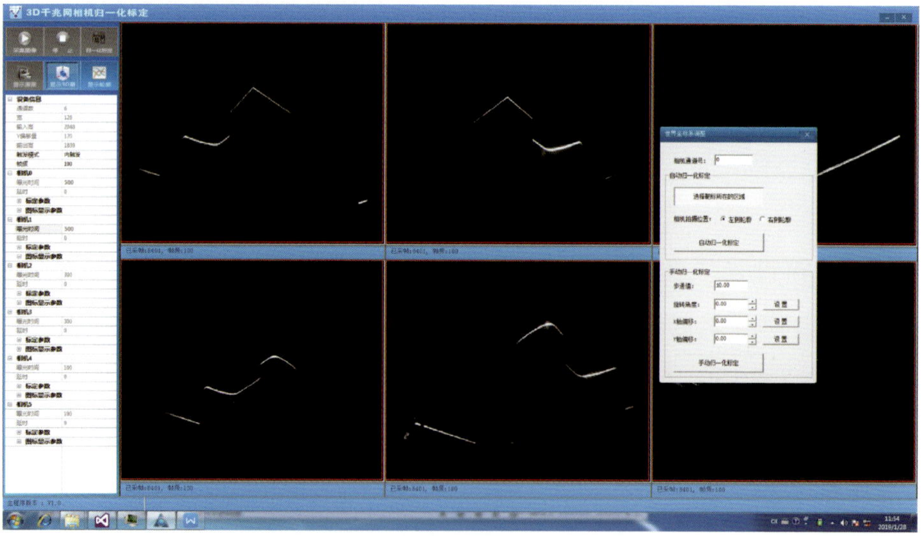

图 2-81　世界坐标系调整对话框

选择标定块所在的区域。点击“选择靶标所在的区域”按钮（图2-82），按钮处于击中状态。

在对应的0通道的3D图（图2-83）上右键按下拖拽鼠标，图像上显示出红色的矩形框，选中标定块所在的区域。

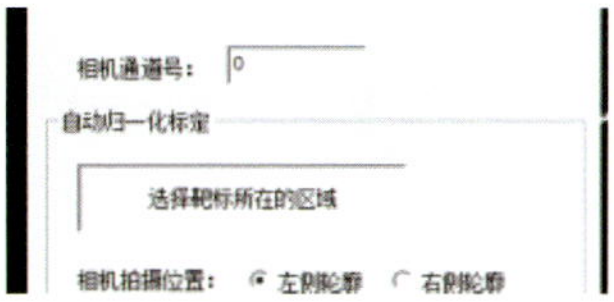

图 2-82 标定块所在区域

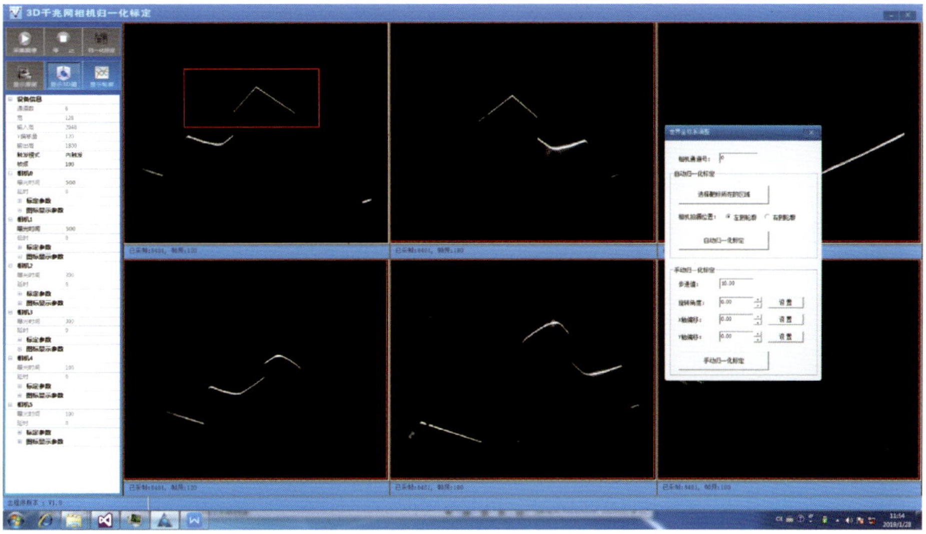

图 2-83 3D 图显示标定块区域

选中区域后点击“自动归一化标定”按钮即完成该通道标定并自动保存参数，软件会自动开始实时采集图像，可以继续点击“归一化标定”按钮标定下一个通道的相机。

2.3.7 常见故障及处理方法

1. 故障一

（1）轮廓全断面轮廓异常，出现内外侧分叉、交叉、分离等情况。

（2）处理方法：先确认采集软件“图标显示参数”是否正常（图2-84），一般“旋转角度”“x轴偏移”“y轴偏移”参数为0。如仍有问题，则需参考2.3.6节重新进行归一化标定。

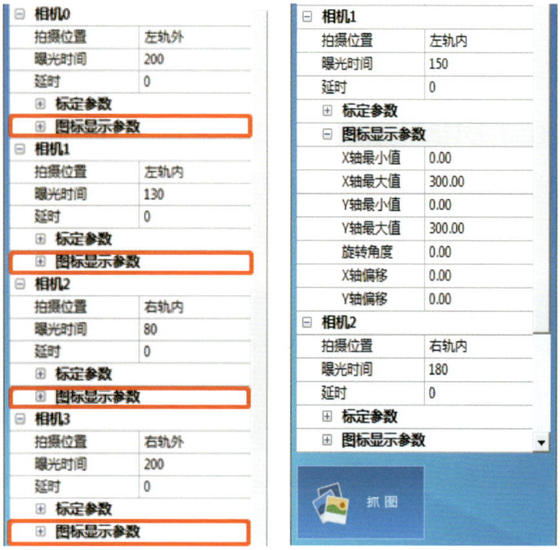

图 2-84 采集软件图像修正参数

2. 故障二

（1）钢轨图像正常，但是轮廓明显异常，如全部缺失、部分缺失等。

（2）处理方法：确认轨头框和轨腰框是否合理，如不能像图2-85所示保证轨头始终保持在计算框中，则需在配置文件中进行修改。

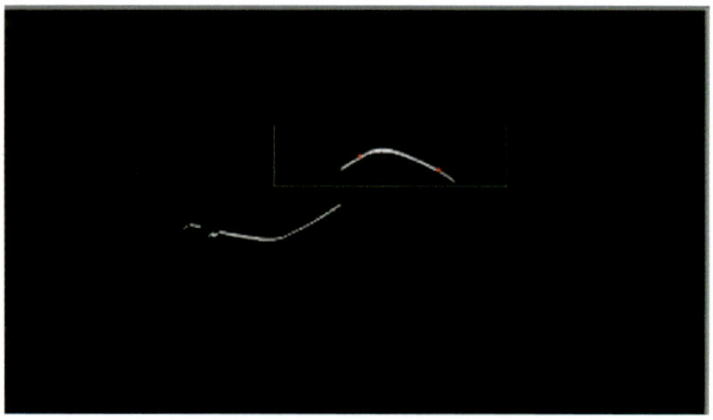

图 2-85 轨头框区域

3. 故障三

（1）分析软件无法找到检测文件。

（2）处理方法：确认图像采集机与轨廓服务器局域网IP地址是否为同一

网段，共享文件夹是否设置正确。

4. 故障四

（1）故障：分析软件读取文件后发现左右轨错误。

（2）处理方法：轨廓系统左右轨定义与现场钢轨左右一致，即：面向大里程方向时，左侧为左轨，右侧为右轨。分析软件具备左右轨自动修正功能，重新根据检测信息，正确输入正/反向、增/减里程参数，即可获取正确配置。

2.3.8　系统应用

钢轨轮廓检测系统检测的原始数据为钢轨全断面轮廓，可用于以下领域分析应用：

（1）线路磨耗普查，掌握线路磨耗发展规律，判断需要换轨/维修区段，制定养护维修策略；

（2）打磨前轮廓检测，为打磨计划制定提供原始资料；

（3）打磨后质量评价，将打磨后轮廓与目标轮廓进行匹配，计算打磨指数等参数，评价轮廓打磨质量；

（4）轮轨关系分析，通过与车辆模型结合，进行轮轨关系深入研究。

实操相关内容如下：

①超限编辑操作，如图2-86所示。

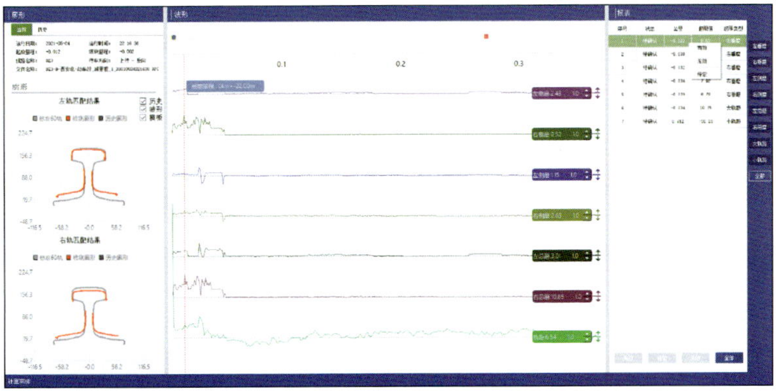

图 2-86　超限编辑操作

分析软件最右侧为超限编辑区域，通过点击鼠标左键可以选取某一超限，同时，轮廓和波形区域都会定位到该位置，通过观察该位置的轮廓来判断超限是否有效，道岔或轨型不匹配等所产生的为无效超限，图2-87即为轨型不匹配（模板为60轨，然而实际钢轨为50轨），此时可在配置文件中将钢轨类型设置为正确轨型，重新计算即可。点击鼠标右键可以对超限进行编辑，更改超限状态为有效，无效或者待定，也可以通过快捷键来操作（有效“Y”键，无效“N”键，“上下”键切换超限），按住鼠标左键拖动可以多选超限进行编辑。

超限区域右侧和下侧按键可以根据超限类型和状态进行筛选。

超限编辑全部完成后（图2-87）再进行报表打印的操作，此时无效超限为灰色，有效超限为蓝色，蓝色越深超限的级别越高，报表打印只会打印有效超限。

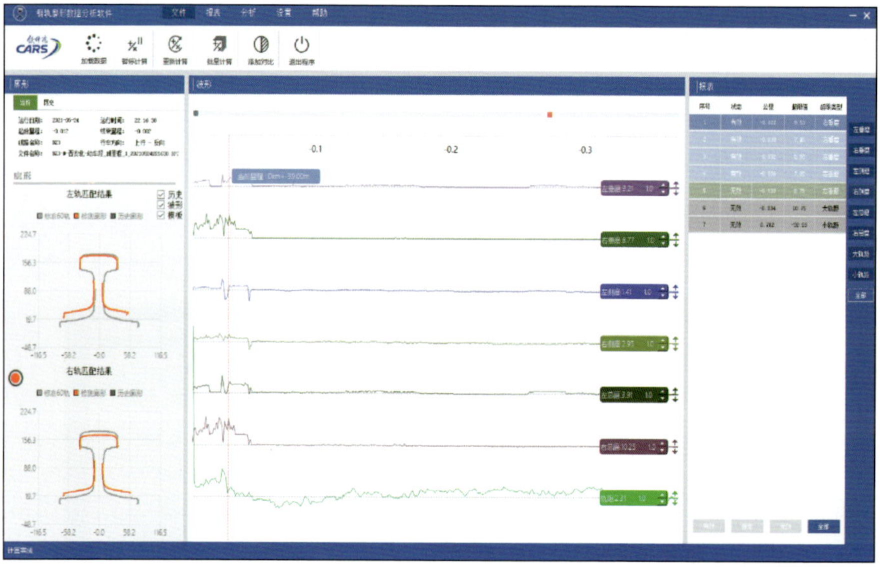

图 2-87　超限编辑完成

无效超限除图2-87展示的轨型不匹配以外，还有如图2-88所示多种类型。

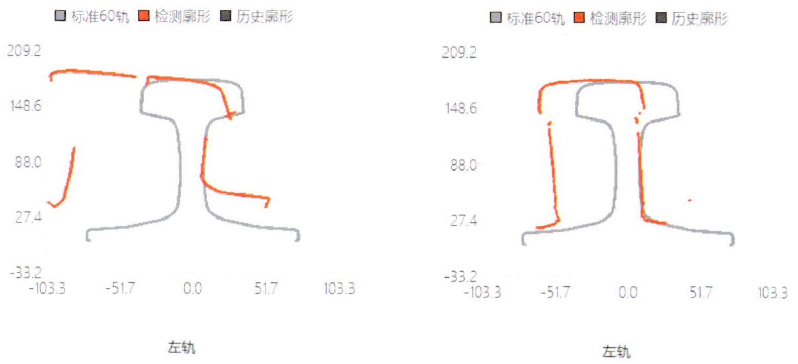

(a) 道岔区段 (b) 明显干扰

图 2-88 无效超限

有效超限轮廓的轨腰应当和模板匹配，轨头外侧等无磨耗区域正确匹配，如图2-89所示，类似轮廓可超限编辑为有效。

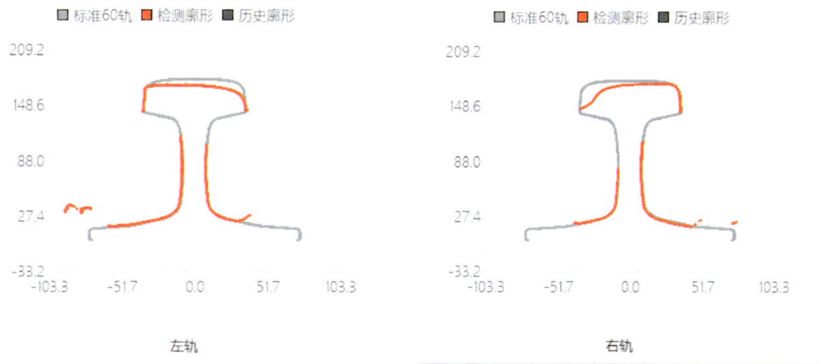

(a) 垂磨超限 (b) 侧磨超限

图 2-89 有效超限

②钢轨轮廓普查。轨廓系统可获取全线全断面钢轨轮廓，工务部门可根据轮廓数据做进一步分析，掌握全线轮廓状态。轨廓系统分析软件提供了平均轮廓功能，可以根据台账或里程导出曲线段平均轮廓，直线段平均轮廓等，用作打磨前后的轮廓参考。

总体操作流程如下：先点击“导入台账信息”按钮将台账模板导入数

据库，然后点击“导出平均轮廓”按钮将平均轮廓导出，界面上的按钮如图2-90所示。

图 2-90　软件按钮展示

导入台账信息操作流程如下：点击“导入台账信息”按钮，弹出图2-91所示界面，选择要导入的台账模板，点击“打开”后软件会将台账写入数据库。

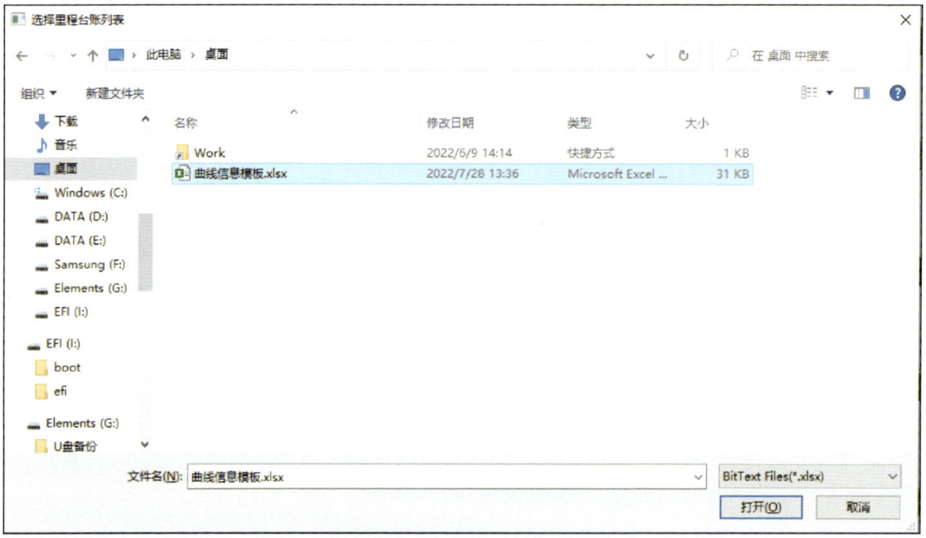

图 2-91　选择要导入台账

台账模板具体内容如图2-92所示。

台账导入后，点击“导出平均轮廓”按钮将平均轮廓导出，导出平均轮廓时软件会根据台账的曲线起始里程和终点里程将每段曲线的平均轮廓依次导出，其余不在台账中的里程默认为直线段。软件也会同时将直线段平均轮廓导出，直线段平均轮廓最多选取1 km直线段来计算，直线段超出1 km则会分段进行平均轮廓导出，平均轮廓结果如图2-93所示。根据该平均轮廓，可用于打磨模板设计、打磨后轮廓评价等。

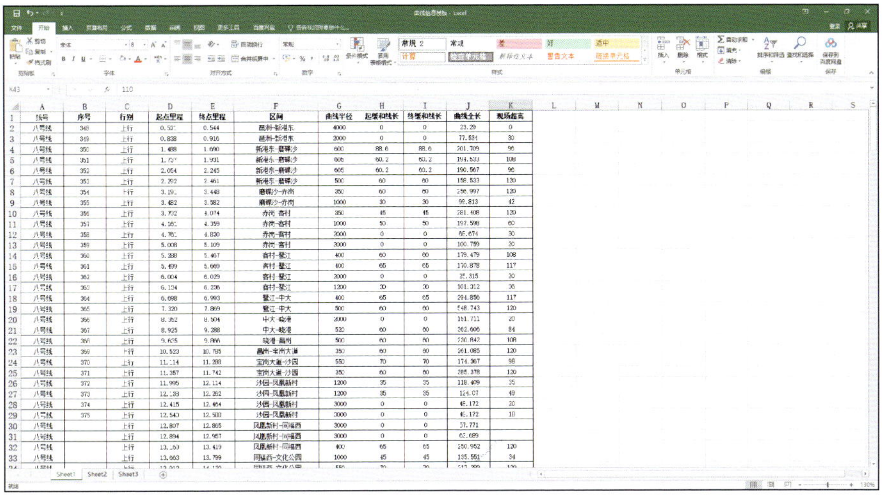

线号	序号	行别	起点里程	终点里程	区间	曲线半径	起缓和线长	终缓和线长	曲线全长	现场超高
八号线	348	上行	0.52[illegible]	0.544	琶洲-新港东	4000	0	0	23.29	0
八号线	349	上行	0.838	0.916	琶洲-新港东	2000	0	0	77.584	30
八号线	350	上行	1.488	1.690	新港东-磨碟沙	600	88.6	88.6	201.709	96
八号线	351	上行	1.7[illegible]	1.931	新港东-磨碟沙	605	60.2	60.2	194.533	108
八号线	352	上行	2.054	2.245	新港东-磨碟沙	605	60.2	60.2	190.567	96
八号线	353	上行	2.292	2.461	新港东-磨碟沙	500	60	60	158.533	120
八号线	354	上行	3.19[illegible]	3.448	磨碟沙-赤岗	350	60	60	256.997	120
八号线	355	上行	3.482	3.582	磨碟沙-赤岗	1000	30	30	99.813	42
八号线	356	上行	3.792	4.074	赤岗 客村	350	45	45	281.408	120
八号线	357	上行	4.16[illegible]	4.359	赤岗-客村	1000	50	50	197.598	60
八号线	358	上行	4.76[illegible]	4.830	赤岗-客村	2000	0	0	65.674	30
八号线	359	上行	5.008	5.109	赤岗-客村	2000	0	0	100.759	20
八号线	360	上行	5.288	5.467	客村-鹭江	400	60	60	179.479	108
八号线	361	上行	5.499	5.669	客村-鹭江	400	65	65	170.878	117
八号线	362	上行	6.004	6.029	客村-鹭江	2000	0	0	25.315	20
八号线	363	上行	6.134	6.236	客村-鹭江	1200	30	30	101.312	36
八号线	364	上行	6.698	6.993	鹭江-中大	400	65	65	294.856	117
八号线	365	上行	7.320	7.869	鹭江-中大	500	60	60	548.743	120
八号线	366	上行	8.352	8.504	中大-晓港	2000	0	0	151.711	20
八号线	367	上行	8.925	9.288	中大-晓港	520	60	60	362.606	84
八号线	368	上行	9.635	9.866	晓港-昌岗	500	60	60	230.842	108
八号线	369	上行	10.523	10.785	昌岗-宝岗大道	350	60	60	261.085	120
八号线	370	上行	11.[illegible]14	11.288	宝岗大道-沙园	550	70	70	174.367	98
八号线	371	上行	11.357	11.742	宝岗大道-沙园	350	60	60	385.378	120
八号线	372	上行	11.995	12.114	沙园-凤凰新村	1200	35	35	118.409	35
八号线	373	上行	12.[illegible]38	12.282	沙园-凤凰新村	1200	35	35	124.07	49
八号线	374	上行	12.415	12.464	沙园-凤凰新村	3000	0	0	46.172	20
八号线	375	上行	12.540	12.588	沙园-凤凰新村	3000	0	0	46.172	18
八号线		上行	12.807	12.865	凤凰新村-同福西	3000	0	0	57.771	
八号线		上行	12.894	12.957	凤凰新村-同福西	3000	0	0	63.689	
八号线		上行	13.[illegible]	13.419	凤凰新村-同福西	400	65	65	250.952	120
八号线		上行	13.663	13.799	同福西-文化公园	1000	45	45	135.551	34

图 2-92　台账内容展示

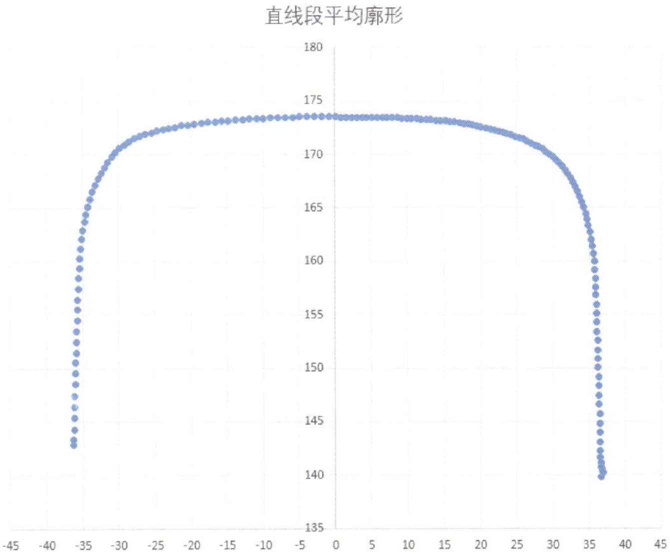

图 2-93　直线段平均轮廓

曲线段平均轮廓如图2-94所示。

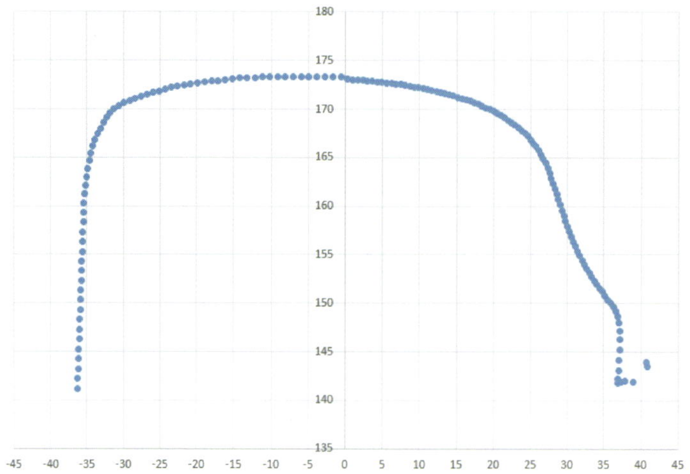

图 2-94　曲线段平均轮廓

③钢轨磨耗发展趋势监测。通过对比同一条线路随时间的磨耗发展规律来判断预测钢轨磨耗发展状态。

对比同一条线路三个月的磨耗发展变化，结果如图2-95和图2-96所示。

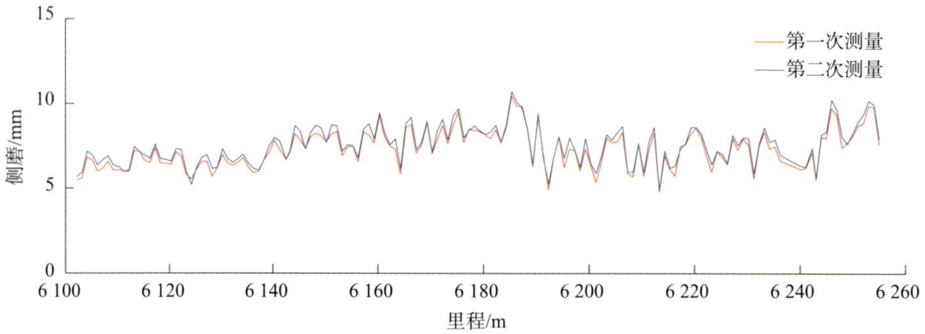

图 2-95　侧磨三个月发展变化趋势

通过对磨耗发展的持续统计，可对线路磨耗发展进行预测，提前规划打磨、换轨等作业。

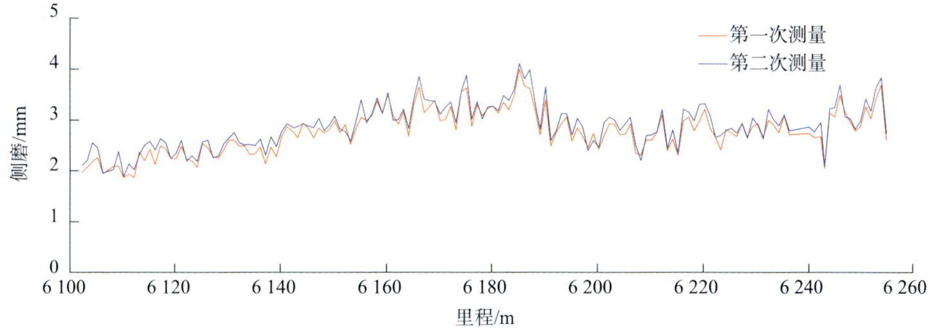

图 2-96 垂磨三个月发展变化趋势

④打磨后轮廓质量评价。打磨后的检测数据如图2-97所示。

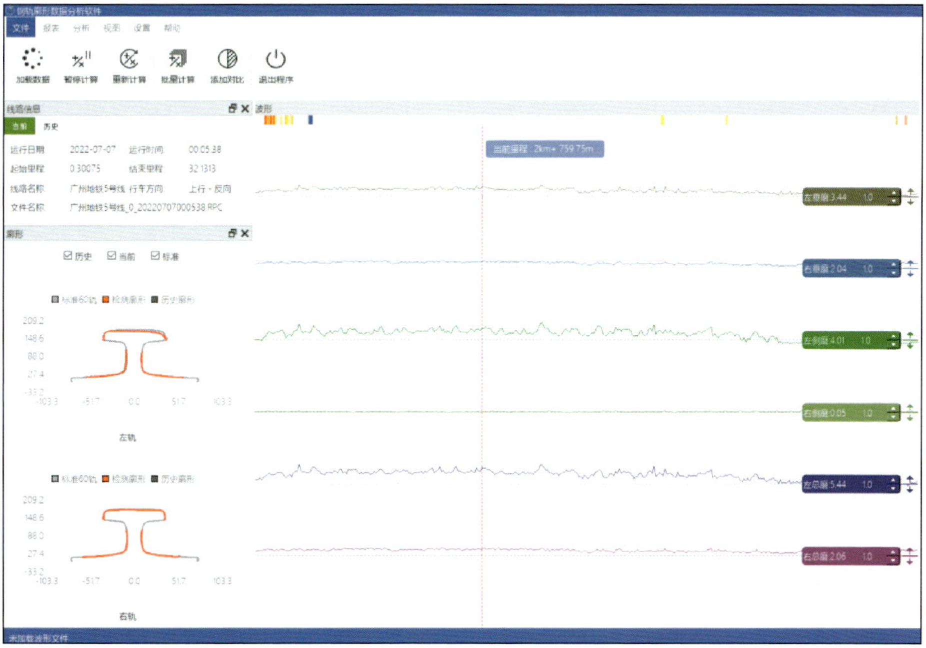

图 2-97 打磨后检测数据

通过导入目标轮廓，将检测数据与其进行匹配计算，分析判断轮廓差异，结果如图2-98所示。

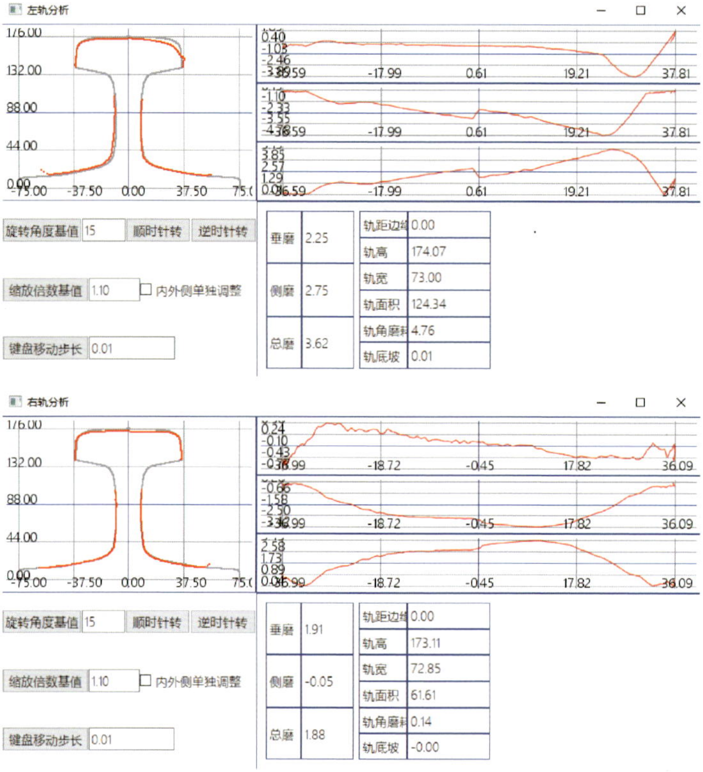

图 2-98　钢轨打磨结果分析

第3章 接触网巡检技术发展及数据分析应用

3.1 接触网几何参数检测系统

接触网几何参数检测系统是接触网巡检系统（4C装置）的重要组成部分，主要检测接触线相对于轨平面的空间位置，包括接触线高度、拉出值、接触线水平距离和接触线垂直距离等参数。接触网几何参数静态值是接触网在无外部扰动条件下静止状态相对于轨道参考坐标系的数值，主要用于施工验收和现场维修作业。高速综合巡检车接触网几何参数检测系统在运营线路作业天窗内进行接触网几何参数静态值测量，用来指导运营单位进行接触网日常维护。接触网几何参数检测系统还可在新线开通前进行接触网几何参数静态值测量，用来指导施工单位对接触网进行精调。

3.1.1 检测参数及指标

接触网几何参数检测系统用于接触线的高清图像的实时采集：运用数字图像处理技术，采用先进的高分辨率、低噪声、小畸变的图像传感器，配合LED光源组件，通过精确定位的空间采样来实现接触网几何参数的等距检测。主要技术参数见表3-1。

表 3-1　主要技术参数

检测项目	测量范围 /mm	分辨率 /mm	精度 /mm
接触线高度	5 000～7 000	1	±10
拉出值	-625～625	1	±10
接触线间水平距离	0～800	1	±20
接触线间垂直距离	0～500	1	±20

3.1.2　系统架构

车顶安装一体化检测梁，采用高分辨率线阵扫描组件，同时采用单色蓝光LED同步补光，采用窄带滤光技术，滤除外界干扰，获取接触线的二维图像，实现全天候成像质量完全一致。

车底部安装位移计，检测车体姿态，通过坐标变换将检测结果换算到轨面坐标系。

车内设备完成高清图像采集、信号处理、电源控制和数据处理等操作，并满足10 000 km数据存储要求。

系统设计如图3-1所示。

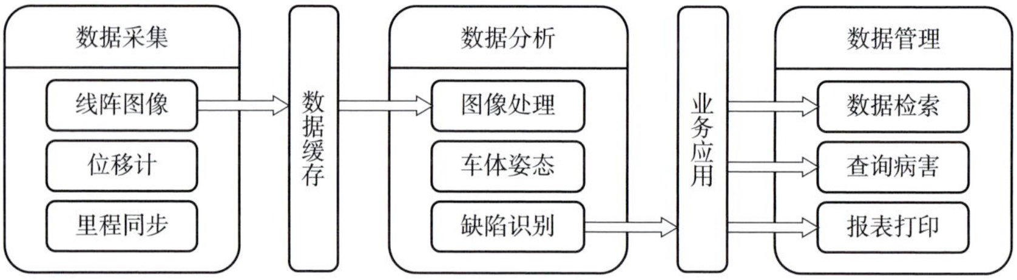

图 3-1　系统设计

3.1.3　硬件构成

根据上述检测原理设计的接触网几何参数检测系统如图3-2所示，由车顶视觉测量模块、车内系统控制模块和车底运动补偿模块三部分组成。车顶视觉测量模块包括光学检测梁、线阵相机组和光源组。将两组共四个线阵相机对称悬挂于光学检测梁上以保证共面测量。配置四个补光灯作为主动照明光源以保证在不良环境光照下（如夜晚和隧道）图像中接触线和背景的区分度。车底运动补偿模块采用三个拉弦式位移计测量车体运动姿态，其中，两个垂向位移计测量车体的侧滚和跳动，一个水平位移计测量车体的水平移动。此外，在轮轴上安装光电编码器以输出距离脉冲信号，通过控制计数器卡处理距离脉冲可实现车辆运动中的等距离采样和实时车速监测。车内系统控制模块由光源控制单元、系统控制单元和检测工控机组成，完成检测系统的硬件控制、数据采集和分析处理等功能。为修正根据编码器距离脉冲计算里程带来的累积误差，配置里程校准服务器向检测工控机发布里程校准信息，从而有效提高了检测数据的定位精度。检测工控机通过网络将检测数据发送至后台服务器进行波形显示、超限判断以及报表打印输出。

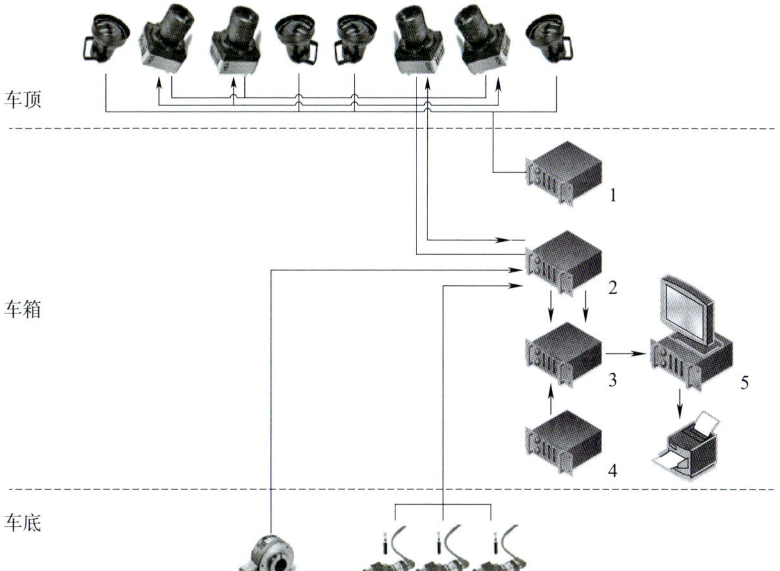

1—光源控制单元；2—系统控制单元；3—检测工控机；
4—里程校准服务器；5—后台服务器。

图 3-2　接触网几何参数检测系统基本构成

1. 视觉测量组件

视觉测量组件由抗扭曲光学检测梁、补光灯和高分辨率线扫描摄像机组成。将补光灯和摄像机安装于光学检测梁上以保证同平面照明和测量，同时可以精确控制补光灯和摄像机的安装位置和角度。视觉测量组件结构如图3-3所示。

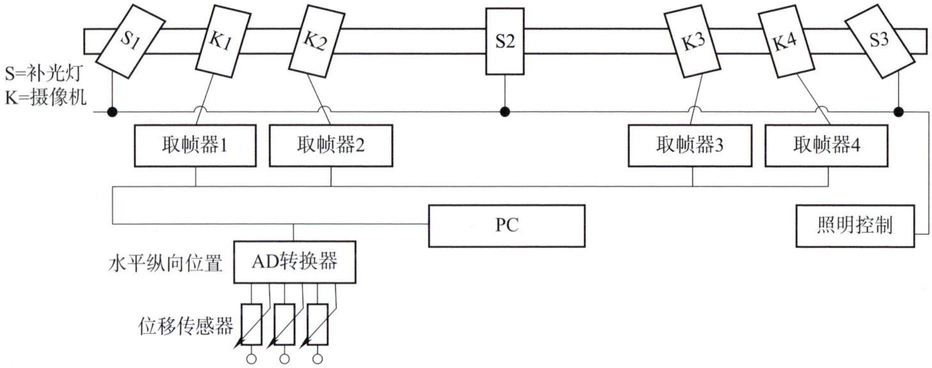

图 3-3　视觉测量组件结构

为满足高速条件下图像的采集要求，视觉测量组件在选择摄像机组件时重点从分辨率、扫描频率、曝光时间、图像数据传输方式和控制方式等方面综合考虑选型。经对比分析和测试，选择采用具有高分辨率、高灵敏度、高线扫描频率、高数据传输速率等特点的黑白线扫描摄像机，相机的曝光时间、行频、增益、偏置、数据位深、触发模式和行扫频率等参数都可以编程控制，相机平场校正可解决镜头渐晕和光照不均等问题。

摄像机和线扫描专用镜头通过密封圈连接，采用铝合金材料进行防水密封封装。摄像机封装盒具有较好的机械强度，同时可以屏蔽外部的电磁干扰。为了防潮除湿，在镜头前端的光学窗口内部安装电阻加热丝去除水汽，摄像机组件及其封装外壳实物照片如图3-4所示。

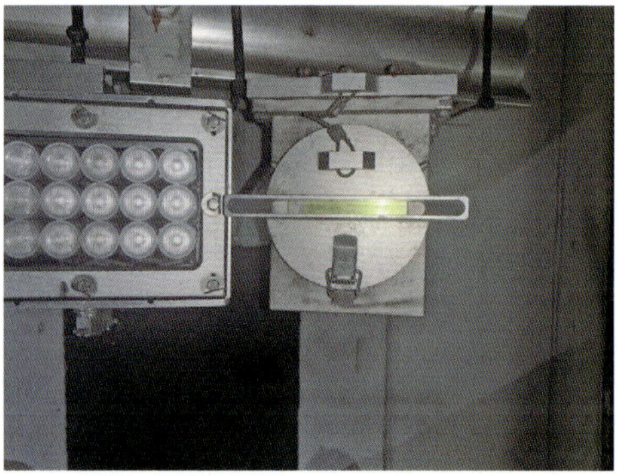

图 3-4　摄像机组件安装

2. 信号采集处理组件

信号采集处理组件主要包括图像与数据采集模块、信号转换模块、信号传输模块以及辅助电路等。

信号采集处理组件通过使用多功能数据采集卡采集车底的三个位移传感器输出的模拟信号量及车轮编码器的脉冲信号并进行分频处理；使用两块双通道图像采集卡同步采集四个线扫描摄像机拍摄的图像，采集到的图像数据，经过PCI总线实时传到内存。

为保证在车辆强电磁干扰环境中的摄像机信号传输不易被干扰，采用光纤转换模块将摄像机视频信号转换为光纤信号传输至车厢内，在信号采集处理组件中再将光纤信号转成视频信号输入实时检测计算机。车顶视觉测量模块与车内系统控制模块之间的连接拓扑结构如图3-5所示。

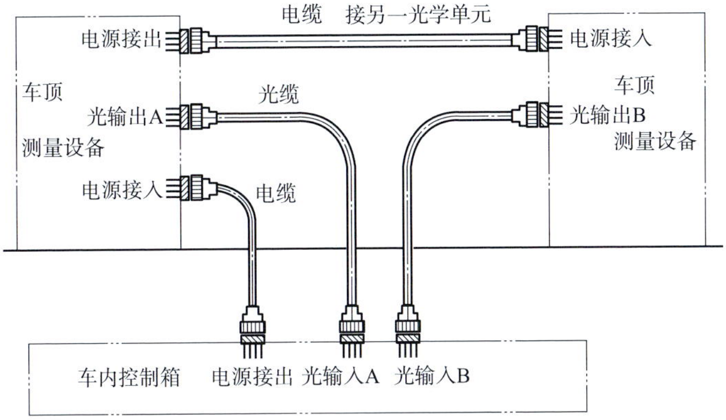

图 3-5 连接拓扑结构

信号采集处理组件控制模块由几何参数光源控制单元、几何参数信号处理单元、几何参数数据采集处理机和拉弦位移补偿控制单元等组成。信号采集处理组件控制模块机柜布置如图3-6所示。

3. 振动补偿组件

振动补偿组件由安装在车下的位移补偿传感器和光电编码器组成。位移补偿传感器用于测量车体的运动姿态，包括垂直位移、水平位移和侧滚角度等，光电编码器为图像和模拟数据的采集提供触发源。

振动补偿组件在车体底部和左、右轴箱之间垂直安装两个拉弦位移传感器测量车体的垂直位移和侧滚角度，在车体底部和转向架之间水平安装一个拉弦位移传感器测量车体的水平位移，通过计算可获得车体的运动姿态信息。拉弦位移传感器的安装示意如图3-7所示。

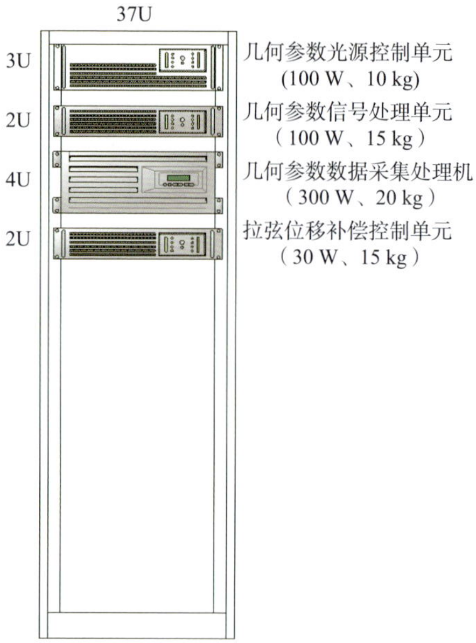

图 3-6　信号采集处理组件控制模块机柜布置

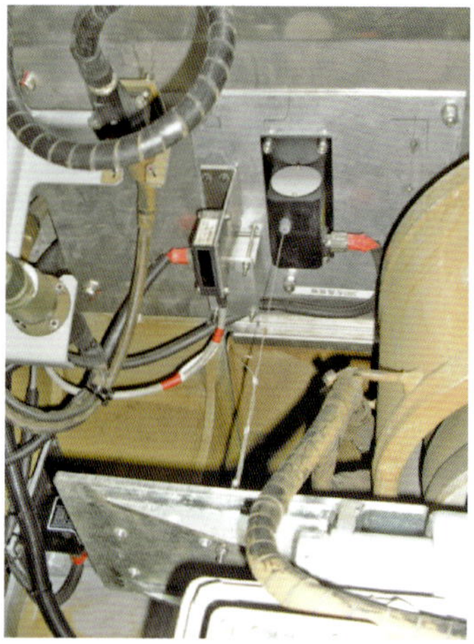

图 3-7　拉弦位移传感器安装示意

在轴箱上安装光电编码器输出距离脉冲用于里程累积和同步触发图像、位移数据采集设备。车轮每旋转一周，编码器产生固定n个脉冲，A相及B相各输出$n/2$个脉冲，A相与B相差90度。一周的脉冲数和车轮的周长相对应，根据车轮直径D和每周脉冲数n可计算出脉冲间距$l=\pi D/n$,通过计算机对l进行累加可得距离，通过l和时间计算可得速度。通过控制计数器降频，可以实现不同采样间隔的采样脉冲输出，如每125 mm或每250 mm产生一个采样脉冲。

3.1.4 软件组成

接触网几何参数检测系统的软件部分主要实现的功能有：

（1）实时动态显示接触线的拉出值和导高，并能直观显示接触线在空间中的动态位置变化。

（2）同步控制四台线扫描摄像机触发进行开始采集或终止采集，并能设置图像采集卡和摄像机的参数。

（3）根据建立的空间变换模型精确计算接触线的拉出值、导高和磨耗等几何参数值。

（4）同步接收综合系统的速度里程等时空同步信息，并能设置校准里程。

（5）几何参数值能实时传输到集成显示平台。

（6）实时监控摄像机和车底补偿传感器的状态。

根据接触网几何参数检测系统的硬件结构要求以及要实现的六种功能，项目组基于VC开发平台设计和开发检测软件。数据采集和分析软件功能结构如图3-8所示。软件工作流程基于事件模型驱动，图像数据和车体补偿数据的读取均基于硬件中断方式实现，数据存储方式采用开辟缓冲区临时存储，缓冲区饱和写入磁盘的调度方式。

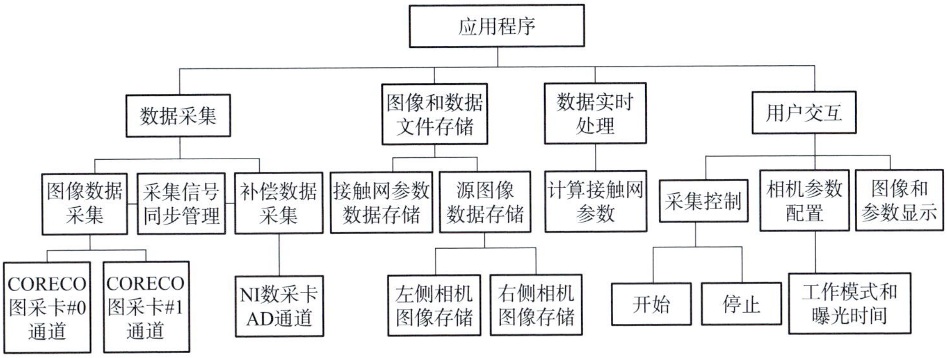

图 3-8 数据采集和分析软件功能结构

1. 几何参数检测软件

软件安装在接触网几何参数采集处理机内，使用WIN7操作系统，安装接触网几何参数检测系统软件。

2. 检测数据集成处理软件

软件安装在数据集成处理机内，使用WIN7 32位操作系统，安装检测数据集成处理软件。

3.1.5 检测原理

接触网几何参数检测系统原理如图3-9所示。图3-9中，Oxz为轨道坐标系，原点O为两轨顶面中点；$O'x'z'$为车顶坐标系，原点O'为车顶光学梁中点；点P为接触线；G_1，G_2，G_3和G_4为4个线阵相机，自左至右布置在车顶垂直于轨道延伸方向的同一断面内，通过调整各线阵相机相对车顶中心的横向位置和安装角度，确保各相机视场都可以覆盖接触线的空间范围。

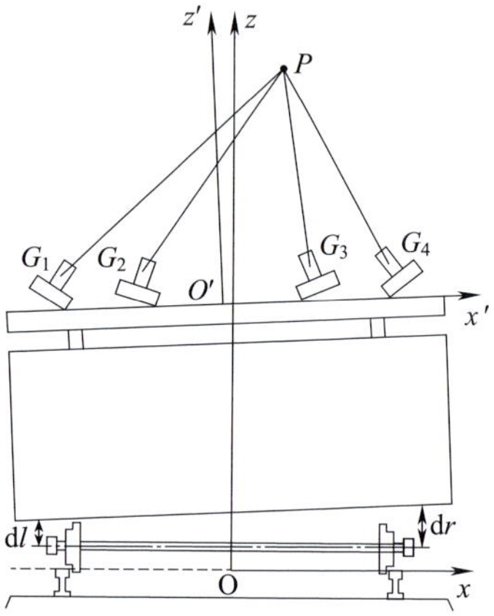

图 3-9 接触网几何参数检测系统原理

通过外触发方式同步采集4个线阵相机拍摄的点P平面图像，可获得不同角度的点P立体图像。通过实时图像处理和分析获得点P在各线阵相机图像中的位置，基于视差原理即可恢复点P在该断面内的平面位置信息，即其在车顶坐标系$O'x'z'$的垂向位移和横向位移。

由于拉出值和导高等几何参数是基于轨道坐标系OXZ定义的，为获得接触线相对于轨顶平面的空间位置，须将点P在车顶坐标系$O'x'z'$下的测量坐标转换成轨道坐标系Oxz下的测量坐标。在实际测量中，主要考虑车体在Oxz平面内的转动以及沿Ox轴和Oz轴的平移。因此，在车底安装3个位移传感器测量车体相对钢轨平面的运动姿态，其中，左、右两侧各安装1个垂向位移计测量车体左右两端的垂直位移d_l和d_r并计算获得车体在Oxz平面内的转动及沿Oz轴的平移，安装1个水平位移计测量车体沿Ox轴的平移。根据车体运动姿态测量结果对几何参数测量结果进行修正，从而保证几何参数测量的准确性。

3.1.6 系统标定

系统标定主要是补偿位移计的标定。位移计标定需两人配合完成，车内一人负责操作软件，车下一人负责操作位移计，建议使用对讲机通讯，位移计标定前应确认车辆停在平直道上且车内无闲杂人员走动。软件界面如图3-10所示。

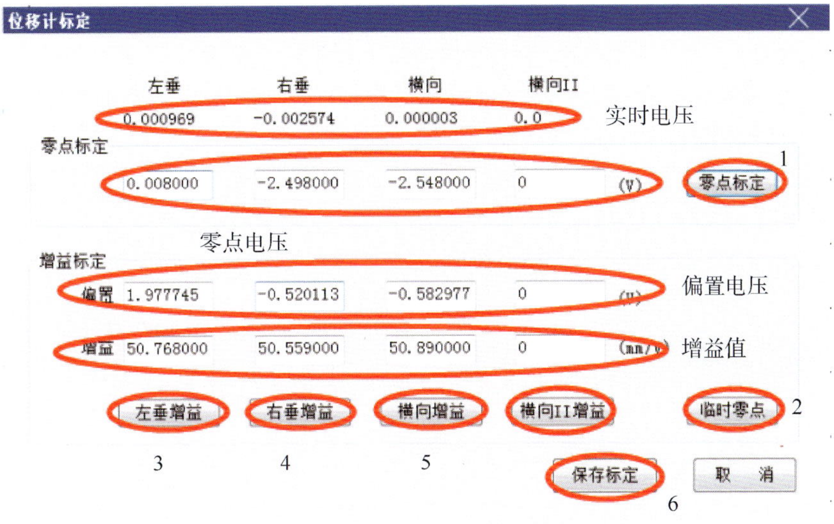

图 3-10 位移计标定界面

具体步骤如下：

（1）运行检测软件，点击“位移计标定”进入位移计标定页面，将所有3个位移计拉弦挂上，点“零点标定”按钮完成3个位移计零点电压标定，单位V。

（2）开始进行3个位移计的增益标定，先点“临时零点”按钮。

（3）左垂向位移计挂上标定环，点“左垂增益”按钮，完成左垂向位移计增益标定，单位mm/V。

（4）右垂向位移计挂上标定环，点“右垂增益”按钮，完成右垂向位移计增益标定。

（5）横向位移计挂上标定环，点“横向增益”按钮，完成横向位移计增益标定。

（6）点击“保存标定”按钮，将标定的零点电压和增益值自动保存至软件配置文件“app_param.ini”。

3.1.7 常见故障及处理方法

1. 软件启动测量后报NI卡初始化失败

有可能是NI驱动异常导致的，通常的解决方案是先卸载NI驱动，重启电脑后重新安装NI驱动。

2. 检测过程中发现位移计指示灯有部分为红灯

一般情况下应检查相应位移计的拉弦是否断裂，如果位移计拉弦断裂则应进行更换。应注意，在停车状态下启动测量软件，此时位移计指示灯为红灯是正常的，在停车状态下软件没有采集位移计数据。

3. 雨雪天气下检测数据质量异常

如检测车在湿冷天气或雨雾天气中过夜后进行检测，需打开加热开关加热相机光学窗以去除水汽，加热时间建议为10～30 min。如检测过程中有持续雨雪，则加热开关应始终打开。检测结束后关闭系统控制箱之前应检查加热开关是否关闭，先关闭加热开关再关闭系统控制箱电源。

3.1.8 系统应用

接触网几何参数检测系统可对接触网各种转换结构进行有效检测，典型接触网转换结构的检测波形如图3-11～图3-14所示，包括无交叉线岔、六跨关节式分相、五跨关节和四跨关节等。

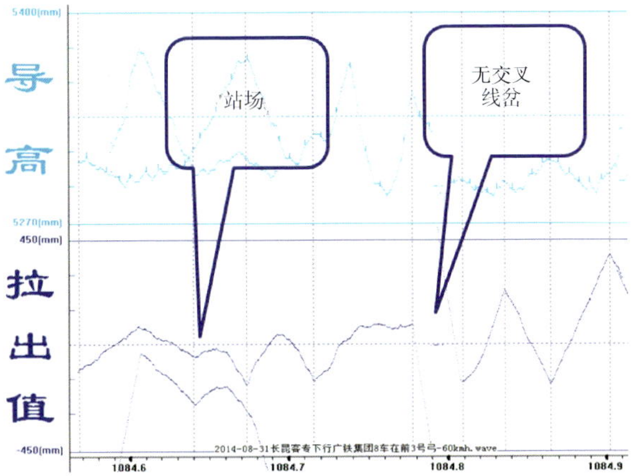

图 3-11　无交叉线岔检测波形

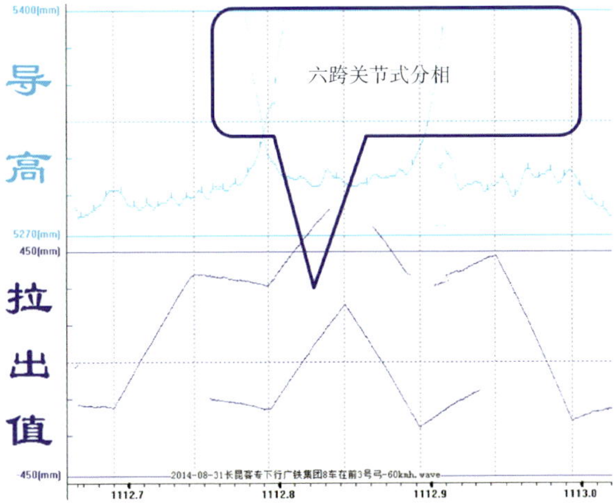

图 3-12　六跨关节式分相检测波形

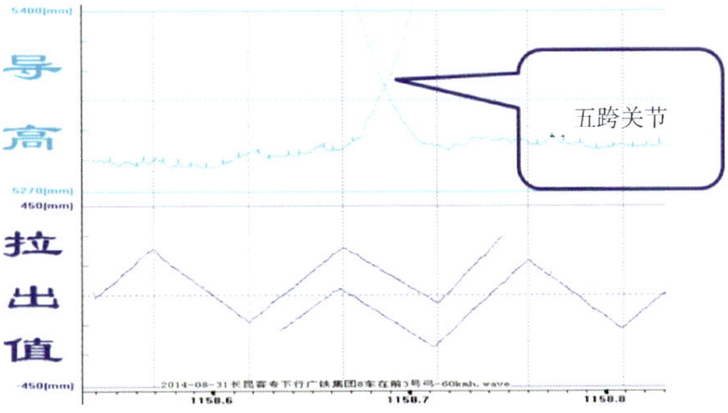

图 3-13　五跨关节检测波形

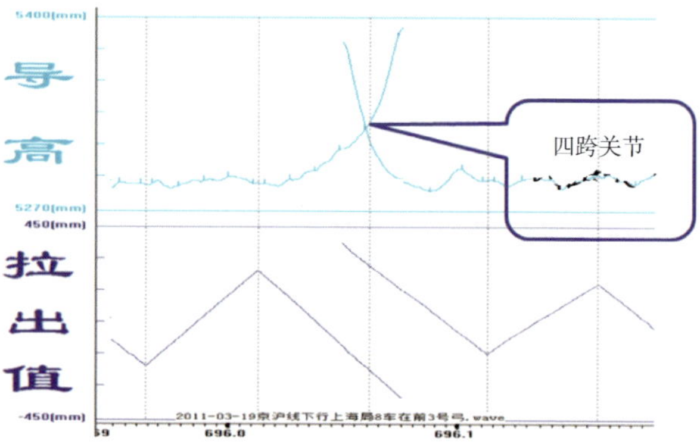

图 3-14　四跨关节检测波形

接触网几何参数检测系统检测发现的接触线静态几何参数偏差超限类型包括。

1. 定位点拉出值超限

检测标准：设计值±30 mm，如图3-15所示。

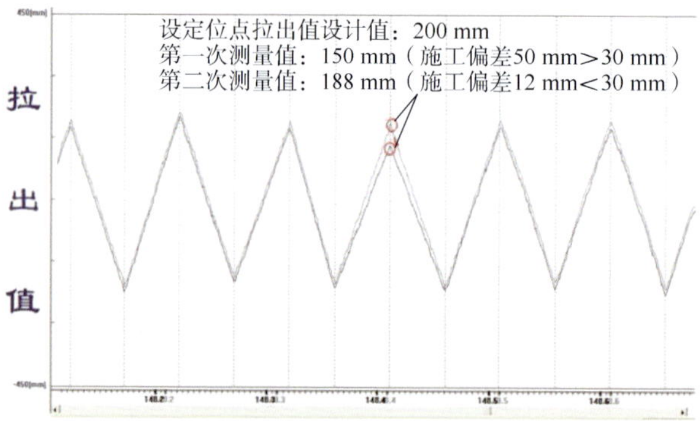

图 3-15　定位点拉出值超限（现场精调后消除超限）

2. 定位点/吊弦点高度超限

检测标准：设计值±30 mm，如图3-16和图3-17所示。

3. 相邻定位点/相邻吊弦点高差超限

检测标准：设计值±10 mm，如图3-18和图3-19所示。

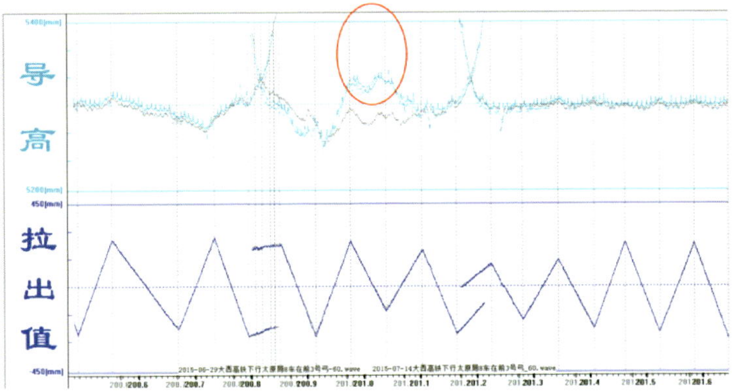

图 3-16　吊弦点高度超限（现场精调后消除超限）

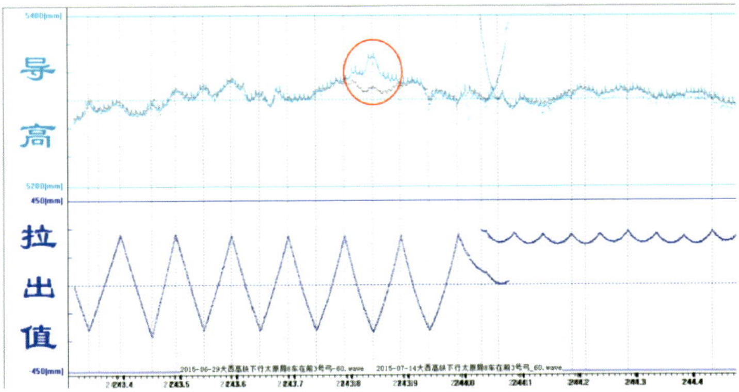

图 3-17　定位点高度超限（现场精调后消除超限）

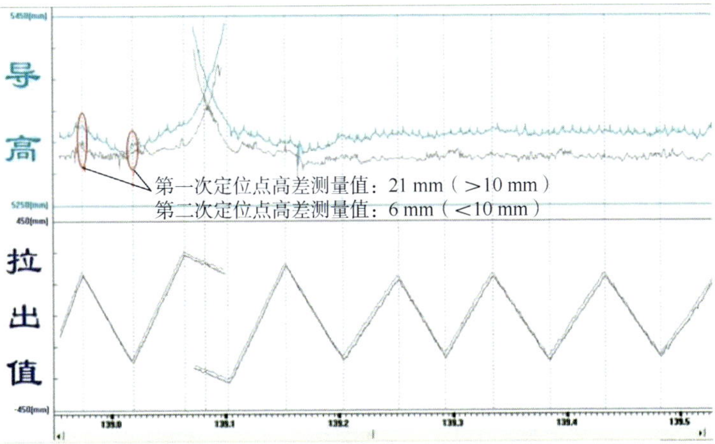

图 3-18　相邻定位点高差超限（现场精调后消除超限）

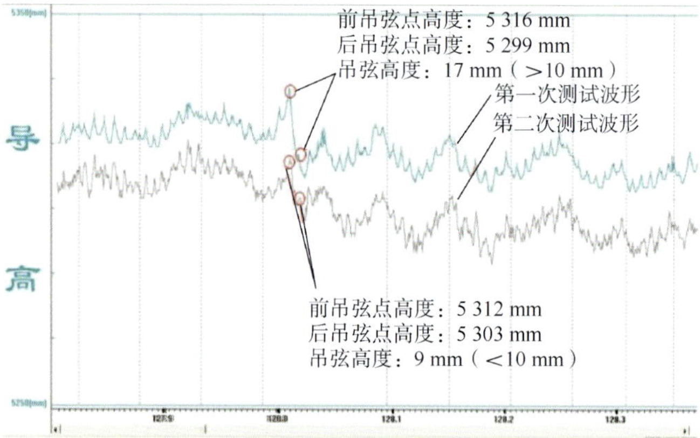

图 3-19　相邻吊弦点高差超限（现场精调后消除超限）

3.2　接触网悬挂状态高清成像与视频系统

3.2.1　检测参数及指标

对接触网检测区域进行图像采集，成像范围覆盖支持装置、接触悬挂（吊弦、线夹等）、附加悬挂、吊柱座区域，图像的清晰度足够分辨支持装置及接触悬挂零部件的异常状态。成像技术指标见表3-2。

表 3-2　成像技术指标

序号	检测区域	成像范围	拍摄方式	像素
1	支持装置	轨顶连线以上4 800～8 100 mm范围与轨顶连线的垂直中心线左侧3 500 mm至右侧3 500 mm范围相交叉区域	正反面拍摄	≥5 000万
2	接触悬挂（吊弦、线夹等）	轨顶连线以上4 800～8 100 mm区域	吊弦整体应左右侧拍摄，吊弦及电连接上下线夹应分别拍摄	≥1 600万
3	附加悬挂区域		正反面拍摄	≥1 600万
4	吊柱座	吊柱座2 700 mm×2 700 mm区域	正反面拍摄	≥1 600万

接触网缺陷智能识别：自动识别零部件松动、缺失、裂损等缺陷，检出率≥80%。

3.2.2 系统架构

接触网悬挂状态高清成像与视频系统由支持装置抓拍相机组、附加悬挂及吊柱座抓拍相机组、杆号抓拍相机组、接触悬挂相机组、补偿光源设备、支吊柱识别装置、嵌入式触发控制模块、高性能服务器、装置电源管理模块及显示与操作设备组成，如图3-20所示。

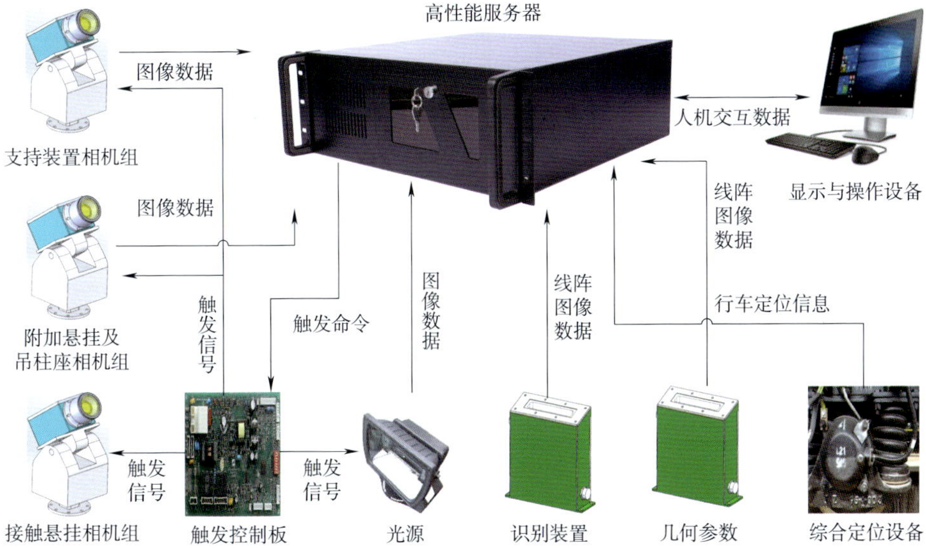

图 3-20 装置硬件主要部件组成

3.2.3 硬件构成

3.2.3.1 车外装置

1. 支持装置抓拍相机组

支持装置抓拍相机组由6个大分辨率工业相机组成，其中4个6 500万像素大分辨率工业相机从正反面对沿线平腕臂绝缘子及其底座区域、斜腕臂绝缘子及其底座区域进行高清拍摄；2个6 500万像素大分辨率工业相机承力索座、定位支座、定位线夹区域的支持装置进行高清拍摄。

成像范围为轨平面以上4 800～8 100 mm范围与轨平面中垂线左侧3 500 mm

至右侧3 500 mm范围相交叉区域，拍摄图像可以分辨零部件细节。实际拍摄图像清晰程度可达到图3-21所示效果。

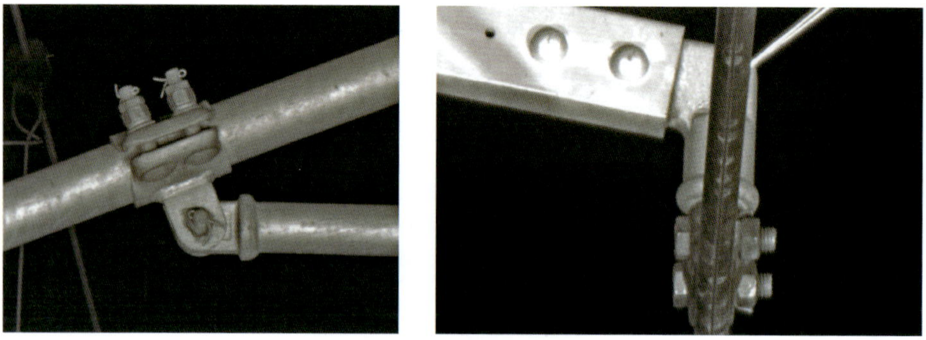

图 3-21　实际拍摄效果

2. 附加悬挂及吊柱座抓拍相机组

考虑到高速铁路线路接触网附加悬挂及吊柱座的复杂性与多样性，且吊柱座与腕臂顶部的附加悬挂区域基本重合，因此，本装置采用8个2 500万像素大分辨率工业相机构成附加悬挂及吊柱座抓拍相机组，用于对附加悬挂及吊柱座进行拍摄，成像范围覆盖附加悬挂区域及吊柱座2 700 mm×2 700 mm区域实际成像效果如图3-22和图3-23所示。

图 3-22　附加悬挂相机组成像效果（顶部绝缘子）

图 3-23 吊柱座区域相机图像

3. 杆号抓拍相机组

杆号抓拍相机组由2个分辨率为2 448×2 048的500万像素相机组成，其成像效果如图3-24所示。这2个相机分别安装于车体的靠近外边缘的两侧，用于对铁路线路杆号抓拍。

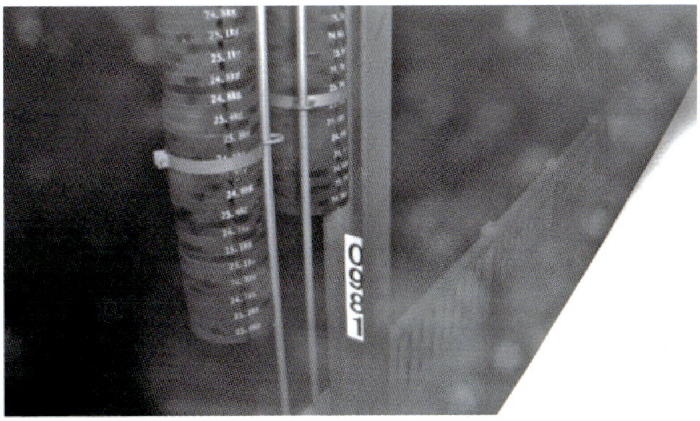

图 3-24 杆号抓拍相机组图像

4. 接触悬挂相机组

接触悬挂抓拍相机组由2个6 500万像素大分辨率工业相机组成，用于对接触悬挂（承力索座、线夹等）区域进行左右侧拍摄，成像范围为轨平面以上4 800～8 100 mm范围区域，单幅画面幅宽2 000 mm，相机拍摄位置如

图3-25所示，拍摄效果如图3-26所示。另外采用一台分辨率为400万像素工业摄像机对接触悬挂进行连续视频记录。

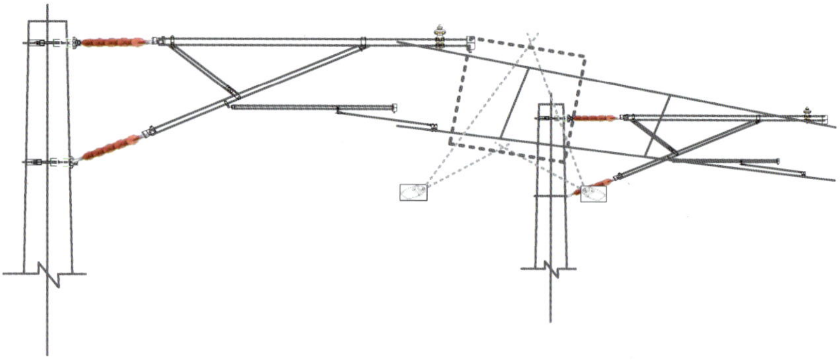

图 3-25　接触悬挂区域摄像机拍摄示意

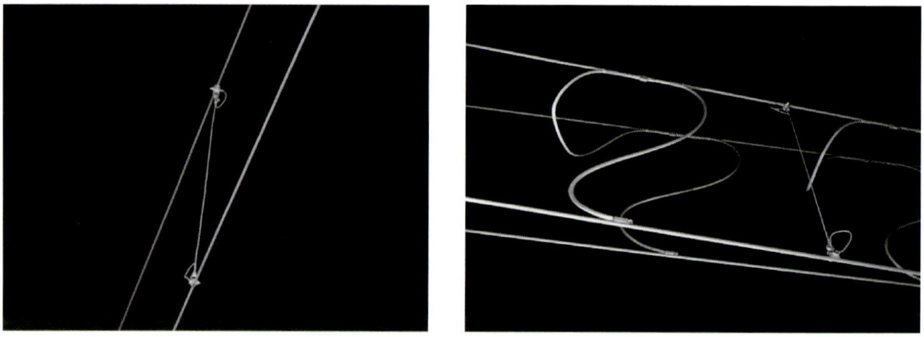

图 3-26　接触悬挂摄像机组实际效果

5. 补偿光源设备

如图3-27所示，在定位点正反面成像模块前方，分别安装多个（12～14个）高亮频闪光源组成光源矩阵，每个光源按照设计的旋转角度和俯仰角度安装，使光源在定位点成像面形成均匀补光，杆号相机光源与相机作为一个整体进行设计。光源和相机同时接入同步信号控制模块，在定位点识别模块发出识别信号时，同时触发光源和高清相机工作。

如图3-28所示，在吊弦识别模块邻近位置垂直于车体中心线的两侧安装多个（4～6个）高亮频闪光源组成光源矩阵，每个光源按照设计的旋转角

致分为功能模块列表界面（图3-32）、服务器和服务对应的详细功能信息界面。

在信息总览中，可以查看当前各服务器的连接状态与其CPU、内存的使用情况（由图3-32可知，当前共有三台服务器），而最右侧部分则显示与该软件相关的各服务及数据库连接的状态（当前采集服务与数据服务异常，是因为我们还没有在服务器上部署这两个服务）。

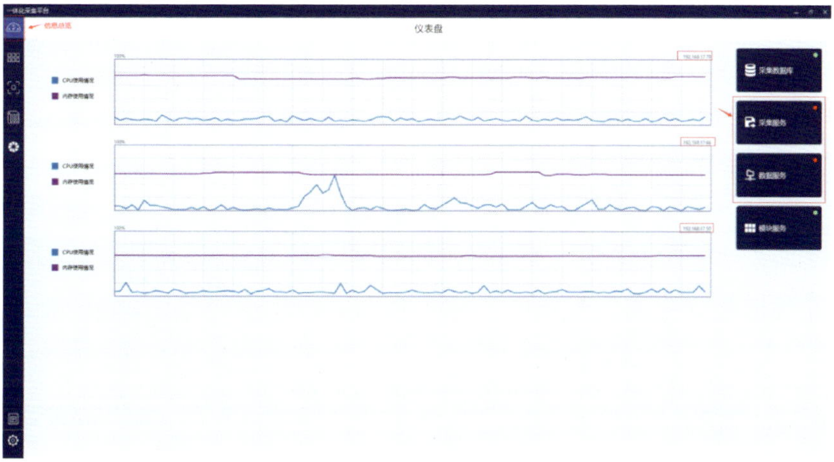

图 3-32　功能模块界面

在右上角区域选中服务，进入添加服务的界面（图3-33），该界面可以实现设备部署和时间同步。

图 3-33　模块管理界面

采集管理界面如图3-34所示，可以实现线路矫正、新建检测任务、自检等功能。

图 3-34　采集管理界面

在数据管理界面（图3-35）可以进行存储设置、输出设置、基础数据管理。

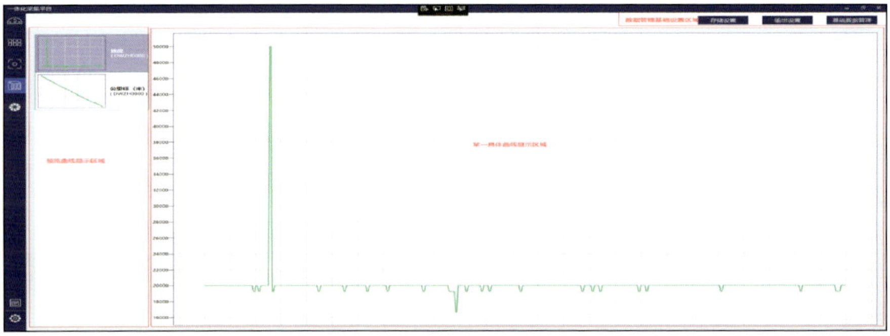

图 3-35　数据管理界面

相机管理界面如图3-36所示，主要实现相机分组管理、云台控制功能，其中九宫格区域主要显示添加分组成功后的相机。

选中“系统日志”模块，右侧区域就会显示当前系统的整个日志信息（图3-37），包含各服务与设备的相关日志信息。点击右上角的“←”，即可返回上一级目录。

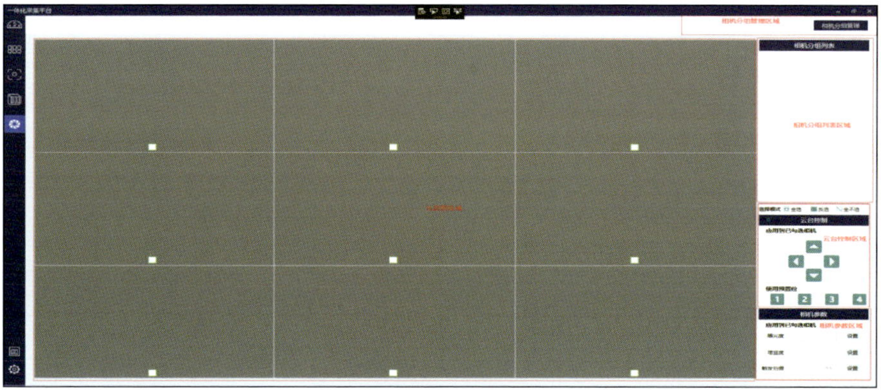

图 3-36　相机管理界面

图 3-37　系统日志界面

3.2.4.2　接触网4C图像管理和智能分析软件

接触网4C图像管理和智能分析软件集成图像识别功能：协助用户分析数据、提高工作质量、分析效率与用户体验。在分析当前任务时，能够关联当前任务所在线路的历史和缺陷数据，可进行数据追溯。

1. 软件启动

安装好软件后，双击桌面快捷方式进入软件首页（图3-38）。

2. 首页

首页分为左右两部分，如图3-38所示首页左侧可查看4C任务列表，点击列表跳转到相对应的检测分析界面。列表中的信息由“原始数据”界面中导入数据而来。

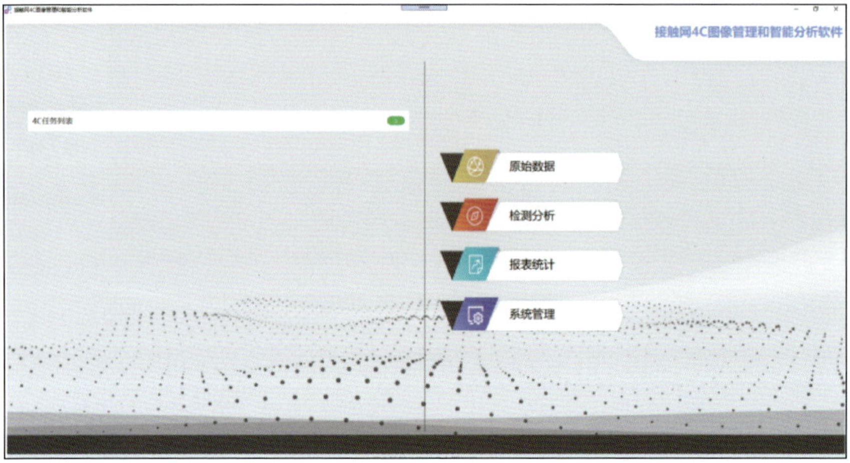

图 3-38　首页

菜单导航包括原始数据、检测分析、报表统计、系统管理四个功能模块，点击对应模块跳转到相应的界面。

3. 原始数据界面

原始数据界面由首页的“原始数据”按钮点击进入，也支持由右上角的导航栏切换，可以实现添加数据、修正信息、筛选、删除功能。

4. 检测分析

检测分析的数据来源于“原始数据”界面中导入的数据包。界面分双屏显示（图3-39），左屏为操作界面，右屏图片查看界面。

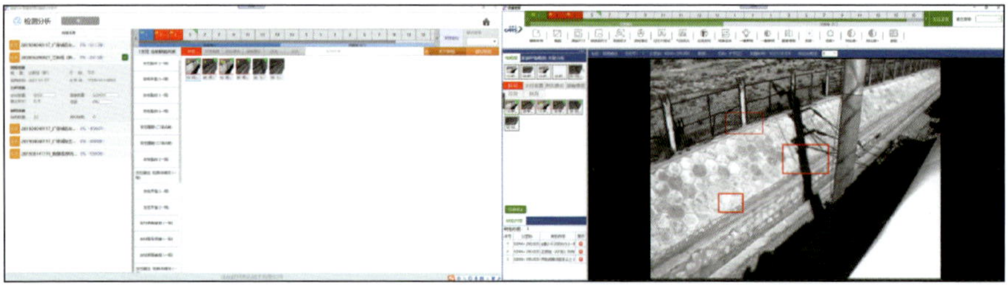

图 3-39　双屏界面

（1）检测分析左屏界面如图3-40所示。

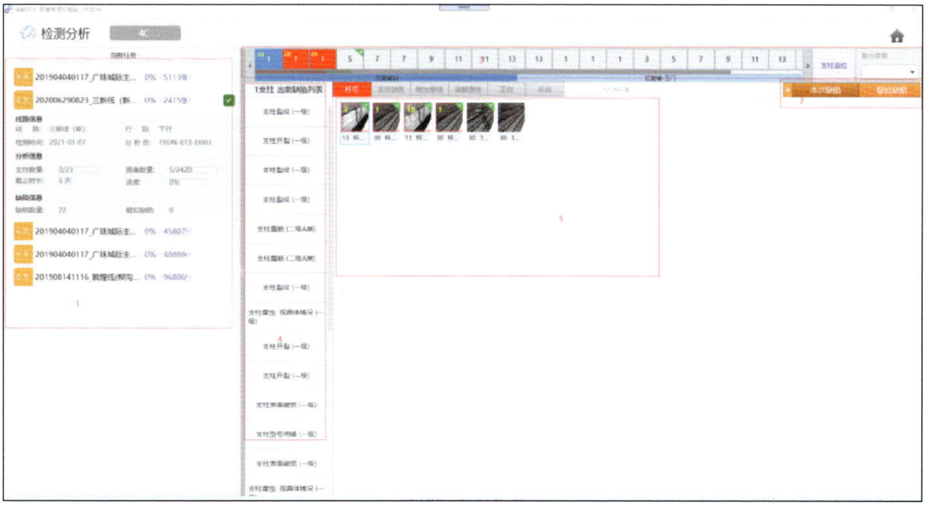

图 3-40　左屏界面

左屏界面由五部分组成：当前任务列表、缺陷信息列表、支柱展示列表、缺陷列表、图片缩略图展示区域。

（2）检测分析右屏界面如图3-41所示。

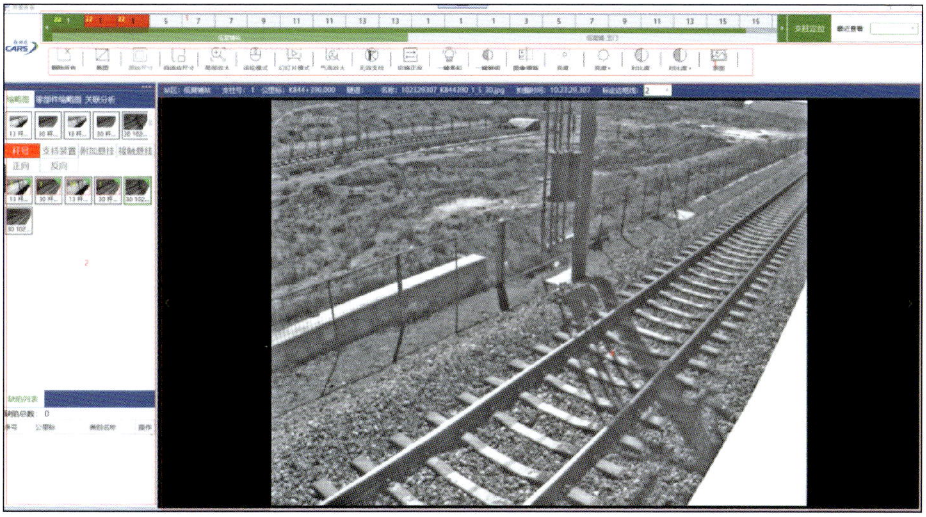

图 3-41　右屏界面

右屏界面通过点击左屏图片缩略图或者点击支柱号列表打开。检测分析右屏界面包括四部分：支柱号列表、缩略图、工具栏、图片查看区域。

“右屏界面图”中快捷键说明和使用方法见表3-3。

表 3-3　快捷键说明

图　标	名称及快捷键（后台可配置）	功　　能
删除所有	清除所有标记（Ctrl+D3）	清除所有的缺陷标记
截图	截图（Ctrl+D4）	截图之后可以保存到指定的位置
原始尺寸	原始尺寸（Ctrl+D）	图片回到原始尺寸显示
自适应尺寸	自适应尺寸（Ctrl+F）	自动适应窗口大小显示图片
局部放大	局部放大（Ctrl+C）	将图片局部放大
滚轮模式	滚轮模式（Ctrl+NumPad1）	进入滚轮模式使用滚轮切换上一张、下一张图片
幻灯片模式	幻灯片播放模式（Ctrl+NumPad2）	以幻灯片的形式播放图片
气泡放大	气泡放大模式（Ctrl+NumPad3）	鼠标箭头变为放大镜，鼠标所指位置的图片细节最大尺寸显示
切换正反	切换正反（Ctrl+D7）	切换正反相机图片显示
亮度+	亮度提升	拖动滑动条调整图片亮度参数在-100～100之间变化
原图	原图（Ctrl+D6）	回到原图显示

5. 报表统计

报表统计如图3-42所示。

图 3-42　报表统计界面

报表统计界面可以通过点击首页菜单中的“报表统计”（图3-42）按钮进入，也可以点击右上角的菜单中的“报表统计”按钮切换到此界面如图3-43和图3-44所示。

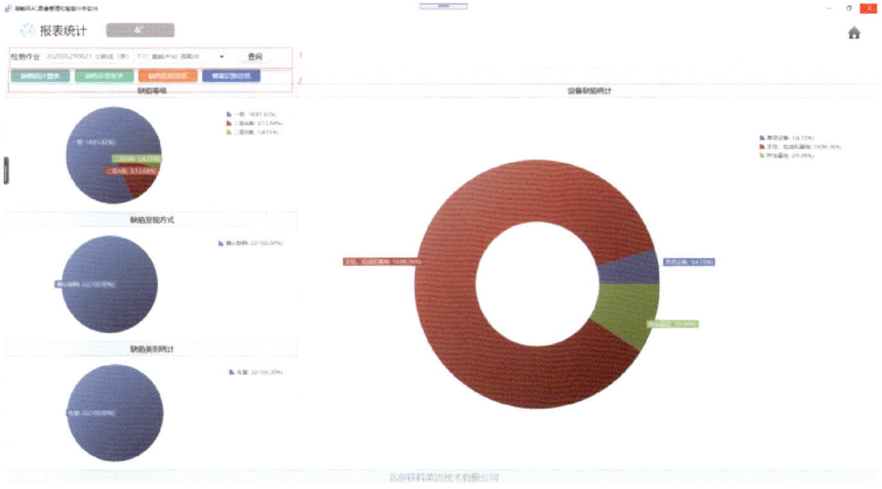

图 3-43　统计展示效果界面

图 3-44　缺陷详细报表效果界面

6. 系统管理界面

该界面可以配置检测车相机位置，主要用于描述检测车车顶相机布局，根据现场检测车情况进行该文件的编辑或者新增。

点击新增可全新新增相机配置，如图3-45所示。

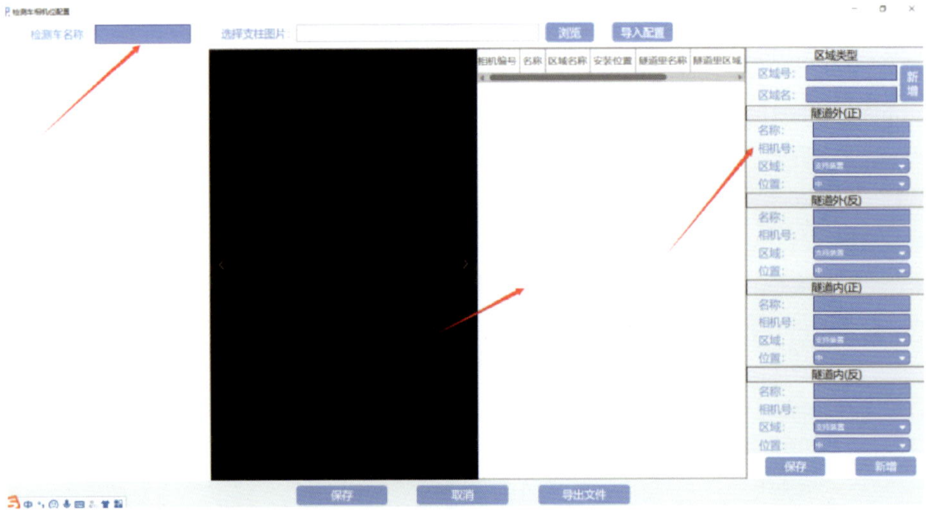

图 3-45　新增相机界面

依次填写检测车名称、相机编号及其相机的相关信息，编辑完成如图3-46所示。

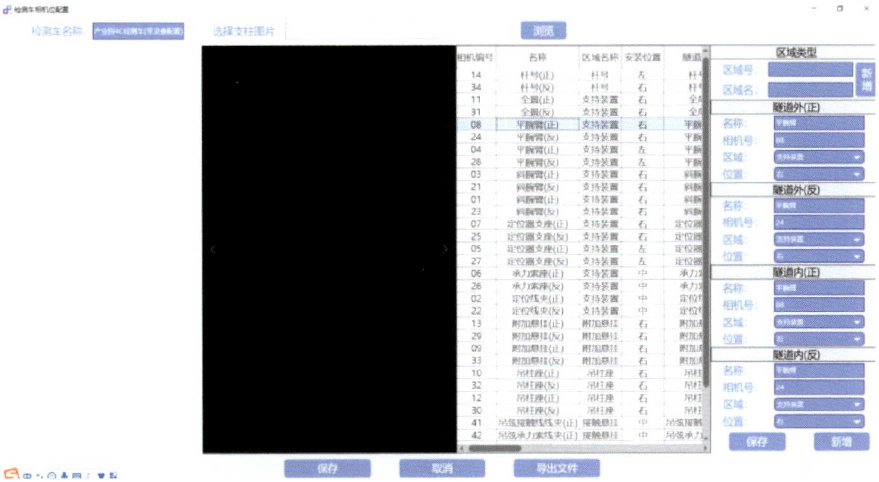

图 3-46　编辑完成界面

点击“保存”完成新增，为了方便用户在其他计算机所在的软件添加该配置文件，软件提供“导出文件”功能，导出一个.xml文件，在软件中同时提供“导入配置”，即可方便导入已编辑好的文件，如图3-47所示。

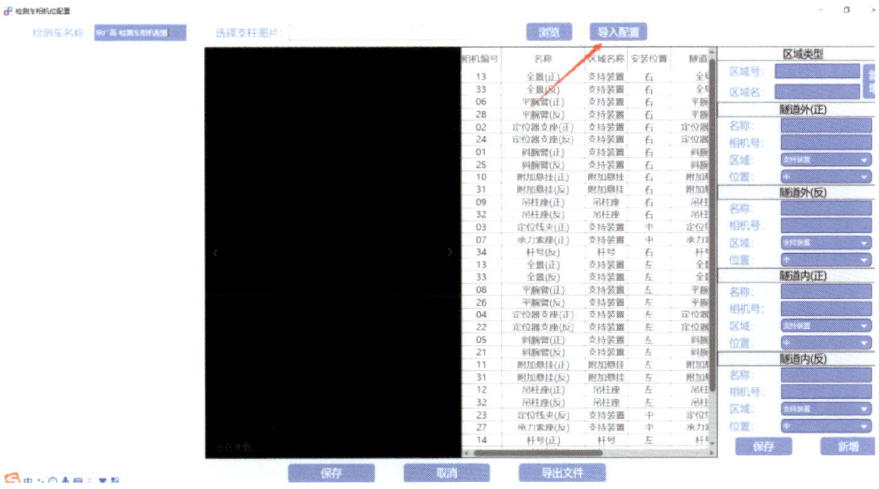

图 3-47　导入配置界面

为了方便用户导入已定义好的缺陷编码，软件提供了缺陷编码导入功能，如图3-48所示。

来源	名称	所属分类	用户编码	PHM缺陷编	编码类型	是否叶子节	缺陷等级	是否新增	修改缺陷名称
广州	接触悬挂	B	1		B	0	NULL		
广州	接触线与	B	1001		B	0	NULL		
广州	承力索	B	1001001		B	0	NULL		
广州	正线、分	B	1E+09	020902X2	B	1	一级		
广州	站线直链	B	1E+09	020902X2	B	1	二级A类		
广州	直链型悬	B	1E+09	020902X2	B	1	二级A类		
广州	承力索局	B	1E+09	020304X0	B	1	二级A类		
广州	承力索局	B	1E+09	020304X2	B	1	一级		
广州	承力索普	B	1E+09	2050122	B	1	一级		
广州	承力索散	B	1E+09	2050172	B	1	二级A类		
广州	承力索断	B	1E+09	2050162	B	1	一级		
广州	承力索腐	B	1E+09	2050142	B	1	二级A类		
广州	承力索电	B	1E+09	2050132	B	1	一级		
广州	承力索电	B	1E+09	2050422	B	1	二级B类		
广州	承力索电	B	1E+09	2050442	B	1	二级B类		
广州	承力索电	B	1E+09	2050412	B	1	二级B类		
广州	承力索电	B	1E+09	2050412	B	1	一级		
广州	承力索电	B	1E+09	020503A2	B	1	二级A类		
广州	承力索电	B	1E+09	2050312	B	1	一级		
广州	承力索电	B	1E+09	2050362	B	1	一级		
广州	承力索电	B	1E+09	2050372	B	1	二级A类		
广州	承力索电	B	1E+09	2050332	B	1	一级		
广州	承力索机	B	1E+09	2050412	B	1	一级		
广州	承力索机	B	1E+09	2050312	B	1	一级		
广州	承力索机	B	1E+09	020503A2	B	1	二级A类		
广州	承力索机	B	1E+09	2050442	B	1	二级A类		
广州	承力索机	B	1E+09	2050422	B	1	二级A类		
广州	承力索用	B	1E+09	2050482	B	1	二级B类		
广州	承力索补	B	1E+09	2060222	B	1	二级B类		
广州	承力索补	B	1E+09	2060222	B	1	二级B类		
广州	承力索补	B	1E+09	2060172	B	1	二级B类		
广州	承力索补	B	1E+09	2060222	B	1	二级A类		
广州	承力索补	B	1E+09	2060262	B	1	二级B类		
广州	承力索补	B	1E+09	2060242	B	1	二级A类		
广州	承力索接	B	1E+09	2060242	B	1	一级		
广州	承力索补	B	1E+09	2060132	B	1	一级		
广州	承力索补	B	1E+09	2060122	B	1	二级B类		
广州	在跨越线、	B	1E+09	2060172	B	1	二级B类		
广州	在跨越线、	B	1E+09	2060222	B	1	二级B类		
广州	在跨越线、	B	1E+09	2060132	B	1	二级B类		
广州	在跨越线、	B	1E+09	2060122	B	1	二级B类		
广州	承力索接	B	1E+09	2050432	B	1	二级B类		
广州	承力索接	B	1E+09	2050432	B	1	二级B类		

图 3-48　缺陷编码模板

3.2.5　检测原理

接触网悬挂状态高清成像与视频系统可安装于综合巡检车、接触网检测车、作业车或其他专用轨道车辆上，适应高速铁路及普速铁路等多种线路环境，支持在160 km/h运行速度下，对检测线路的接触网零部件实施成像检测。通过对检测数据的识别与分析，全面掌握接触网状态，指导接触网维修。

1. 基于数字图像处理的接触网定位悬挂装置高清成像技术

如图3-49所示，依据接触网的特点，采用高清相机和高亮度光源的方案，使得所拍摄的目标图像可覆盖接触网定位及支持装置区域，通过对采集的高清图像查看分析可发现成像区域接触网零部件脱落、缺失、断裂、破损等典型故障，从而及时排除事故隐患。

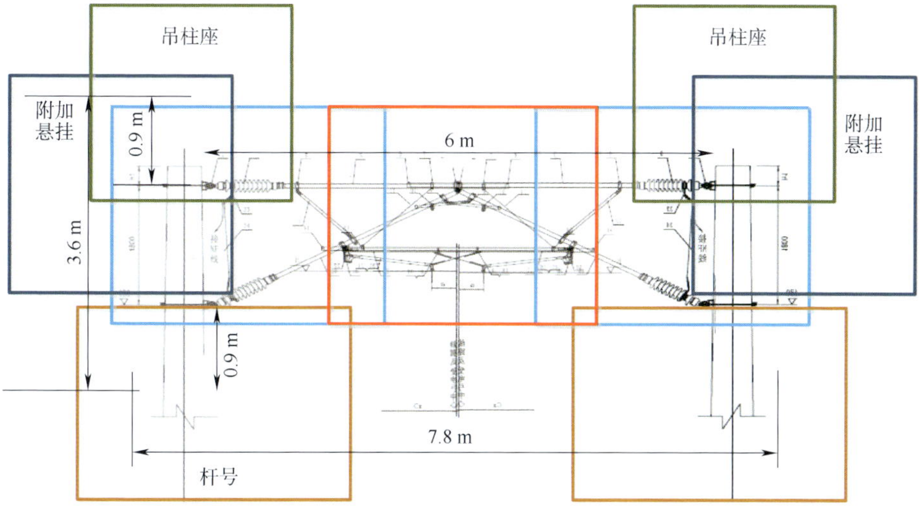

图 3-49 接触网零部件拍摄示意

采用正、反面相机布置方案实现接触网定位悬挂点的全貌成像，获取高清晰度的图像（图3-50～图3-52）。图像清晰度满足查看绝缘子、腕臂、定位器、定位线夹、悬吊安装底座、吊弦等部件细节特征的要求。

图 3-50 相机采集示意

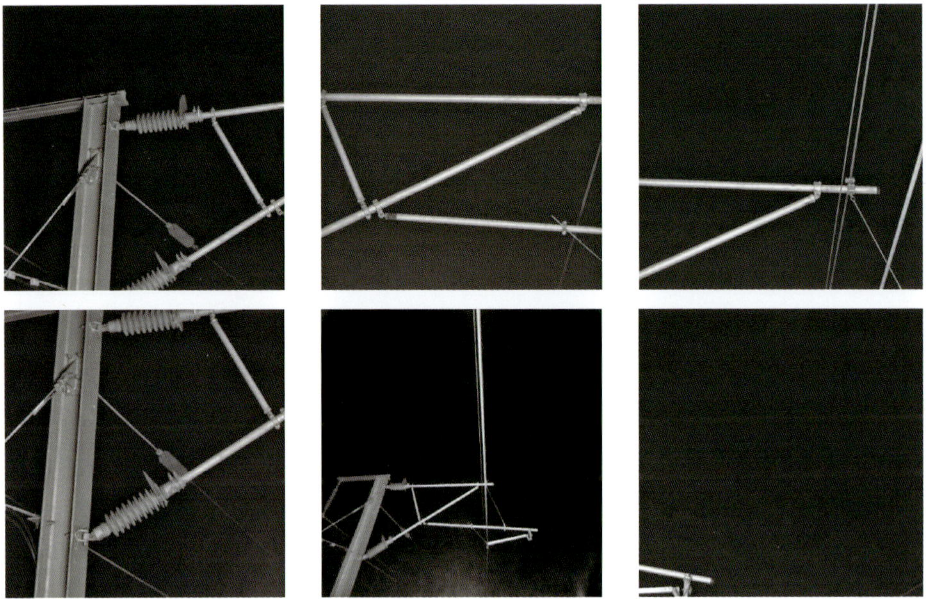

图 3-51　支柱区域现场正面采集图像

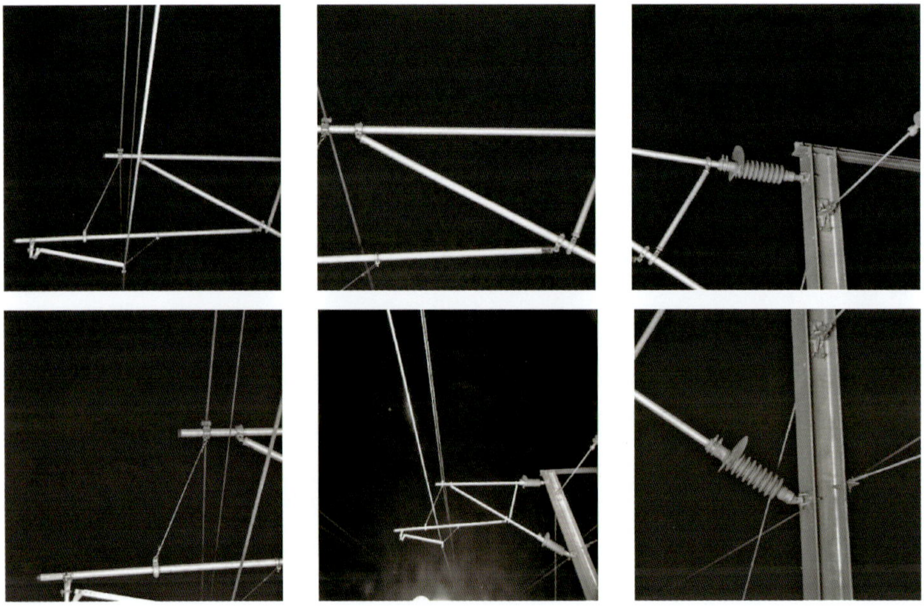

图 3-52　支柱区域现场反面采集图像

采用图像目标识别技术结合线路数据库综合判定检测过程中关键悬挂

目标的出现，从而确定高清图像抓拍的时机，达到实时抓拍高清图像的目的，定位点触发识别原理如图3-53所示。

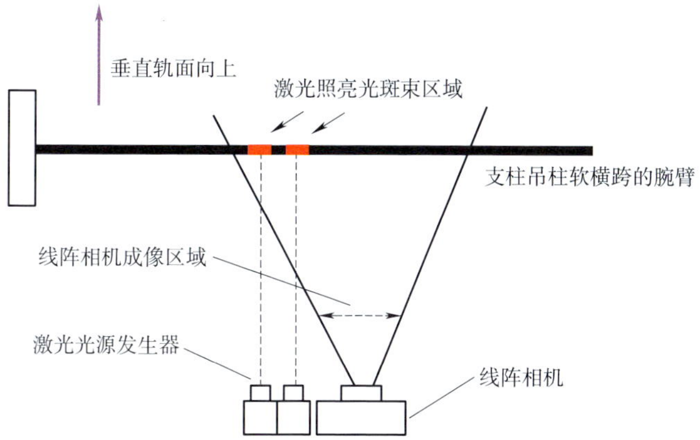

图 3-53　定位点触发识别原理

2. 基于深度学习的缺陷智能识别技术

缺陷智能识别技术能够自动识别缺陷，判别结构异常部件（包括：变形、缺失、松脱、部件转动、移位、裂损等）。其原理为根据接触网图像的特点，采用了如图3-54所示的智能识别处理流程。

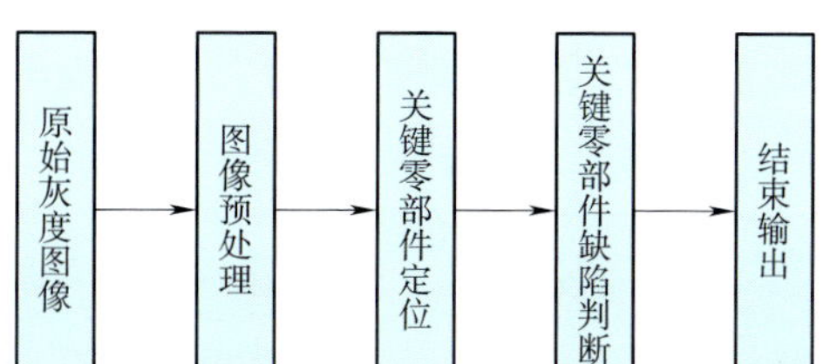

图 3-54　智能识别技术处理流程

缺陷智能识别主要采用图像分割算法对图像进行分割得到相应部件区域，利用聚类分析、深度学习算法对部件区域进行分类和预测。识别过程（螺帽松脱缺陷）样例如图3-55和图3-56所示。

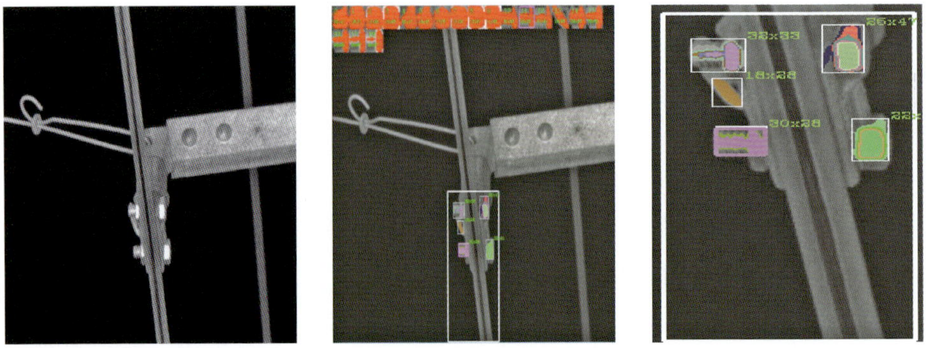

（a）原图　　（b）关键部件检测　　（c）部件聚类结果

图 3-55　关键部件检测过程

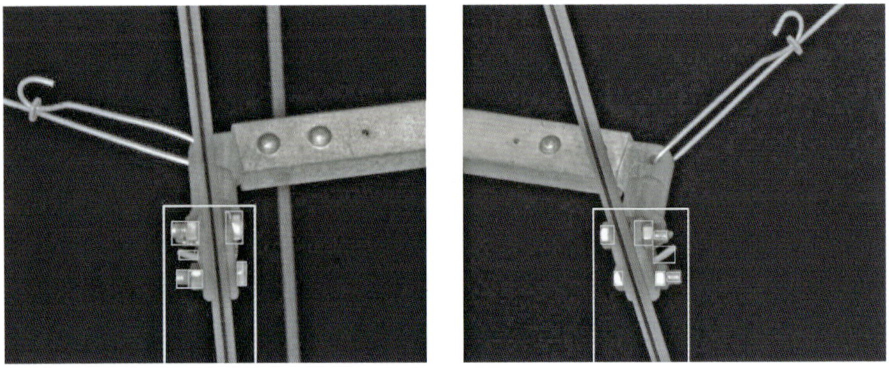

图 3-56　关键部件检测效果

接触悬挂区域缺陷智能识别主要技术为：边缘检测、轮廓线检测、直线检测、凹凸轮廓检测和目标提取技术，如图3-57所示。

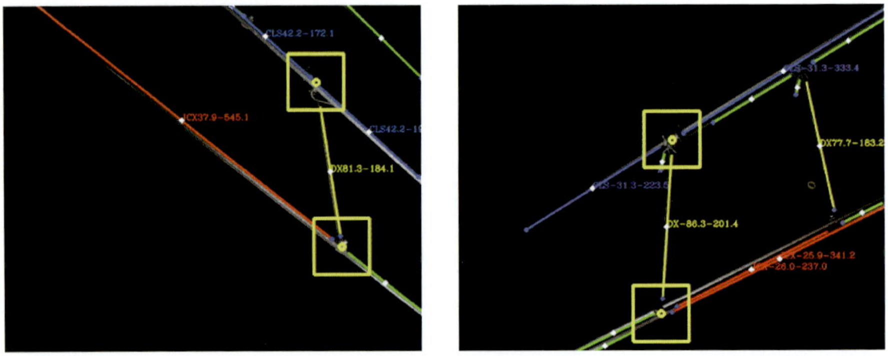

图 3-57　接触悬挂目标物提取

3.2.6 系统标定

为保证接触网悬挂状态高清成像与视频系统能够清晰成像，需要按照线路实际情况对每个光源和相机角度、成像距离进行标定，见表3-4和表3-5。

表 3-4 光源角度调试表

模块名称	光源模块	数量	备　注
定位点成像光源	光源组1	4	仰角：32°±5°；中心线向外旋转32°±2°
定位点成像光源	光源组2	4	仰角：25°±5°；中心线向外旋转28°±2°
定位点成像光源	光源组3	4	仰角：25°±5°；中心线向外旋转15°±2°
定位点成像光源	光源组4	2	仰角：25°±5°；中心线向外旋转0°±2°
吊弦成像光源	光源组1	4	仰角：45°±5°；中心线向内旋转34°±2°

表 3-5 相机焦距调试表

模块种类	模块名称	数量	备　注
成像模块	腕臂	4	图像中心：高度：6 500 mm，车体中心往外1 800 mm； 调焦点：高度：6 500 mm，车体中心往外2 500 mm
	线夹,承力索	2	高度：6 500 mm，车体中心往外：0 mm；图像中心和调焦点重合
	全景	2	高度：6 500 mm，车体中心往外：0 mm；图像中心和调焦点重合
	附加悬挂	4	高度：7 000 mm，车体中心往外：3 500 mm；图像中心和调焦点重合
	吊柱座	4	高度：7 800 mm，车体中心往外：3 000 mm；图像中心和调焦点重合
	杆号模块	2	高度：4 500 mm，车体中心往外：3 000 mm，图像中心和调焦点重合
		2	高度：1 500 mm，车体中心往外：3 000 mm，图像中心和调焦点重合
吊弦抓拍	吊弦抓拍	2	高度：6 500 mm，车体中心往外：0，图像中心和调焦点重合

3.2.7 常见故障及处理方法

1. 相机没有图像

故障现象为相机不能正常打开，相机不能正常采集图像。首先检查相机是否已上电，然后检查网口是否松动，最后检测触发板是否有触发信号发给相机。

2. 图像亮暗交替或不亮

故障现象为相机拍摄图像出现亮暗交替或全部不亮的情况。首先查看光源是否故障，如果故障请更换光源。如果正常，则相机可能出现故障，此时请联系公司售后人员现场处理。

3. 图像清晰度差、模糊

故障现象为相机拍摄图像清晰度差、模糊。首先查看相机曝光时间是否过大，如大于200 μs，降低曝光时间到100 μs附近，并适当增加增益以提高图像亮度。如果不是，则可能是图像出现了失焦的问题，此时需要重新调节焦距，请联系公司售后人员现场处理。

4. 未找到相机

若运行软件发现相机无法连接，请首先检查网络连接情况。按照以下处理：打开网络和共享中心，查看相机是否全部连接。若没有连接，检查相机通电是否正常或者相机网线松动。如果连接，点击“开始”按钮，选择“运行”，输入Ping相机IP命令，检查相机是否能连通。确认网络是否为千兆网络。

3.2.8 系统应用

接触网悬挂状态高清成像与视频系统已先后在南昌局、南宁局、武汉局、北京局等路局得到了成功运用，反馈良好，发现了众多接触网零部件缺陷，包括线夹螺母松动缺失、绝缘子破损、承力索散股、开口销缺失等，系统极大提升了接触网零部件故障的检出效率，减轻了现场人员劳动强度，提高了作业效率和质量，起到了预防安全故障、保障供电安全的作用。成像效果和缺陷智能识别结果如图3-58～图3-67所示。

图 3-58　平腕臂底座拍摄效果

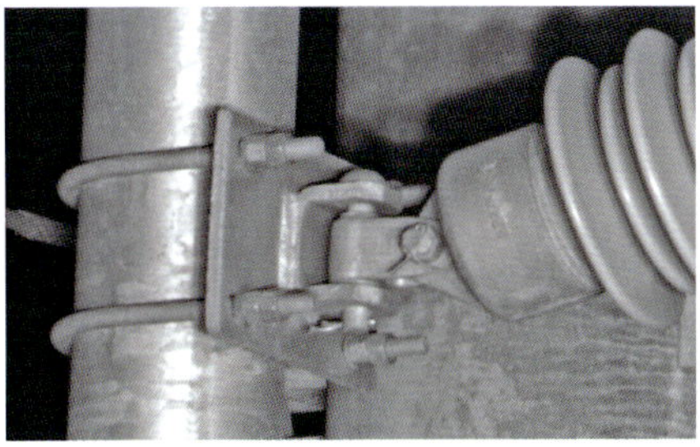

图 3-59　斜腕臂底座拍摄效果

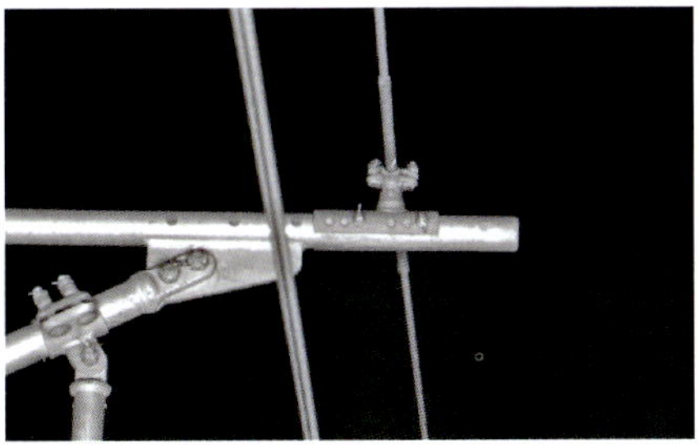

图 3-60　承力索座拍摄效果

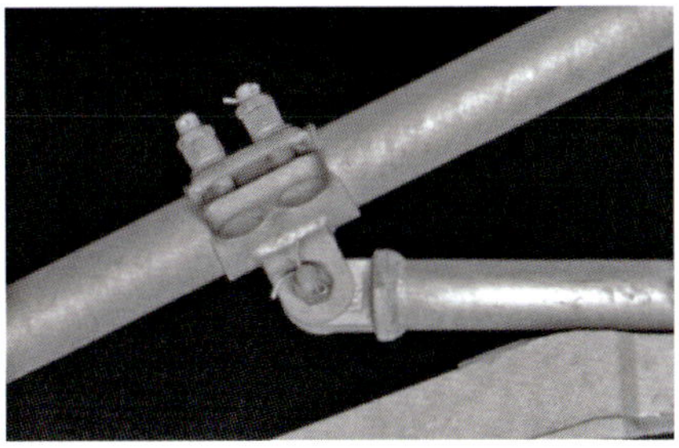

图 3-61　定位器支座拍摄效果

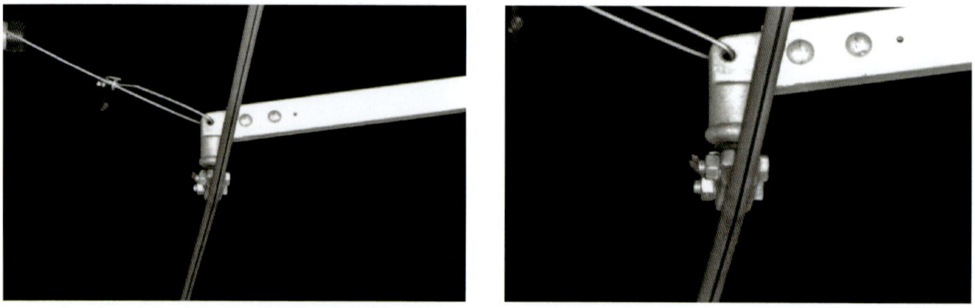

图 3-62　线夹拍摄效果

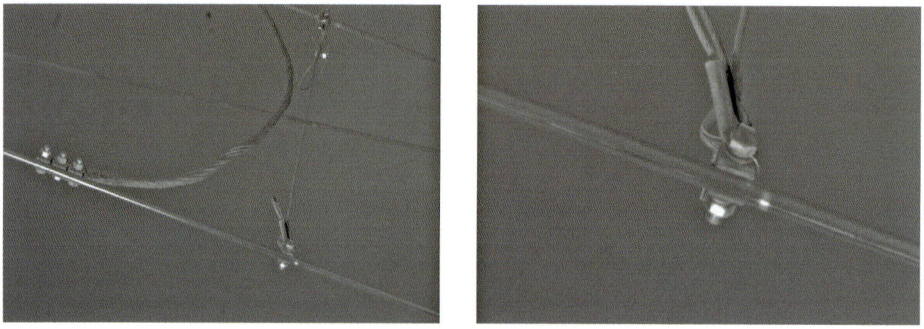

图 3-63　接触悬挂拍摄效果

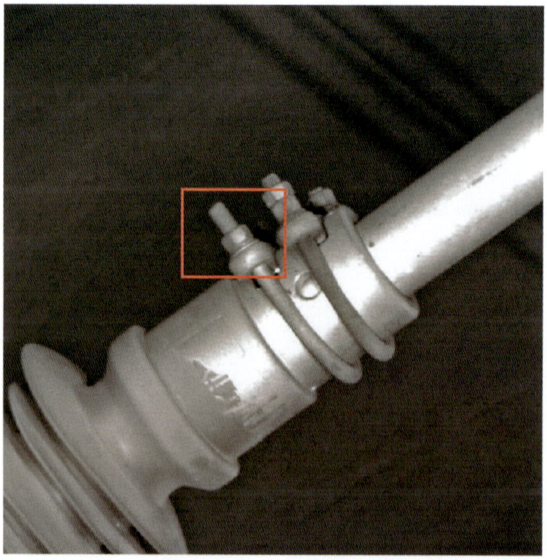

图 3-64　U 型环区域备帽缺失

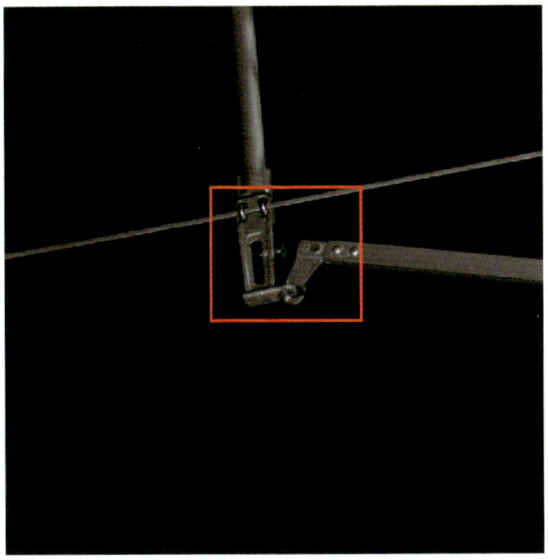

图 3-65　等电位线缺失

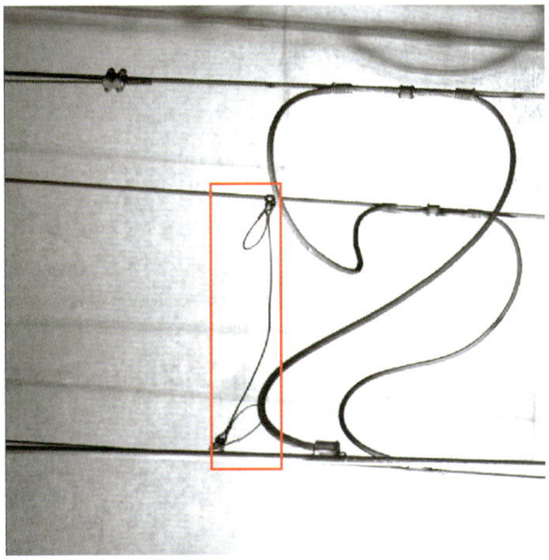

图 3-66　吊弦支撑不受力

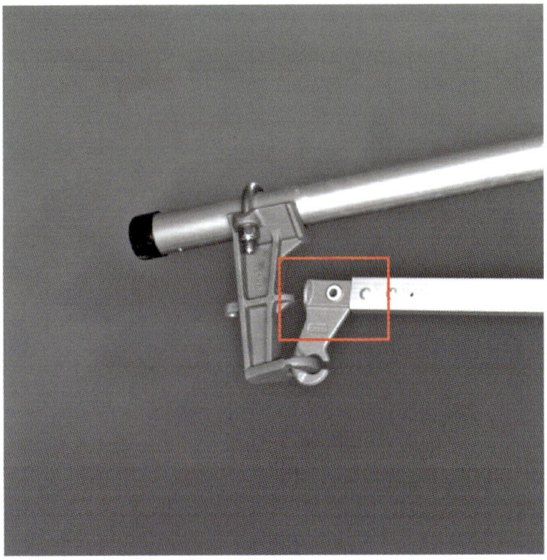

图 3-67　定位器支座等电位线螺母松脱

3.3　地磁磁通量检测系统

3.3.1　检测参数及指标

主要检测项目及指标见表3-6。

表 3-6　装置技术指标

序号	项　目	指　标	描　述
1	磁感应强度分辨率	0.25 Gs	能够精确实时反映磁场强弱变化
2	磁感应强度检测误差	≤5 Gs	磁场强度的检测误差在5 Gs以内
3	磁感应强度报警值	36 Gs	低于该值则报磁感应强度异常缺陷
4	可辨缺陷	地面磁感应器磁场强弱和状态异常	地面磁感应器磁感应强度异常、磁感应器脱落与丢失、磁感应器断裂与缺损等
5	适应车速	0～160 km/h	可在检测车辆车速0～160 km/h正常运行
6	工作温度	-20 ℃～60 ℃	适应户外严酷条件下应用
7	防护等级	IP67	户外设备以IP67等级进行防护设计

3.3.2　系统架构

车载地面磁感应器在线检测系统主要由地磁采集模块、多功能箱、处理计算机组成，其系统架构如图3-68所示。

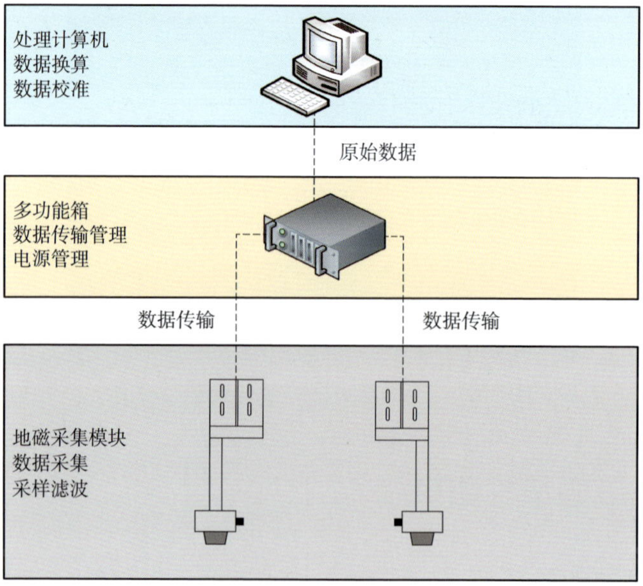

图 3-68　系统架构

3.3.3 硬件构成

1. 地磁采集模块

地磁采集模块是安装于车体下方的磁感应强度采集部件，车体左右各一组，以实现轨道两侧分布的地磁磁感应强度采样，设备通常安装在转向架端部，如图3-69所示。

图 3-69 采集设备安装

2. 多功能箱

多功能箱为各传感器工作提供稳定电源，为系统提供高精度基准电位，采用高阻抗全隔离技术接收来自传感器的信号，采用高速DSP处理器完成信号数字化，并进行IIR数字滤波、傅里叶变换等处理。

3. 处理计算机

处理计算机的主要功能为参数校准、接收、处理、转发数据。

3.3.4 软件组成

该系统共包含两个软件，分别为采集软件和展示分析软件。其中，采集软件实现车辆运行过程中数据的获取、存储、转发等功能；展示分析软件实现对现场数据的展示和分析。

1. 采集软件

采集软件部署到处理计算机上，部署以后以服务的形式存在（开机自启动）。

2. 展示分析软件

地磁数据融合到1C系统中，通过1C波形进行展示（图3-70和图3-71）。

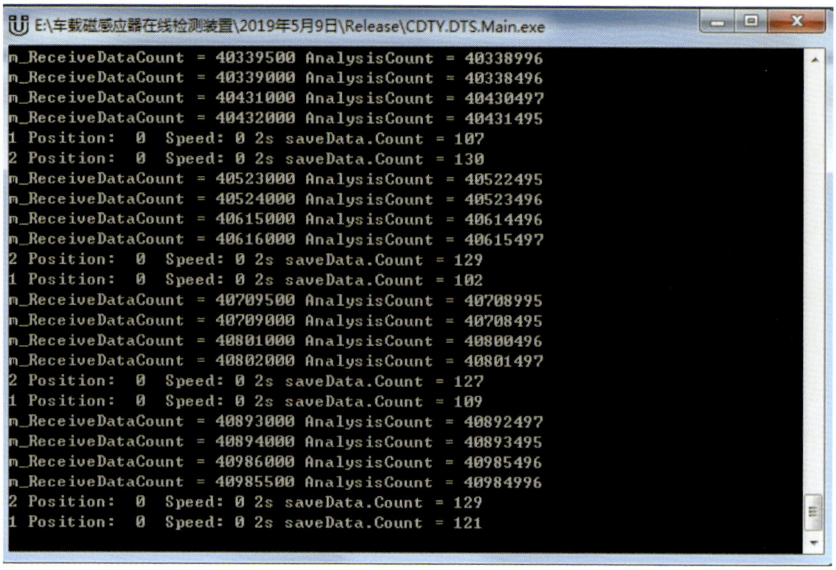

图 3-70　采集软件运行图

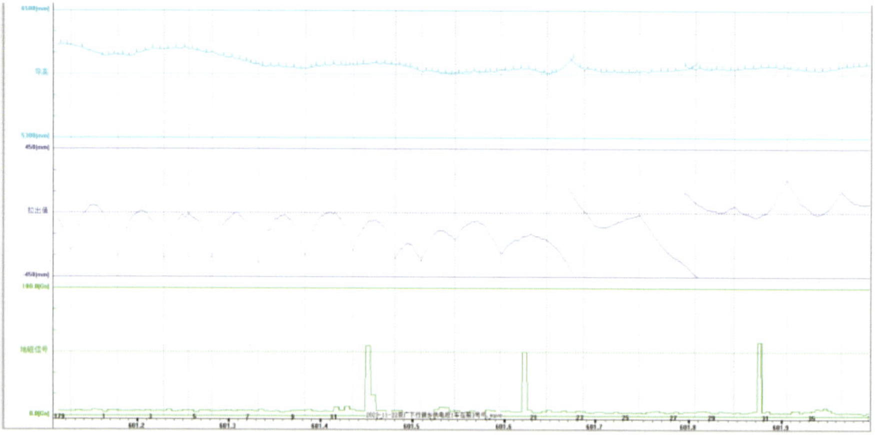

图 3-71　地磁展示分析

3.3.5　检测原理

该系统检测对象为地面磁极，而磁极的安装位置和检测方式均有统一的标准。如图3-72所示，磁极中心点水平方向距离钢轨内侧工作边为（335±15）mm。

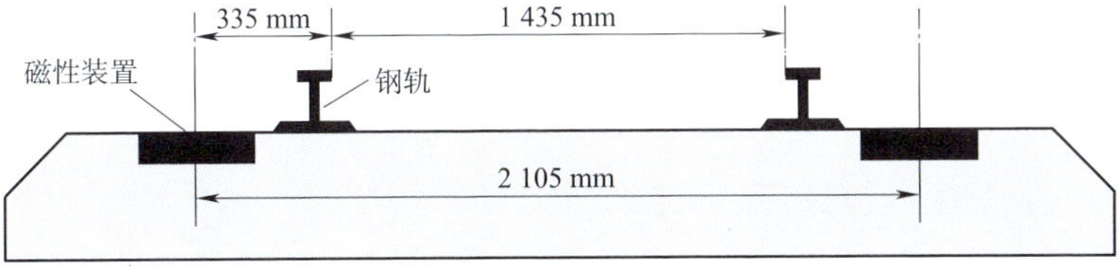

图 3-72 地面磁感应器分布位置示意

地面感应器磁场强度检测如图3-73所示。图3-73中，磁极中心点水平方向距离钢轨内侧工作边（335±15）mm，垂直方向距离钢轨表面（110±10）mm处，磁感应强度检测值不低于36 Gs，信号接收传感器安装时应保证接收器中心点与地面磁极中心处在同一垂直线上。

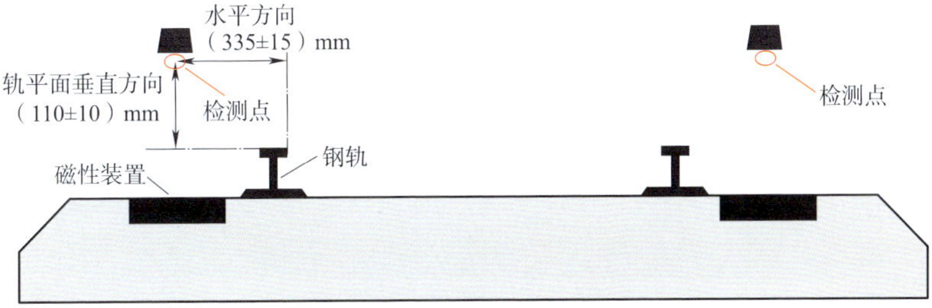

图 3-73 地面磁感应器检测点

设计安装高度如因车辆限界原因无法保证距离轨面110 mm的安装高度要求，可放宽安装高度到150 mm。

车载地面磁感应器在线检测系统通过安装于车体下方的磁感应接收传感器采集地磁模拟信号数据，在多功能箱内完成AD转换和数字信号处理，通过网络将数据传输到处理计算机，处理计算机内通过数据换算完成地磁物理量计算并将结果数据传输到1C系统进行融合。检测原理如图3-74所示。

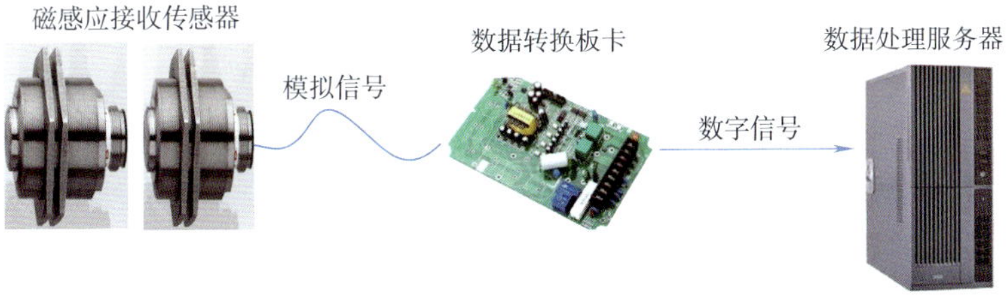

图 3-74 检测原理示意

3.3.6 系统标定

为保证车载地面磁感应器在线检测系统静态测试精度在既定的范围内，需要对每一套系统进行标定。

1. 系统***K***值标定

搭建标定环境（图3-75），需要一台高精度可调电源，一台地磁标定平台。

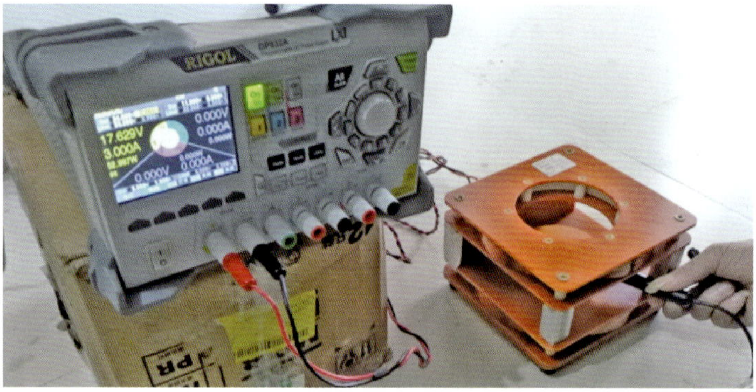

图 3-75 标定环境搭建

将传感器放置于地磁标定平台（磁场发生器）上，为保证精度，传感器的底面距离平台内的水平台高度不超过10 mm。

调节电源，使标定工装，按照不同电流分别产生至少10组恒定磁场（场强覆盖0～370 Gs之间），每调节一个档位，记录一次软件读取的数值（图3-76），最终形成表格（表3-7）。

表 3-7 标定参数记录表

静态标定记录表

项目/受标定车车号:____________ 标定地点:____________ 温度:______ ℃

序号	电流/A	标准磁通量/Gs	传感器1原始值（110）	传感器1测试值/Gs	传感器1校准值/Gs	传感器2原始值（111）	传感器2测试值/Gs	传感器2校准值/Gs	传感器1误差/Gs	传感器2误差/Gs
1	0.3	10.74	500.152	10.219	10.782 416 39	506.359	10.492	10.783 784 71	0.042 416 395	0.043 784 715
2	0.6	21.48	510.314	20.381	21.504 690 14	516.804	20.937	21.519 262 35	0.02 469 014	0.03 926 235

小　结

高速综合巡检车的接触网几何参数检测系统的应用场景是测量无载状态下（无受电弓）的接触线静态几何参数，用来指导运营单位进行接触网日常维护。检测系统采用双目视觉测量原理，通过图像处理算法计算获得接触线几何参数。检测系统检测的接触线静态几何参数偏差超限类型包括：定位点拉出值超限、定位点/吊弦点高度超限和相邻定位点/相邻吊弦点高差超限等。

接触网悬挂状态高清成像与视频系统由高清成像单元和数据分析单元组成。高清成像单元目前主要使用2 500万型号相机进行拍摄，成像范围2 000×2 000 mm。触发装置使用线阵相机配合红外激光进行目标物识别。车内数据分析单元以定制的工业服务器进行数据采集和数据分析处理。

为了更全面地诊断接触网基础设施的技术状态，高速综合巡检车接触网几何参数检测系统的后续优化方向包括：检测梁一体化设计，建立接触线静态几何参数检测数据和接触网视频监测数据的关联分析，探索接触线服役状态参数检测监测方法。

高速综合巡检车接触网悬挂状态高清成像与视频系统的发展趋势是运用更高分辨率的工业相机以提高检测监测性能。随着工业技术的发展，以及技术的升级迭代，高清成像工业相机目前已面世6 500万像素、1亿像素和1.5亿像素相机。6 500万像素工业相机作为主要的量产产品，经过前期大量的测试与实际应用，在图像质量不变的情况下可以获得更好的视野范围，视野范围提升160%，使用较少的高清成像相机覆盖更多的检测目标，为接触网悬挂状态提供更可靠高质量的检测图像，并可以优化数据分析过程。

第4章 电务巡检技术发展及数据分析应用

4.1 轨旁信号设备外观巡检系统

4.1.1 检测参数及指标

轨旁信号设备外观巡检系统通过图像可检查应答器、应答器尾缆（含表面破损）、轨间补偿电容、轨间轨道接续线（含表面破损）、轨腰外侧塞钉、电务轨旁箱盒等轨旁信号设备的可视外观状态。功能指标如下：

（1）图像横向及纵向分辨率应≤1.0 mm/像素。

（2）应识别应答器表面15 mm×15 mm以上的破损，检出率≥80%。

（3）应识别轨腰外侧塞钉脱落，检出率≥80%。

4.1.2 系统架构

轨旁信号设备外观巡检系统主要由轨旁、轨道中心和轨腰外侧图像采集组件、图像采集主机、存储分析服务器等组成。轨旁信号设备外观巡检系统的照度补偿装置通过线阵光源，为检测对象提供均匀一致并满足拍摄需要的照度，图像采集主机内部集成同步触发装置，可根据列车行驶速度等信息向图像采集组件输出同步采样脉冲，图像采集装置在脉冲的触发下获取轨旁信号设备的图像数据，并将图像数据通过数据接口输出到采集主机，由采集主机对图像数据进行预处理和存储。

存储分析服务器（可部署在地面）对图像数据进行综合分析处理，并结合轨旁信号设备台账数据库和同步定位信息，将地面设备信息和图像数据对应起来，建立索引数据库，利用机器学习等图像视觉算法，快速检测故障设备。

轨旁信号设备外观巡检系统整体结构示意图如下图所示。轨旁信号设备外观巡检系统的3个图像采集组件与轨道巡检系统车下4个图像采集组件安装于同一竖向安装面上，安装后的整体效果如图4-1所示。

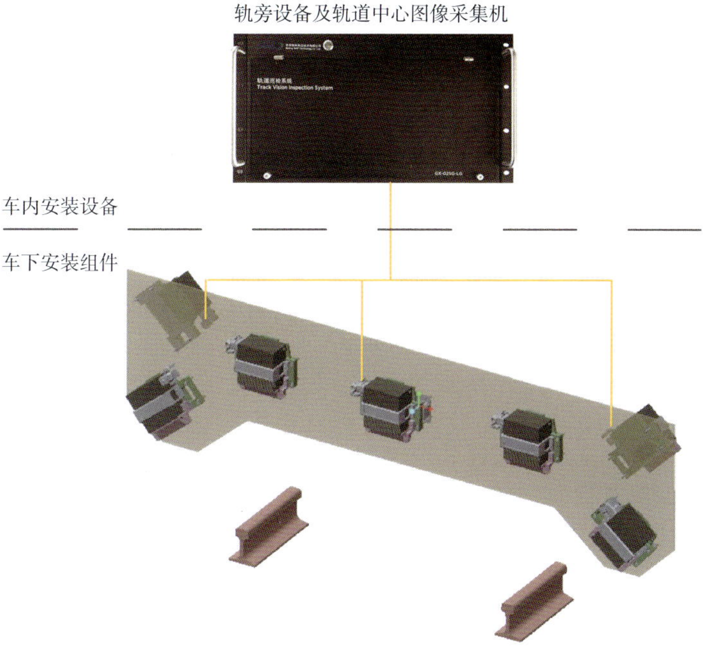

图 4-1 轨旁信号设备外观巡检系统整体结构示意

4.1.3 硬件构成

轨旁信号设备外观巡检系统主要由线阵图像采集机、图像处理机、激光光源成像组件等组成，系统连线图如图4-2所示。

1. 激光光源成像组件

激光光源成像组件由高清线阵相机、红外激光光源、控制装置及安装机械件组成；共计3台，安装于车下，分别用于轨道中、左轨旁、右轨旁的高清成像，如图4-3～图4-5所示。

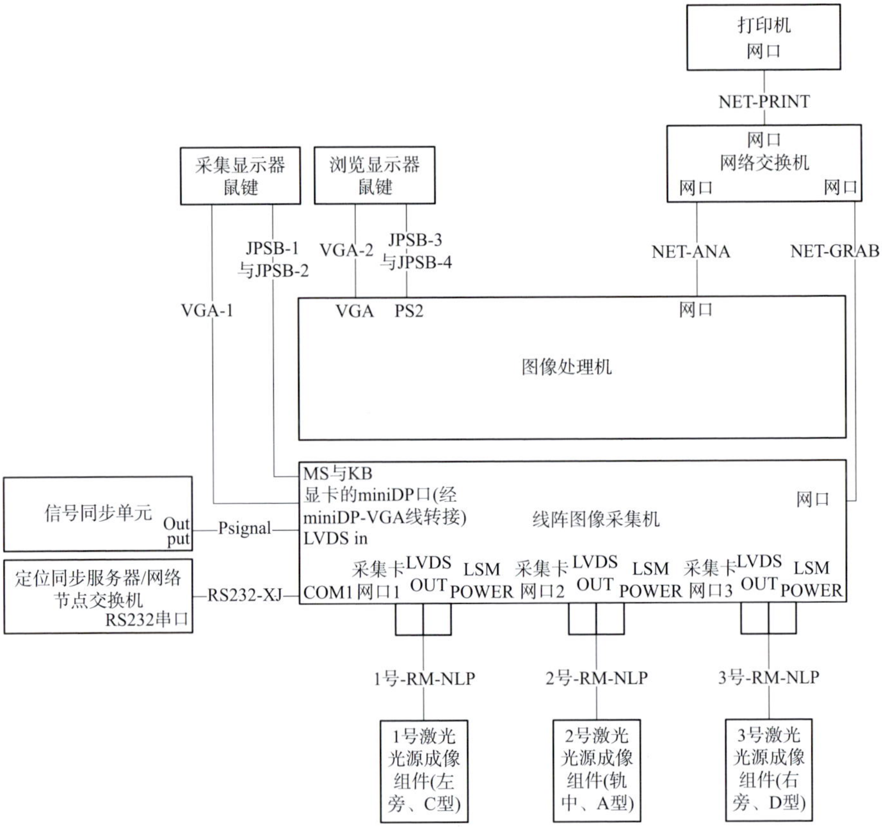

图 4-2　轨旁信号设备外观巡检系统连线

图 4-3　左轨旁激光光源成像组件

图 4-4　右轨旁激光光源成像组件

图 4-5　轨道中激光光源成像组件

2. 线阵图像采集机

线阵图像采集机安装于车内机柜，由高性能工业级控制计算机、图像采集处理板卡等组成，用于高清图像的高速采集、预处理及存储，如图4-6所示。

图 4-6　线阵图像采集机

3. 图像处理机

图像处理机安装于车内机柜，主要由高性能工业级控制计算机组成，用于图像数据的回放查看，如图4-7所示。

图 4-7　图像处理机

车下部分包括轨间扫描摄像组件、轨腰外侧扫描摄像组件和轨旁扫描摄像组件。其中轨间扫描摄像组件和轨腰外侧扫描摄像组件与工务巡检系统共用硬件结构，在此不进行赘述。

轨旁扫描工业摄像组件安装于车下设备舱两侧、车体限界范围内，安装位置尽可能靠近车体边缘，安装位置在满足靠近车体边缘（设备舱内）的同时尽量增加与轨面的距离。相机侧面安装线阵光源，镜头指向车体外侧，镜头指向与行车方向垂直、指向与轨面夹角约45°。

轨旁扫描工业摄像组件机械图纸如图4-8（a）所示。车体接口依照安装位置预留400×400 mm刚性连接板，垂直于轨面方向，接口示意如4-8（b）所示。轨旁及漏缆相机（含光源）需预留空间约为500（长）×500（宽）×400 mm（厚-行车方向）。

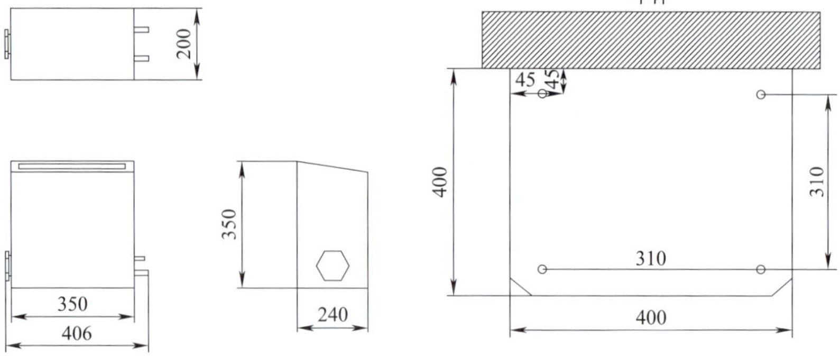

(a) 轨旁扫描工业摄像组件机械尺寸　　(b) 车体接口示意

图 4-8　安装固件机械尺寸（单位：mm）

4.1.4　软件组成

1. 采集软件

轨旁信号设备外观巡检系统图像采集软件采集轨道中及轨旁外侧图像，并将图像数据存储在本地磁盘。双击图标 TMAS，可启动图像采集软件，软件主界面如图4-9所示，主要包括菜单栏、控制按钮、信息栏、日志栏及图像显示区。

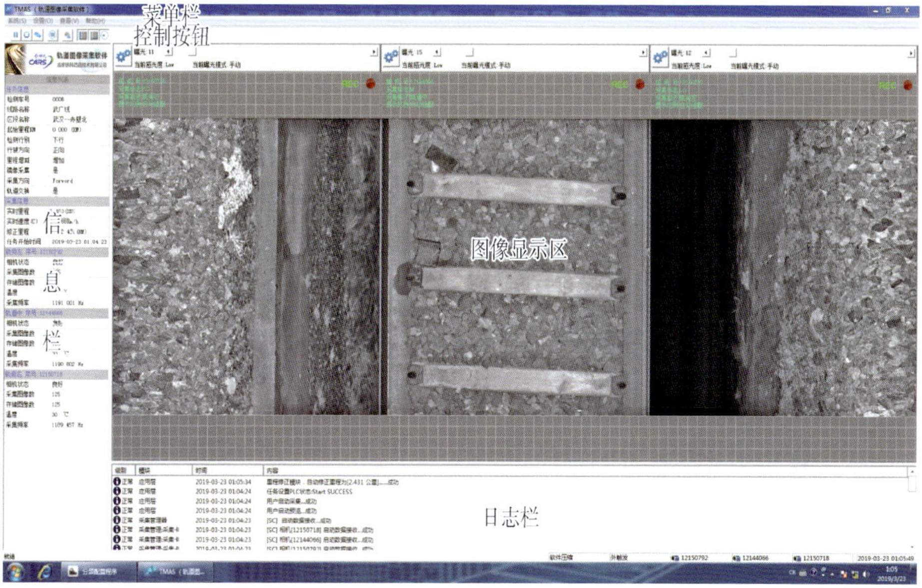

图 4-9　轨旁信号设备外观巡检系统图像采集软件主界面

2. 分析软件

轨旁信号设备外观巡检系统采用视觉技术获取轨道及其附属设施的图像信息，巡检图像智能分析软件用于巡检的图像数据浏览和编辑，为用户提供了对图像数据进行标识、检索功能；具有对轨腰塞钉、应答器等设备主要缺陷进行自动识别的功能。巡检图像智能分析软件主功能界面如图4-10所示。

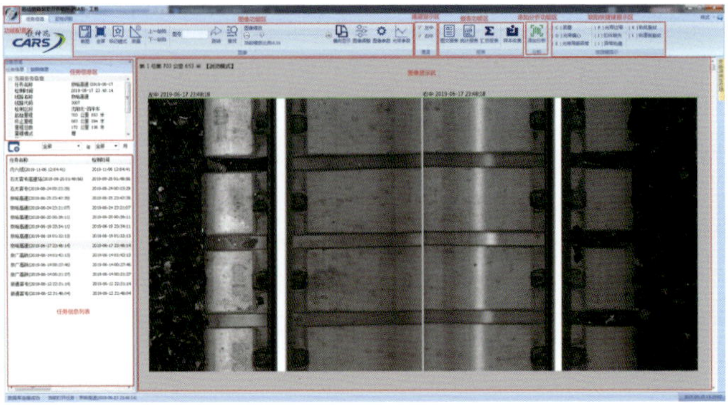

图 4-10　软件主功能界面

4.1.5　检测原理

1. 成像原理

与轨道状态巡检系统相同。

2. 采集驱动与系统控制原理

与轨道状态巡检系统相同。

3. 智能定位识别算法

轨旁信号设备外观智能定位识别算法主要针对以下项点实现。

（1）轨腰塞钉识别可识别轨腰塞钉缺陷，如图4-11所示。

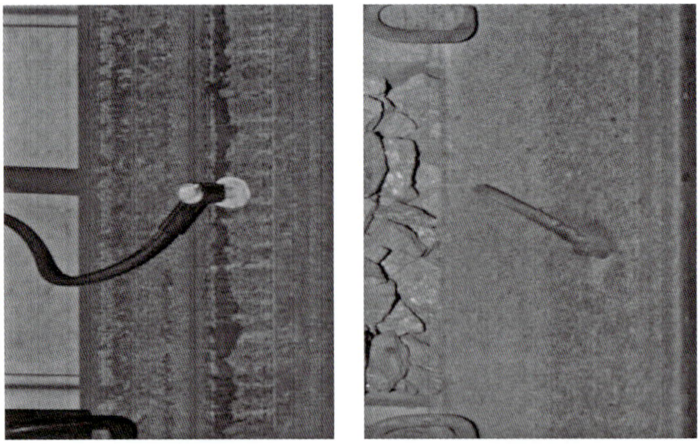

(a) 正常塞钉　　(b) 缺陷塞钉

图 4-11　轨腰塞钉识别类型

（2）应答器识别可识别正常应答器以及缺陷应答器，如图4-12所示。

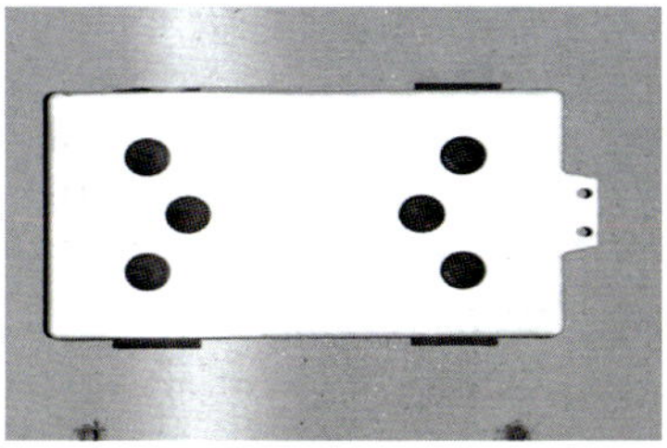

(a) 正常应答器

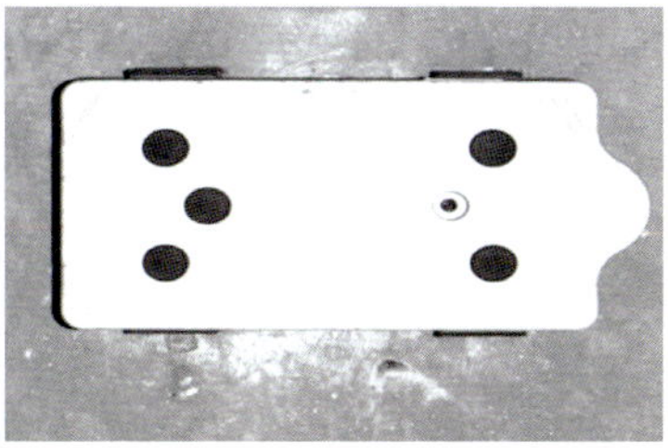

(b) 防雨塞松脱

图 4-12　应答器识别类型

（3）轨旁电务箱盒定位可定位多种轨旁电务箱盒设备，包括扼流变压器、转辙机、轨道电路防护罩、方向盒、电缆盒、终端盒、变压器箱等，如图4-13所示。

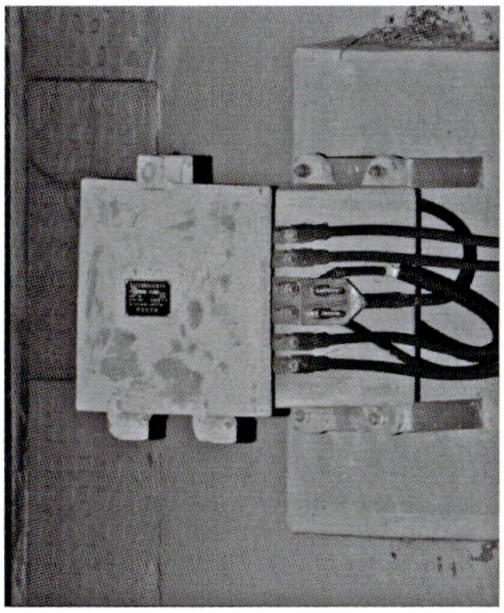

(a) 扼流变压器

(b) 转辙机

(c) 方向盒

(d) 电缆盒

(e) 终端盒

(f) 轨道电路防护罩

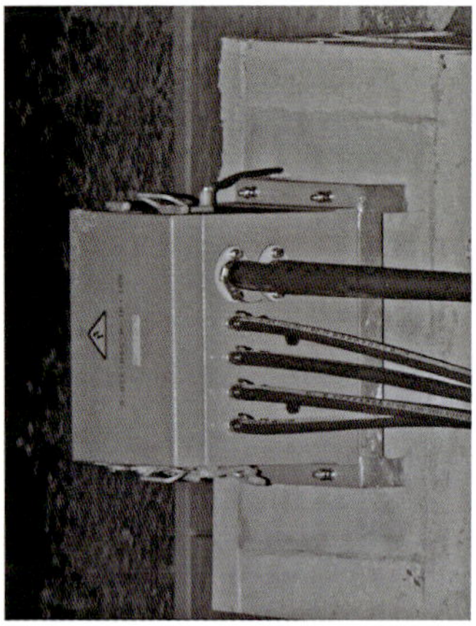

(g) 变压器箱

(h) 变压器箱

图 4-13　轨旁箱盒定位类型

（4）补偿电容定位可定位补偿电容，如图4-14所示。

图 4-14　补偿电容定位类型

4.1.6　系统标定

与轨道状态巡检系统标定方法一致。

4.1.7　常见故障及处理方法

1. 启动采集软件时相机连接失败

（1）检查采集卡网口指示灯是否正常闪烁。

（2）检查网口是否松动，如松动重新插紧后重启软件。

2. 采集时单路相机不出图

观察对应通道采集帧数和存储帧数是否实时变化，与其他通道是否一致，如一致调节曝光看能否出图，如不一致检查采集卡网口是否松动。

3. 采集某通道图像过暗

（1）调节曝光值，最大值不超过15。

（2）如始终偏暗，可能为激光器故障。

4. 浏览/分析软件无法读取采集数据

检查采集机/数据服务器中对应路径中“图像数据”文件夹共享设置，是否为“所有人”的读/写操作权限。

5. 开启设备供电开关，设备指示灯未亮，设备没有启动

（1）检测供电插头是否插紧。

（2）检查设备背面供电开关是否开启。

（3）机柜内供电插头是否插在插座上。

6. 启动采集软件日志栏显示获取板卡设置失败

（1）检测设备是否正常启动。

（2）检测网络连接是否正常。

7. 系统收不到脉冲信号

（1）检查嵌入式图像采集处理单元背面脉冲信号开关是否开启。

（2）检查与定位同步系统是否连接。

8. 进入隧道后采集图像亮度显示较暗或过亮

（1）可调整曝光值，曝光值不可设置过大，一般曝光值不可超过18。

（2）可调整增益值，增益值不可设置过大，一般增益值不可超过5。

轨旁信号设备巡检系统操作与维护详见《轨旁信号设备外观巡检系统操作维护手册》。

4.1.8 系统应用

轨旁信号设备外观巡检系统可定位应答器、轨腰塞钉、轨旁箱盒、补偿电容等多种轨旁设备。

应答器识别见表4-1。

表 4-1　应答器识别

	应答器	
正常	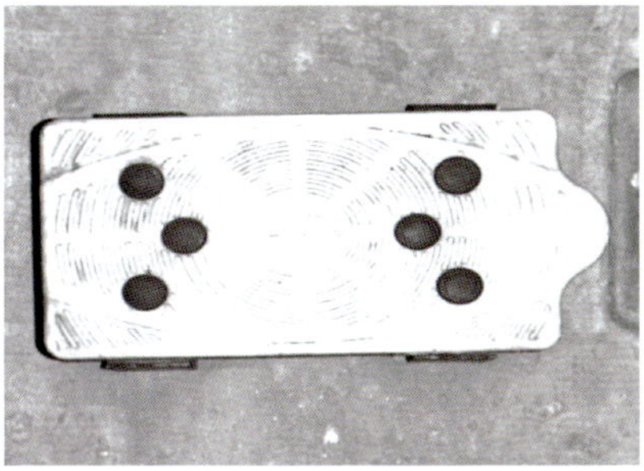	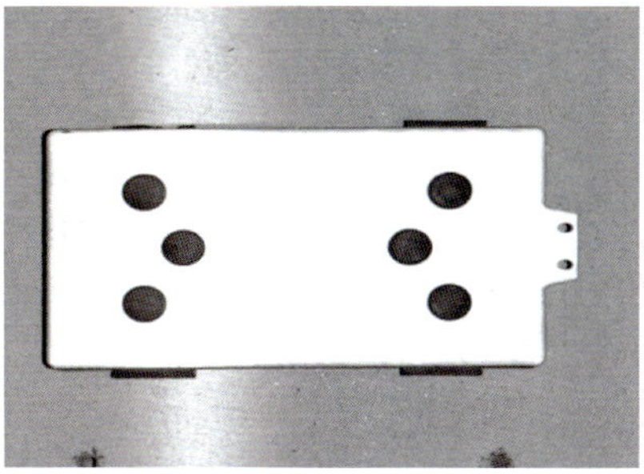
	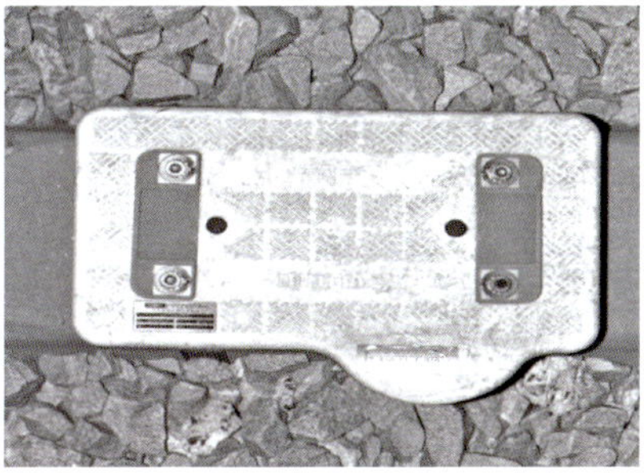	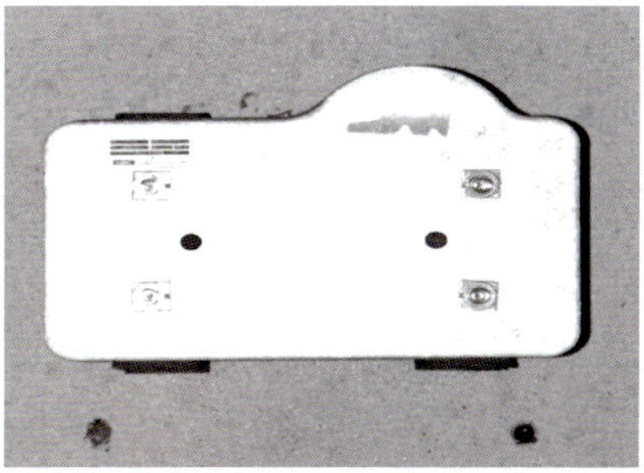
	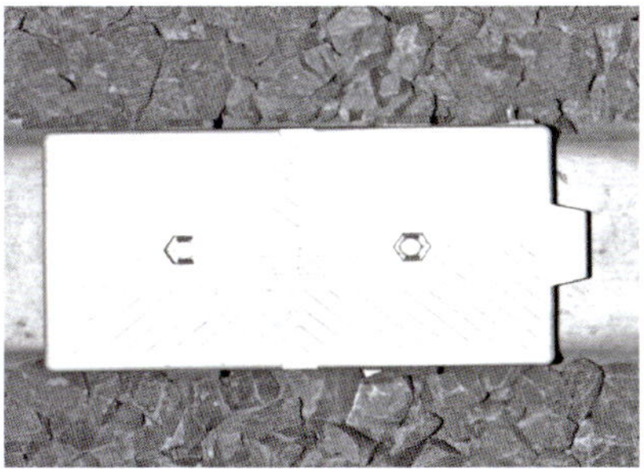	
防雨塞缺失	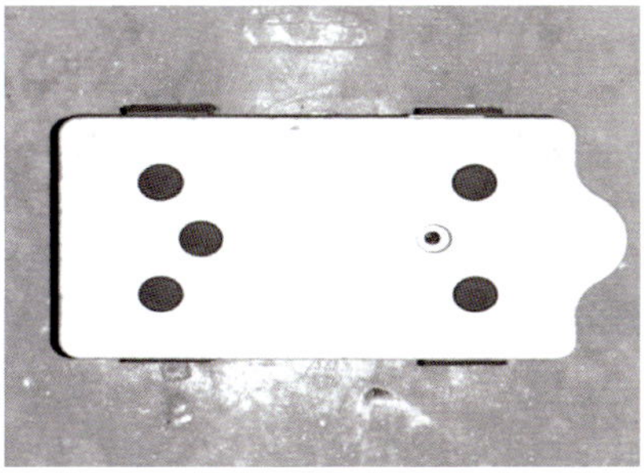	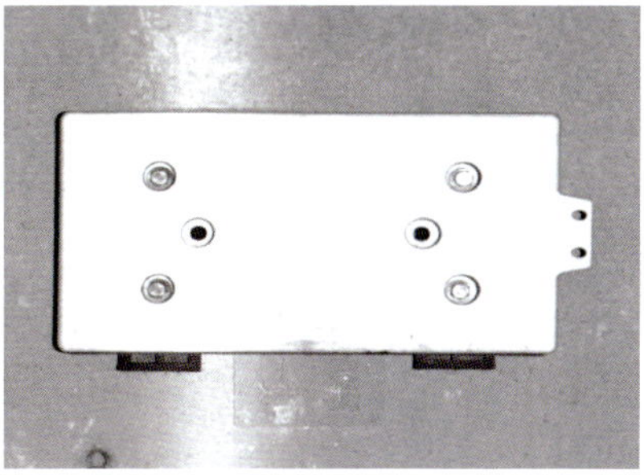

轨腰塞钉识别如图4-15所示。

（a）正常

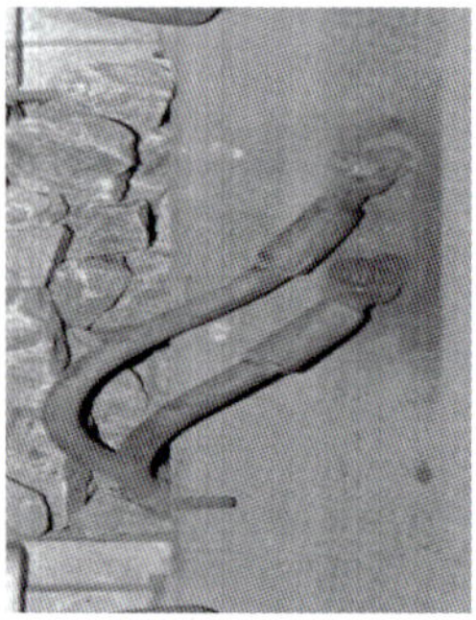

（b）正常

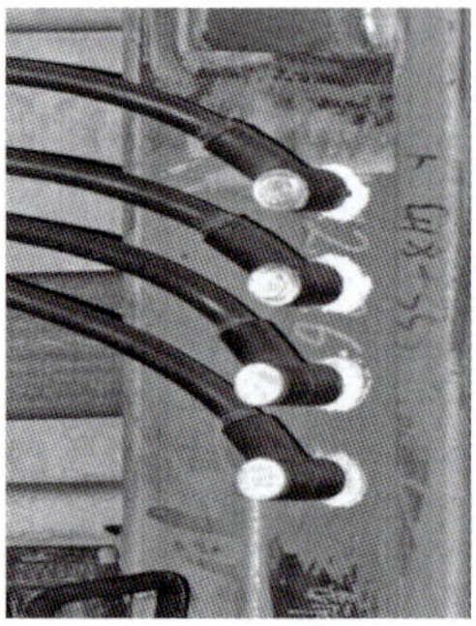

（c）正常

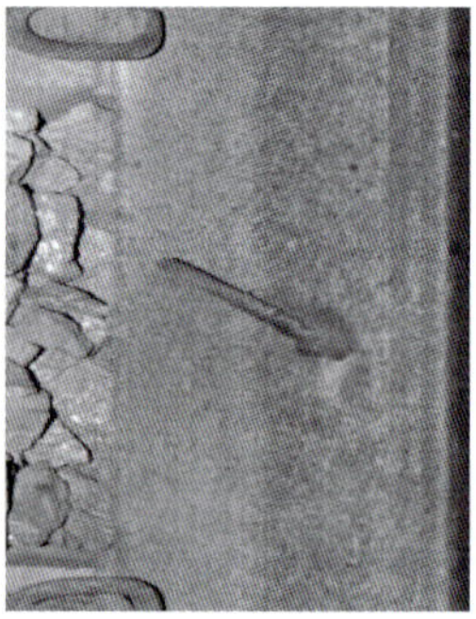

（d）缺陷

图 4-15　轨腰塞钉识别

轨旁箱盒定位如图4-16所示。

（a）转辙机

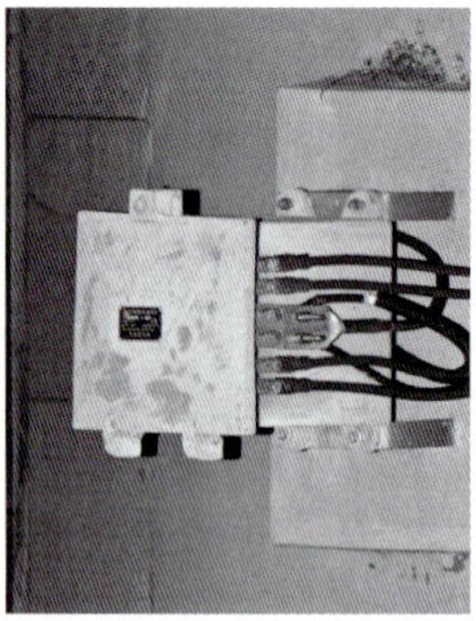

（b）扼流变压器

（c）轨道电路防护罩

（d）方向盒　　（e）终端盒　　（f）变压器箱

图 4-16　轨旁箱盒

补偿电容定位如图4-17所示。

图 4-17　补偿电容

4.2　隧道通信漏缆外观巡检系统

4.2.1　检测参数及指标

隧道通信漏缆外观巡检系统通过图像可检查隧道内通信漏缆等轨旁通信设备设施的可视外观状态，指标如下：

（1）图像横向及纵向分辨率应≤1.0 mm/像素。

（2）应可识别隧道内通信漏缆卡具脱落，检出率≥90%。

4.2.2 系统架构

隧道通信漏缆外观巡检系统主要由激光光源成像组件、图像采集机、图像采集单元、分频控制单元、图像处理机等组成，系统整体结构示意图如图4-18所示。隧道通信漏缆外观巡检系统嵌入式图像采集处理单元根据列车行驶速度向4路激光光源成像组件输出等距触发脉冲，激光光源成像组件在脉冲的触发下，高频采集隧道通信漏缆外观的图像数据，图像采集处理单元对数据进行同步、压缩、打包和预处理后上传至图像采集工控机，图像采集机负责对图像数据进行存储、位置标识、拍摄控制、传感器参数调节和采集控制等工作。图像处理机对图像数据进行数据管理和智能分析。

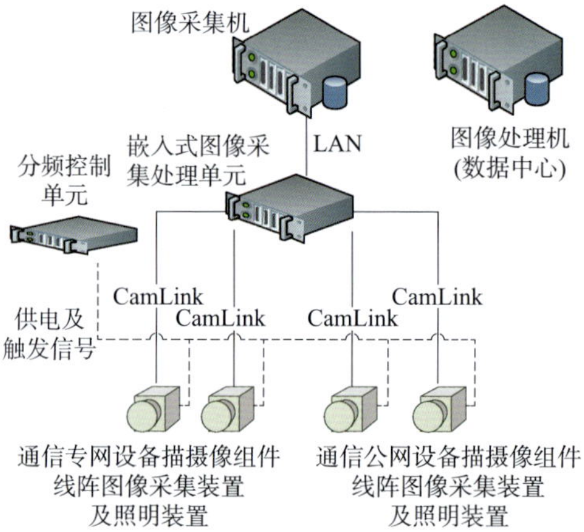

图 4-18　隧道通信漏缆外观巡检系统整体结构示意

车体上安装图像采集组件，采用高分辨率线阵成像传感器和窄带滤光技术，可全天候获取隧道通信漏缆外观的高清图像，同时，在不同位置采用不同方案补光模块，以满足大范围、大景深、高动态范围的成像需求。

车内的图像采集处理单元内部集成高速图像采集压缩模块、信号同步控制；分频控制单元集成了电源控制模块和激光同步触发控制功能，通过高性能图像采集机，使系统满足隧道通信漏缆外观图像的采集需求。

车顶相机安装后的整体效果如图4-19所示。

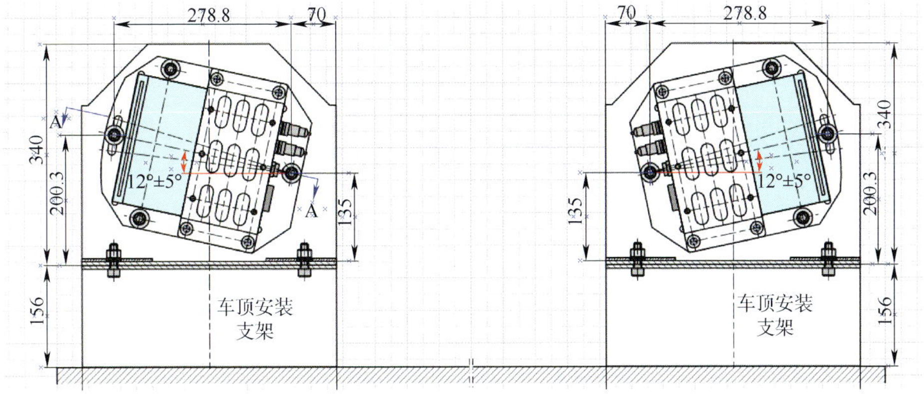

图 4-19 车顶相机安装效果机械图（单位：mm）

车内相机安装后的整体效果如图4-20所示。

图 4-20 车内相机安装效果机械图（单位：mm）

4.2.3 硬件构成

隧道通信漏缆外观巡检系统主要由激光光源成像组件、嵌入式图像采集处理单元、分频控制单元、图像采集机及图像处理机组成，系统总体结构如图4-21所示。

1. 激光光源成像组件

激光光源成像组件由高清线阵相机、红外激光光源、控制装置及安装机械件组成；分别安装于车顶左右各一台，用于拍摄专网漏缆，车内隧道间处左右各一台，用于拍摄公网漏缆，共计4台，如图4-22～图4-25所示。

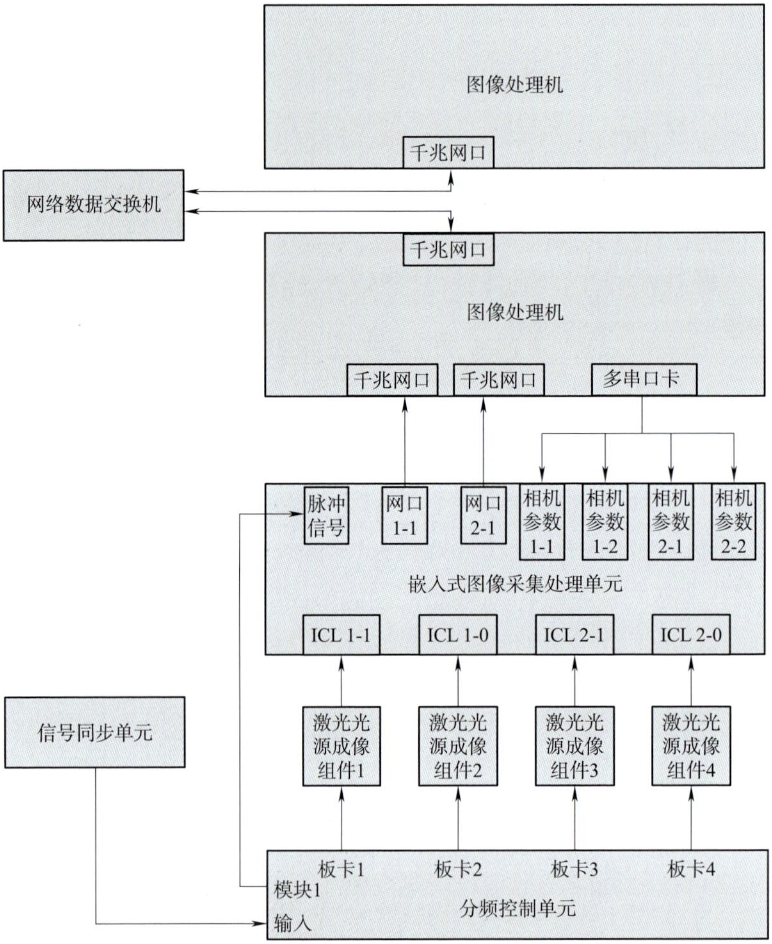

图 4-21　隧道通信漏缆外观巡检系统结构

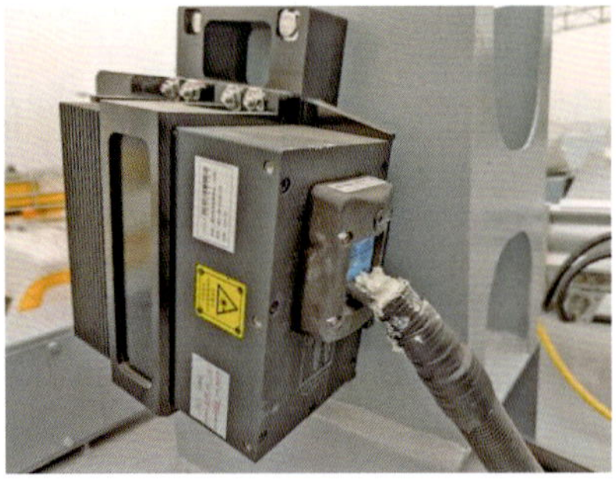

图 4-22　专网左路激光光源成像组件

图 4-23　专网右路激光光源成像组件

图 4-24 公网左路激光光源成像组件

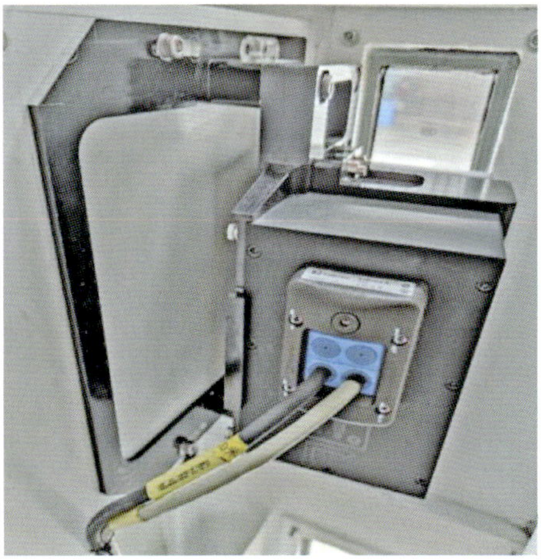

图 4-25 公网右路激光光源成像组件

2. 嵌入式图像采集处理单元

嵌入式图像采集处理单元安装于车内机柜，主要由高性能工业级控制计算机、嵌入式图像采集处理板卡组成；用于高清图像的高速采集、预处理及传输，如图4-26所示。

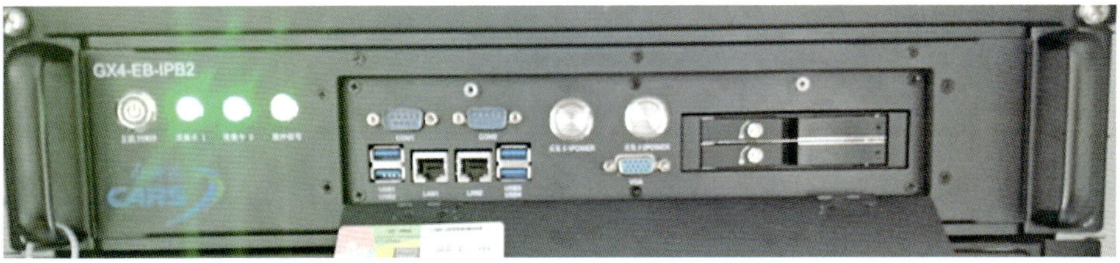

图 4-26 嵌入式图像采集处理单元

3. 分频控制单元

分频控制单元安装于车内机柜，用于系统组件的供电及分倍频的控制，如图4-27所示。

图 4-27 分频控制单元

4. 图像采集机

图像采集机安装于车内机柜，由高性能工业级控制计算机、多串口卡和万兆网卡组成，用于高清大容量图像数据的采集与存储，如图4-28所示。

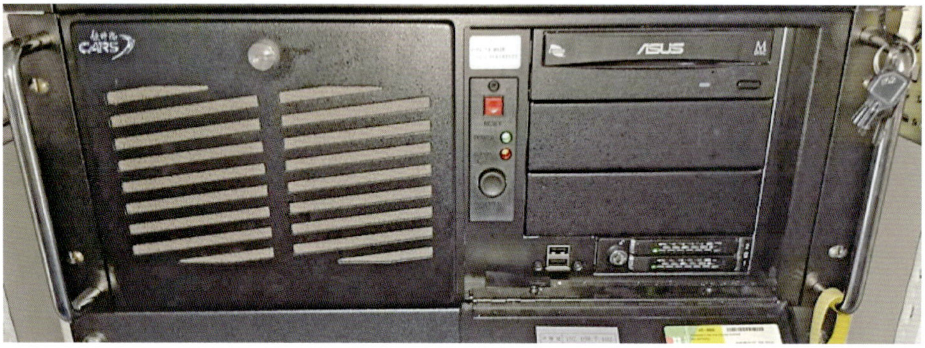

图 4-28　图像采集机

5. 图像处理机

图像处理机安装于车内机柜，主要由高性能工业级控制计算机组成，用于图像数据的回放浏览，如图4-29所示。

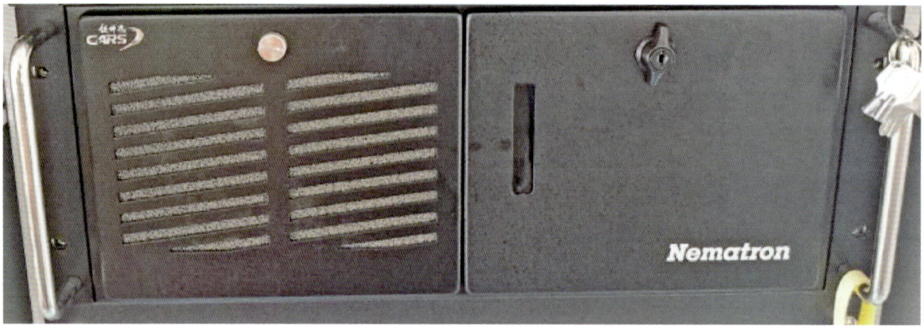

图 4-29　图像处理机

漏缆扫描工业摄像组件安装于车顶两侧、车体限界范围内，安装位置尽可能靠近车体边缘。相机侧面安装线阵光源，镜头指向车体外侧，镜头指向与行车方向垂直、指向与轨面夹角约10° 。

车顶的工业摄像组件主要检测对象主要为隧道内通信漏缆等。车顶的工业摄像组件与轨旁扫描工业摄像组件外形相同。与车体接口如图4-30所示。

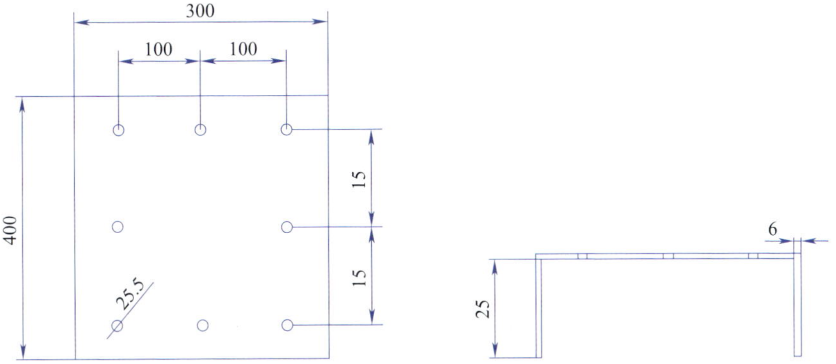

图 4-30 车顶扫描工业摄像组件与车体接口（单位：mm）

4.2.4 软件组成

1. 采集软件

隧道通信漏缆外观巡检系统图像采集软件采集隧道中漏缆外观图像，并将图像数据存储到本地磁盘。双击 TMAS-DSP可启动软件，软件主界面如图4-31所示，主要包括菜单栏、控制按钮、信息栏、日志栏及显示区。

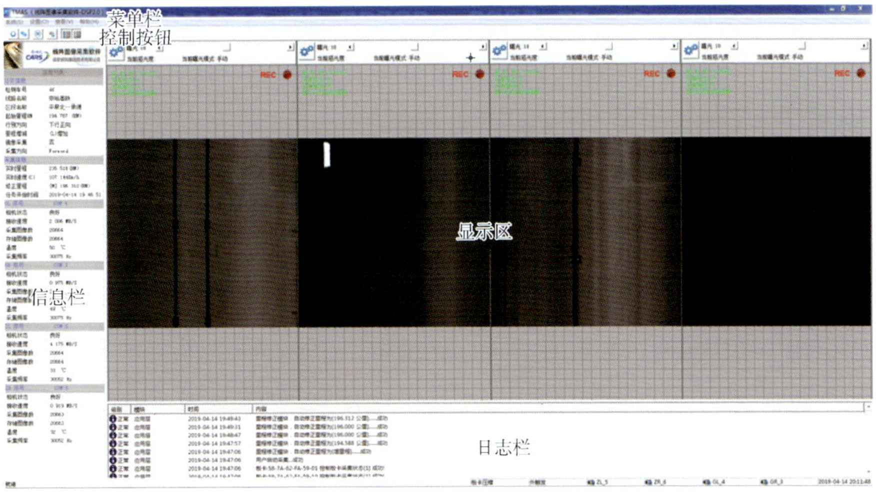

图 4-31 隧道通信漏缆外观巡检系统图像采集软件主界面

2. 分析软件

隧道通信漏缆外观巡检系统采用视觉技术获取轨道及其附属设施的图像信息，巡检图像智能分析软件用于巡检的图像数据浏览和编辑，为用户提供了对图像数据进行标识、检索功能，具有对隧道漏缆卡具等主要缺陷进行自动识别的功能。巡检图像智能分析软件主功能界面如图4-32所示。

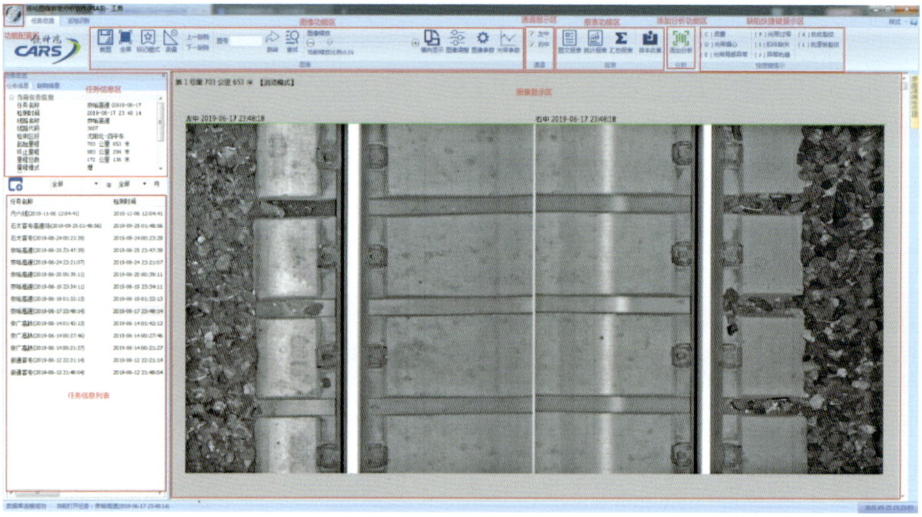

图 4-32　软件主功能界面

4.2.5　检测原理

1. 成像原理

与轨道状态巡检系统相同。

2. 采集驱动与系统控制原理

与轨道状态巡检系统相同。

3. 智能定位识别算法

隧道通信漏缆卡具缺陷识别算法可识别隧道通信漏缆卡具缺陷，如图4-33所示。

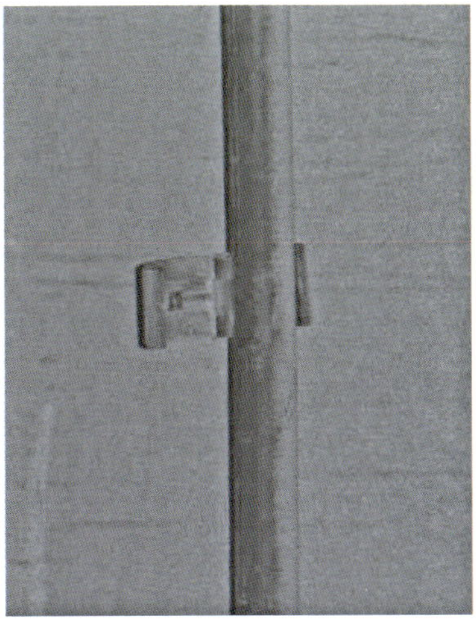

(a) 漏缆卡具破损

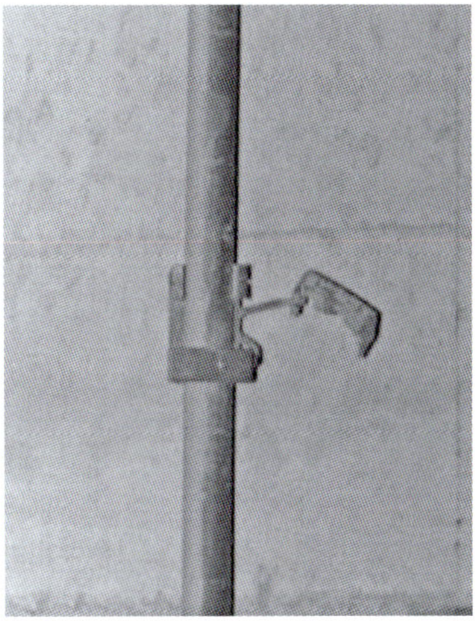

(b) 漏缆卡具破损

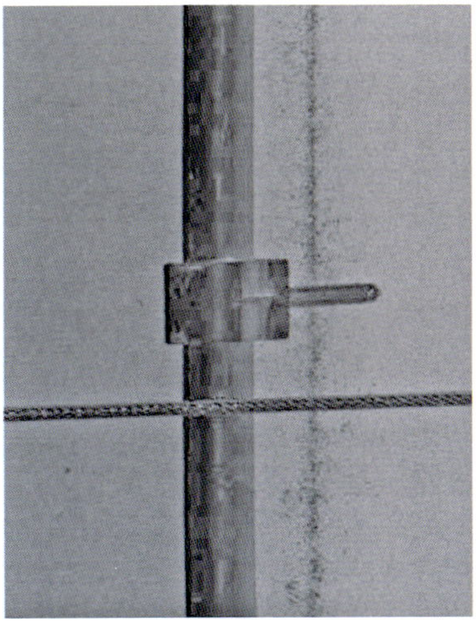

(c) 漏缆卡具松脱

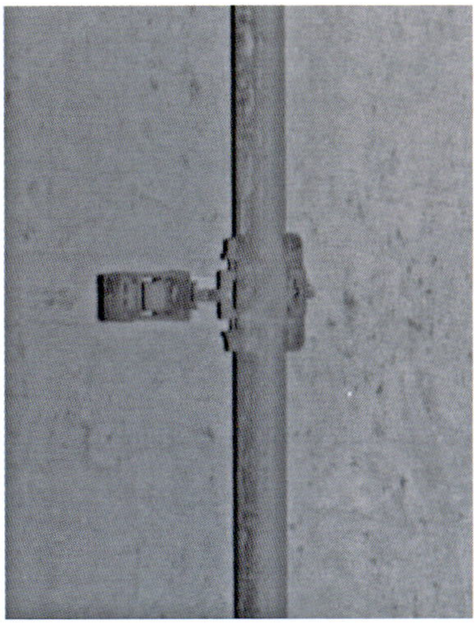

(d) 漏缆卡具破损

图 4-33 漏缆卡具缺陷类型

4.2.6 系统标定

原理与轨道状态巡检系统标定原理一致。

4.2.7 常见故障及处理方法

1. 启动采集软件时相机连接失败

（1）检查采集卡网口指示灯是否正常闪烁。

（2）检查网口是否松动，如松动重新插紧后重启软件。

2. 采集时单路相机不出图

观察对应通道采集帧数和存储帧数是否实时变化，与其他通道是否一致，如一致调节曝光看能否出图，如不一致检查采集卡网口是否松动。

3. 采集某通道图像过暗

（1）调节曝光值，最大值不超过15。

（2）如始终偏暗，可能为激光器故障。

4. 浏览/分析软件无法读取采集数据

检查采集机/数据服务器中对应路径中“图像数据”文件夹共享设置，是否为“所有人”的读/写操作权限。

5. 开启设备供电开关，设备指示灯未亮，设备没有启动

（1）检测供电插头是否插紧。

（2）检查设备背面供电开关是否开启。

（3）机柜内供电插头是否插在插座上。

6. 启动采集软件日志栏显示获取板卡设置失败

（1）检测设备是否正常启动。

（2）检测网络连接是否正常。

7. 系统收不到脉冲信号

（1）检查嵌入式图像采集处理单元背面脉冲信号开关是否开启。

（2）检查与定位同步系统是否连接。

8. 进入隧道后采集图像亮度显示较暗或过亮

（1）可调整曝光值，曝光值不可设置过大，一般曝光值不可超过18。

（2）可调整增益值，增益值不可设置过大，一般增益值不可超过5。

隧道通信漏缆外观巡检系统操作与维护详见《隧道通信漏缆外观巡检系统操作维护手册》。

4.2.8　系统应用

隧道通信漏缆外观巡检系统可识别漏缆卡具等多种设备中的缺陷。隧道通信漏缆卡具缺陷识别如图4-34所示。

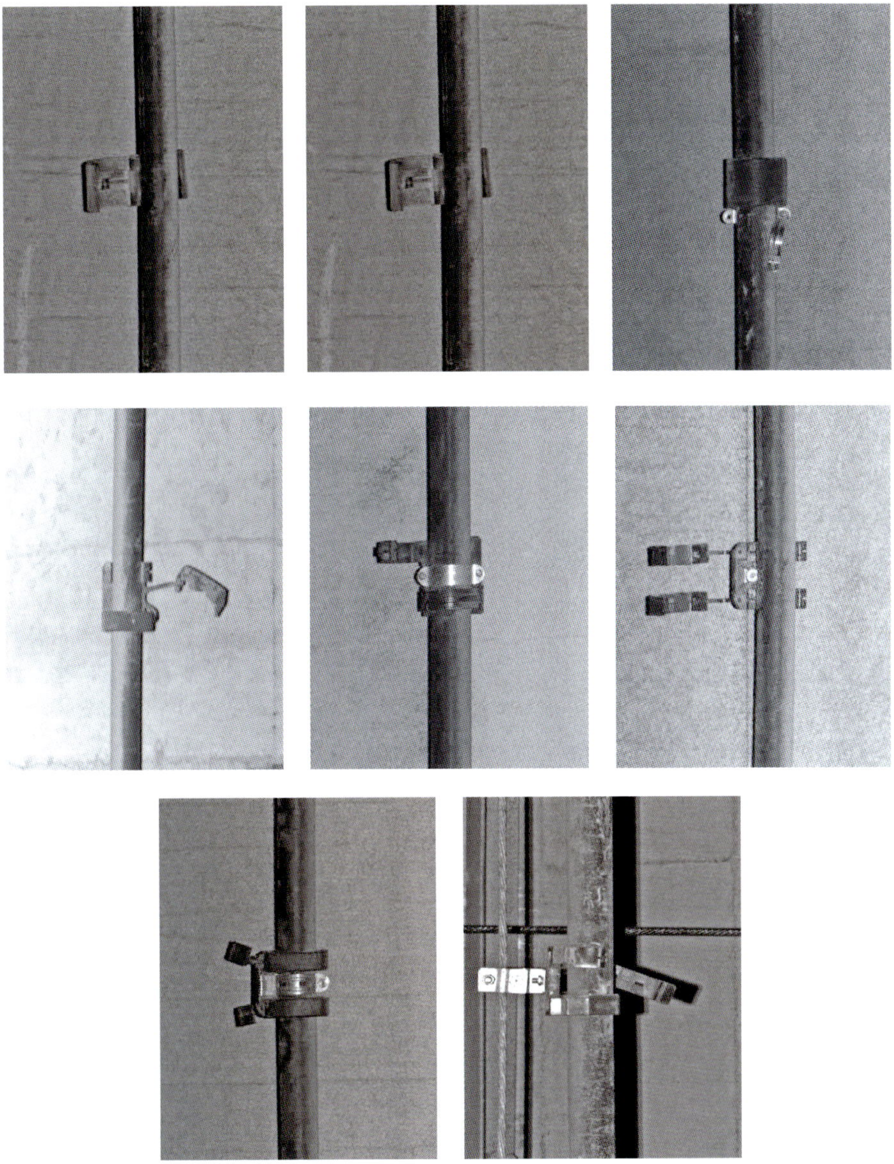

图 4-34　漏缆卡具缺陷

小　结

针对电务巡检，综合巡检车可在运行过程中实时采集电务设备设施的高分辨率图像。图像数据通过数据总线传输至工控机后按线路里程进行统一整编后存储到数据服务器，从而实现了对电务设备设施的完整记录。同时，通过对巡检图像数据智能分析技术的研究，实现了轨腰塞钉异常、应答器异常、隧道通信漏缆异常等典型设备故障的自动识别，同时实现了对轨旁箱盒和补偿电容的精确定位。

目前开展电务巡检研究的缺陷样本还有所欠缺，为了不断提升系统的性能，需要在今后各个路局综合巡检车的运用过程中，尽量多地归集缺陷样本数据，提升算法检出率和准确率。同时需要在现有识别项点基础上结合采集系统扩展现有电务巡检识别项点，从而提升电务巡检系统的可用性。

第5章 三维点云检测技术发展及数据分析应用

5.1 三维点云检测系统

激光扫描测量技术在国内外三维空间测量中应用非常广泛，具有快速、实时、准确、高效的特点，能够直接提供物体的几何信息，具有范围广、成像距离远和不受光照条件影响等优点，能够在复杂的环境下使用。激光扫描技术生成大量的三维空间点云，利用三维点云信息进行目标检测、识别和场景语义分割等视觉任务已经成为学术界和工业界的研究热点，已在测绘、移动测量、无人驾驶等领域得到广泛应用。

铁路场景三维点云检测系统是用于线路基础设施限界状态自动化检测与评估的车载式动态检测系统。安装在综合巡检车上，采用非接触式激光扫描测量技术，基于高频高精激光扫描传感器实时采集线路周边空间数据，建立以轨道坐标系为基准的三维空间点云数据精细化管理与分析展示平台，实现三维立体限界状态分析与管理，快速掌握线路限界变化，指导日常的限界养护与维修，及时排除安全隐患，保障铁路的运行安全。

5.1.1 检测参数及指标

三维点云检测系统可实现建筑物或设备等异物侵限自动识别，支持三维立体侵限分析、展示与输出，可准确定位侵限位置及侵限物，支持饼形图或波形图来展示整条线路的限界状态，具备线路限界数据采集、分析、报告发布等功能。

功能指标如下：

（1）测量范围：轨平面上方20 m，行车轨道中心线左右两侧20 m内。

（2）可检测侵入标准轨距铁路限界（GB 146.2）的物体，检测精度：±15 mm@80%反射率。

（3）测量间距：≤200 mm（120 km/h）。

5.1.2 系统架构

铁路场景三维点云检测系统主要由点云数据采集模块、点云数据分析与展示模块两部分组成，系统总体结构如图5-1所示，其中点云数据采集模块用于实现在高速运动状态下的线路周边基础设施点云数据的实时采集与存储，由激光扫描传感器组件、供电与传输控制单元、点云数据采集单元、数据采集软件等组成；点云数据分析与展示模块主要实现三维点云数据的精细化管理、分析、处理和展示，部署在地面数据中心，由三维点云数据分析与展示平台、三维点云智能分析与展示软件组成。

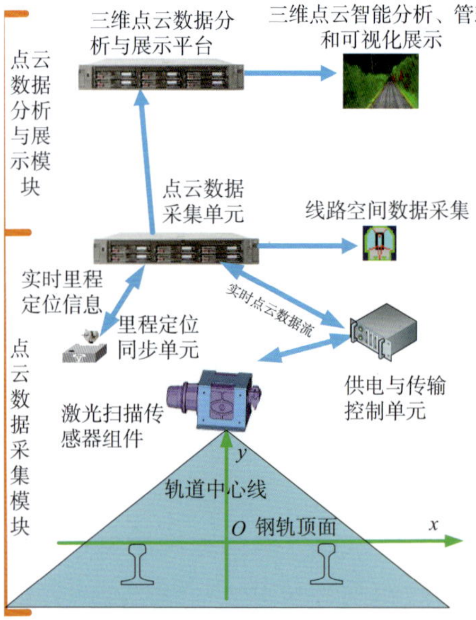

图 5-1 系统架构

5.1.3　硬件构成

1. 激光扫描传感器组件

激光扫描传感器组件安装在车头或车端，如图5-2所示，用于实时连续采集铁路沿线高密度空间点云数据，由高精高频激光扫描传感器和专用安装机械件组成。

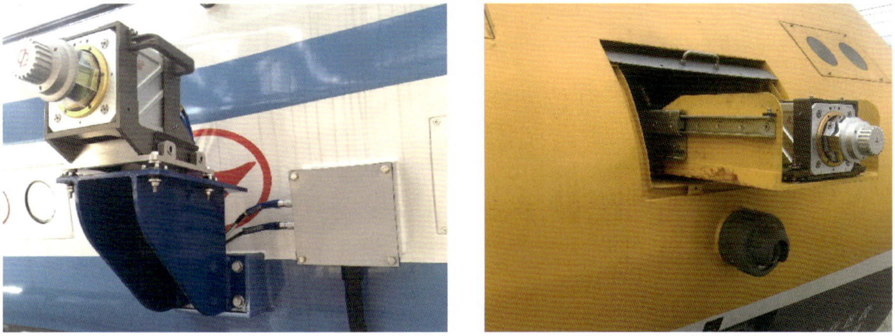

图 5-2　激光扫描传感器组件

2. 供电与传输控制单元

供电与传输控制单元安装在车内机柜，如图5-3所示，用于远程控制激光扫描传感器组件的供电和大容量数据传输，由工业级电源、控制电路、工业级网络交换机模块、脉冲分配器等组成。

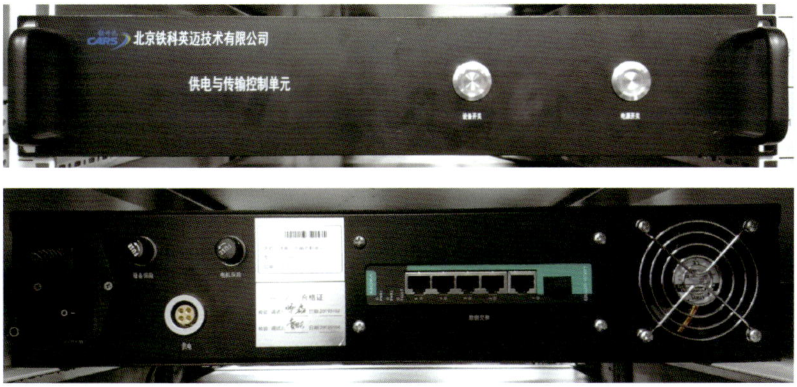

图 5-3　供电与传输控制单元

3. 点云数据采集单元

点云数据采集单元安装在车内机柜，用于多源数据的采集处理与融合存储，能够保证在列车高速运行情况下的大容量的数据实时采集与存储，由高性能工业级控制计算机、数据采集软件、高性能采集卡和高速数据网卡等组成。

4. 三维点云数据分析与展示平台

三维点云数据分析与展示平台部署在地面数据中心，如图5-4所示，用于海量点云数据的存储、分析处理、三维可视化展示和数据发布，由1台高性能的运算服务器组成，为加快软件运行和算法处理效率，运算服务器配备多核心处理器、多块高性能图形处理器、高速缓存和大容量高速存储设备，部署深度学习框架模型和配套软件，支持多线程、多任务和多模型并行处理，具备海量点云预处理、索引构建、点云去噪、点云分割、点云分析和点云建模的运算、感知和分析能力。

图 5-4　三维点云数据分析与展示平台

5. 安装接口

铁路场景三维点云检测系统设备（可伸缩方式）安装于车辆头部，工作时检测窗口需超出车钩范围。采用可伸缩形式，由可伸缩机构、支架组件、配合布线的拖链（盒）和容线盒组成。

（1）支架组件

支架组件总重不超过11 kg，通过4根M10螺栓与车体伸缩装置固定，如图5-5所示。组件后端出线，线缆向后进入拖链盒。

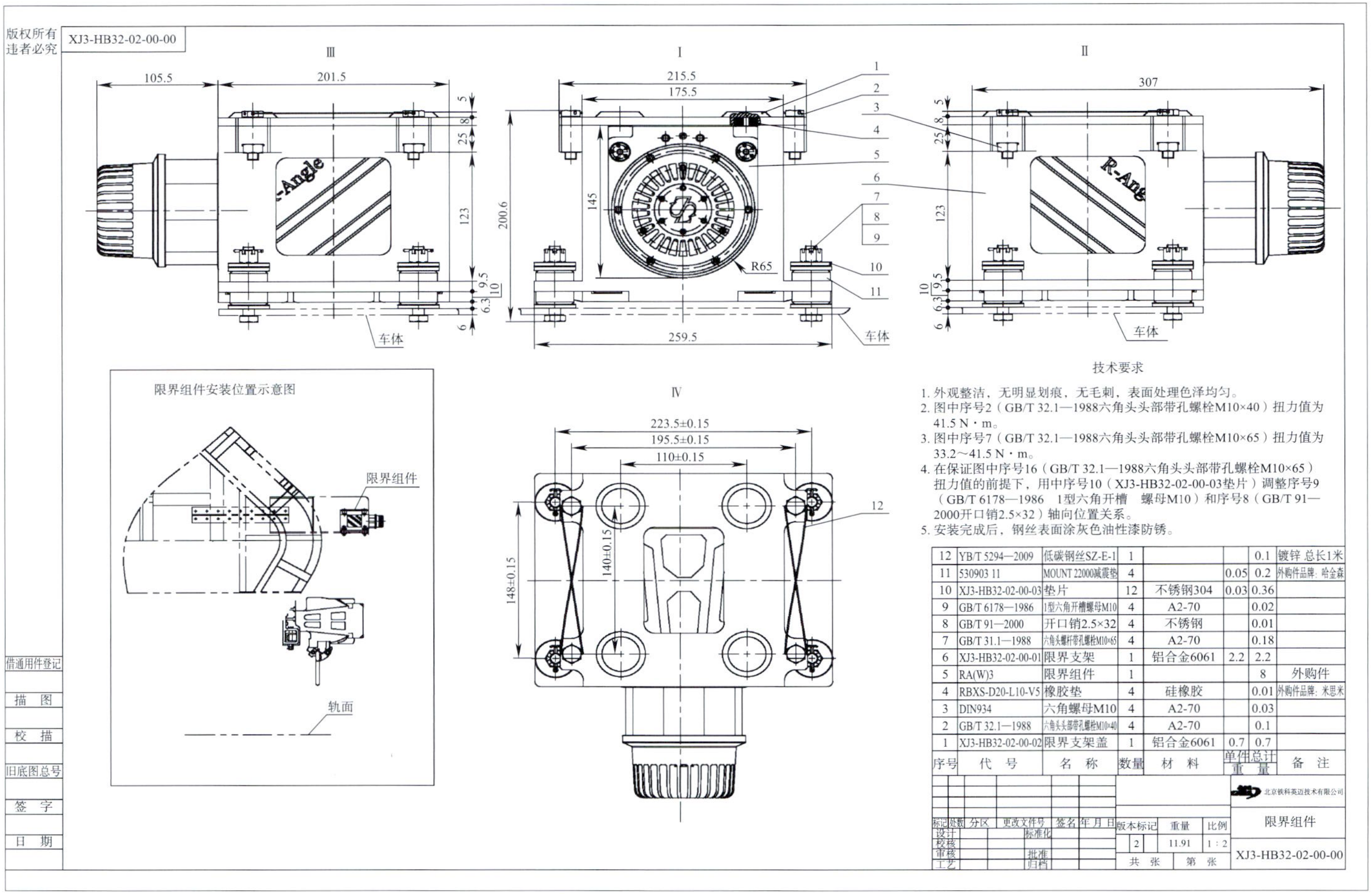
版权所有 违者必究
XJ3-HB32-02-00-00
限界组件安装位置示意图
限界组件
轨面
车体
技术要求
1. 外观整洁，无明显划痕，无毛刺，表面处理色泽均匀。
2. 图中序号2（GB/T 32.1—1988六角头头部带孔螺栓M10×40）扭力值为41.5 N·m。
3. 图中序号7（GB/T 32.1—1988六角头头部带孔螺栓M10×65）扭力值为33.2～41.5 N·m。
4. 在保证图中序号16（GB/T 32.1—1988六角头头部带孔螺栓M10×65）扭力值的前提下，用中序号10（XJ3-HB32-02-00-03垫片）调整序号9（GB/T 6178—1986 1型六角开槽 螺母M10）和序号8（GB/T 91—2000开口销2.5×32）轴向位置关系。
5. 安装完成后，钢丝表面涂灰色油性漆防锈。
12 YB/T 5294—2009 低碳钢丝SZ-E-1 1 0.1 镀锌 总长1米
11 530903 11 MOUNT 22000减震垫 4 0.05 0.2 外购件品牌：哈金森
10 XJ3-HB32-02-00-03 垫片 12 不锈钢304 0.03 0.36
9 GB/T 6178—1986 1型六角开槽螺母M10 4 A2-70 0.02
8 GB/T 91—2000 开口销2.5×32 4 不锈钢 0.01
7 GB/T 31.1—1988 六角头螺杆带孔螺栓M10×65 4 A2-70 0.18
6 XJ3-HB32-02-00-01 限界支架 1 铝合金6061 2.2 2.2
5 RA(W)3 限界组件 1 8 外购件
4 RBXS-D20-L10-V5 橡胶垫 4 硅橡胶 0.01 外购件品牌：米思米
3 DIN934 六角螺母M10 4 A2-70 0.03
2 GB/T 32.1—1988 六角头头部带孔螺栓M10×40 4 A2-70 0.1
1 XJ3-HB32-02-00-02 限界支架盖 1 铝合金6061 0.7 0.7
序号 代号 名称 数量 材料 单件 总计 重量 备注
北京铁科英迈技术有限公司
限界组件
版本标记 重量 比例
2 11.91 1:2
XJ3-HB32-02-00-00
借通用件登记
描图
校描
旧底图总号
签字
日期

图5-5 支架组件

如图5-6所示，支架组件安装于伸缩装置前端，水平安装，探头向前伸出。当伸缩装置伸出车体后，确保组件的探头完全处于车钩以外，伸出后需保证组件与车体间的刚度。

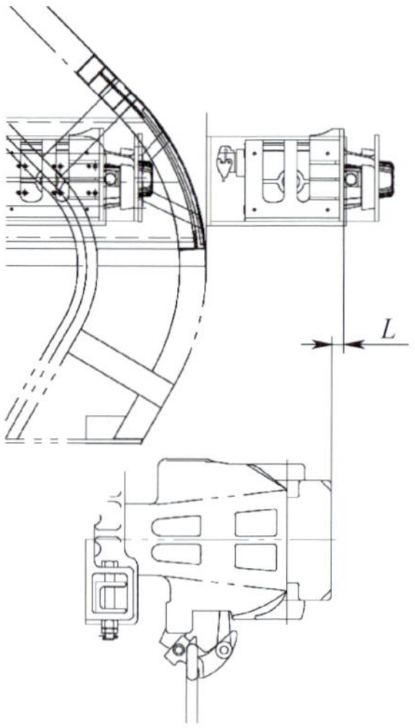

图 5-6　支架组件工作位置

（2）拖链盒

拖链盒装入车辆伸缩装置内，与车辆配合，负责伸缩过程中线缆的防护。

拖链盒位于支架组件后方，处于车辆内部。总重不超过5 kg，通过4根M8螺栓与车体固定，如图5-7所示。拖链一端与车体固定，一端与伸缩装置前端的伸出装置相连。

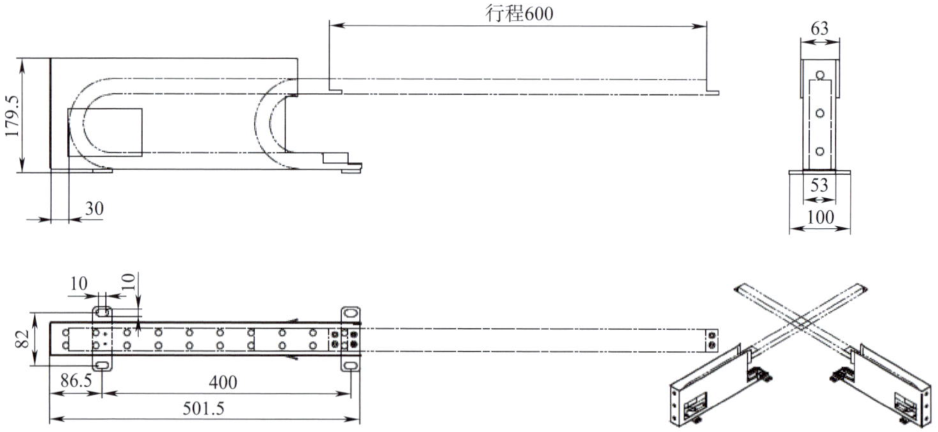

图 5-7　拖链盒（单位：mm）

（3）容线盒

如图5-8所示，容线盒在支架组件端用于容纳部分线缆，提供插座，便于设备拆下时断开线缆。容线盒安装于车内伸缩装置附近（司机操作台下方），通过木螺钉固定于木地板上，现场配装。

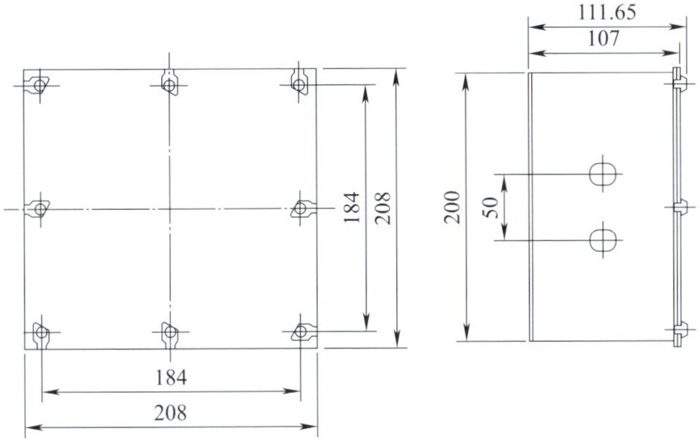

图 5-8　容线盒（单位：mm）

5.1.4　软件组成

软件由数据采集软件和三维点云智能分析与展示软件组成。

1. 数据采集软件

数据采集软件（图5-9）集成了传感器、计数板卡、高速数据卡等多种硬件设备，综合运用了多线程交互、虚拟内存映射、文件快速索引和数据同步技术实现了在检测车高速运行状态下的海量点云数据的实时采集与存储，具备标定、参数配置、里程速度接收计算、二维和三维显示控制等功能。

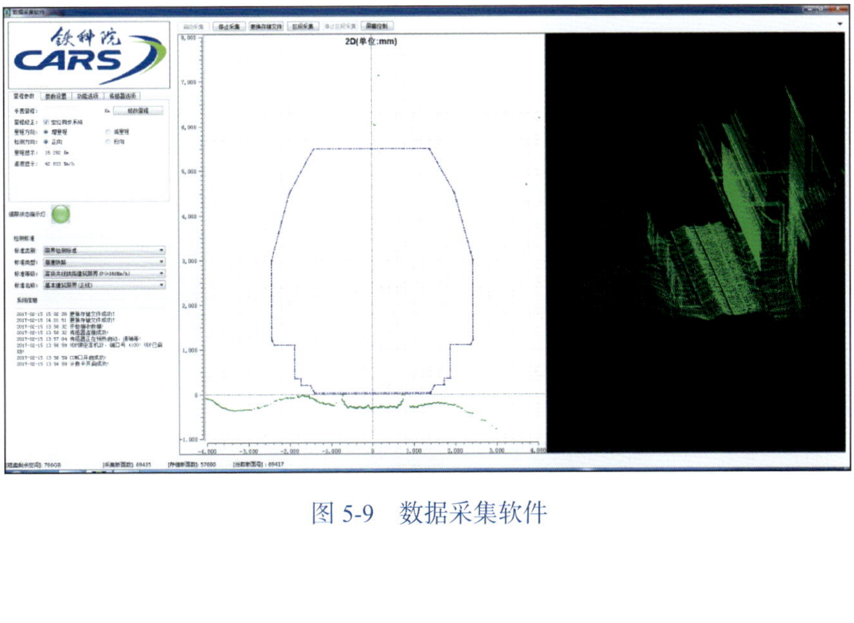

图 5-9　数据采集软件

2. 三维点云智能分析与展示软件

三维点云智能分析与展示软件用于实现海量点云数据的管理、分析和三维可视化展示，采用B/S架构设计，由服务端和用户操作端组成，具备三维异物侵限分析、综合最小建筑限界分析、点云数据噪声过滤、数据管理、三维点云场景识别与分割管理等功能，整体架构如图5-10所示，软件主界面如图5-11所示。其中用户操作端支持多用户远程网页或客户端访问与操作，提供数据查询、数据管理、三维点云及分析结果展示、分析控制、系统管理等交互性功能；服务端为高性能运算中心，根据用户端的请求提供统一数据传输、处理、检索、高性能计算与分析等服务。

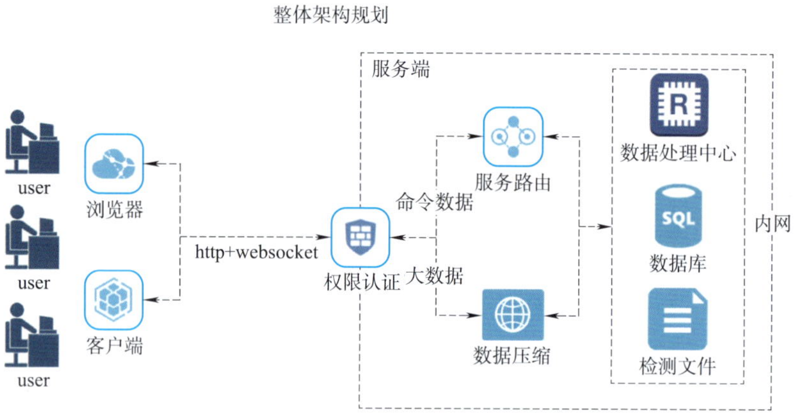

图 5-10　三维点云智能分析与展示软件架构

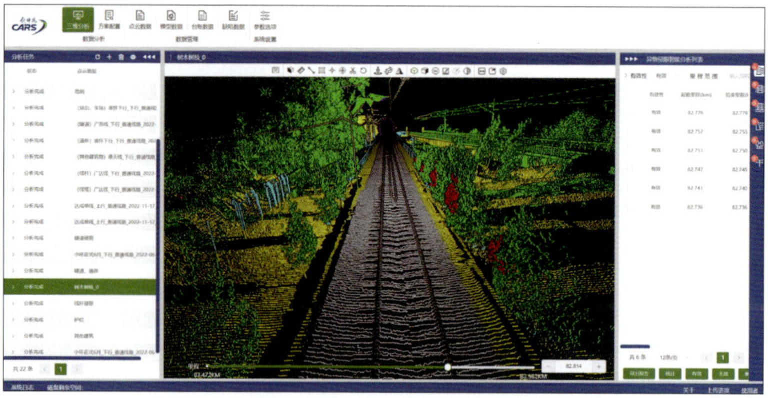

图 5-11　三维点云智能分析与展示软件主窗口

5.1.5　检测原理

1. 激光扫描测量原理

激光扫描测量技术在国内外三维空间测量中应用非常广泛，具有快速、实时、准确、高效的特点，能够直接提供物体的几何信息，具有范围广、成像距离远和不受光照条件影响等优点，能够在复杂的环境下使用。激光扫描技术生成大量的三维空间点云，利用三维点云信息进行目标检测、识别和场景语义分割等视觉任务已经成为学术界和工业界的研究热点，已在测绘、移动测量、无人驾驶等领域得到广泛应用。

激光扫描测量系统是集测距、测速、测角等功能于一体的精密仪器，利用光电技术对距离进行非接触测量，具有测量速度快、精度高、抗干扰能力强等特点，测距是其中最重要的功能。利用激光进行距离测量的技术，通常有激光相位测距和激光脉冲测距两种方法，相位法和脉冲法测距的共同点是通过测定激光在被测距离上往返所需的时间t，然后计算其距离。不同之处在于：脉冲测距采用直接测定时间间隔t，求得所测距离；而相位法测距采用间接测定时间间隔t，即测定调制光信号或电信号经过所测距离而产生的相位移来间接推算信号传播的时间t，从而求出所测距离。

（1）脉冲法测量基本原理

脉冲法测距的工作原理如图5-12所示，和普通脉冲式雷达相同，通过测定脉冲激光在测线上往返所经过的时间，按公式（5-1）求出距离值D。

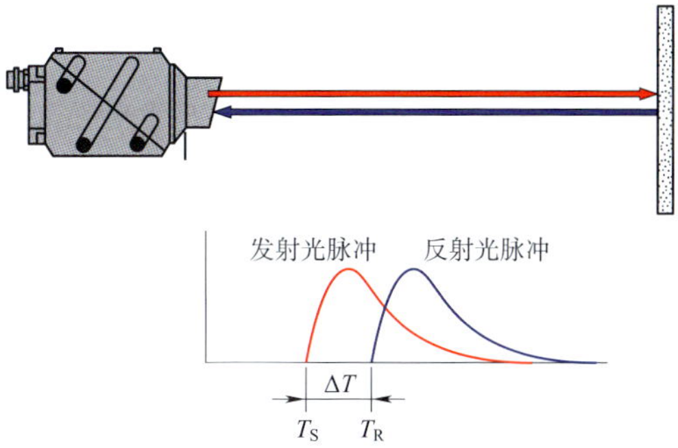

图 5-12　激光脉冲法测量距离原理示意

$$D=C\times(T_R-T_S)/2 \quad (5\text{-}1)$$

式中，D为待测距离；C为真空中光速；T_S为激光发射时间；T_R为激光接收时间。

（2）相位法测量基本原理

相位法测距的基本原理如图5-13所示，通过测定调制激光往返过后所产生的相位变化来间接测定往返时间，从而求得光波所经过的距离，基本测量公式为

$$D=C\times\Delta\Phi/(4\pi f) \quad (5\text{-}2)$$

式中，D为待测距离；f为调制信号频率；$\Delta\Phi$为接收信号和发射信号相位差；C为真空中光速。

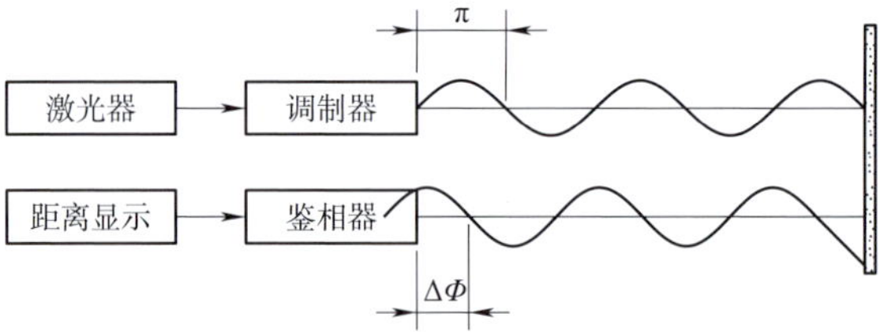

图 5-13 激光相位法测量距离原理示意

2. 测量模型

限界检测系统涉及的坐标系有轨面基准坐标系、车辆坐标系和激光扫描坐标系，如图5-14所示。

轨面基准坐标系：$O\text{-}xyz$，O为轨距中心点，Oxz与钢轨基准面重合，Ox轴指向列车前进方向，Oy轴垂直于钢轨基准面向上。当直线运行时钢轨基准面与当地水平面重合，当车辆通过曲线路段或坡度路段时由于外轨超高和坡度的影响钢轨基准面偏离当地水平面。

车辆坐标系：$o\text{-}xyz$与车厢相固连，具有弹簧悬挂装置的铁路车辆是一个多自由度的振动系统，这时车辆坐标系$o\text{-}xyz$相对于轨面坐标系$O\text{-}xyz$会有相对运动。车辆相对于轨面的运动可用车辆坐标系$o\text{-}xyz$相对于轨面坐标系

（2）点云渲染

基于WebGL和硬件加速的三维点云数据可视化和交互技术，实现点云数据的加载与渲染。基本原理：基于多细节分层技术（LOD）和八叉树索引，根据模块分辨率和显示视图模块加载对应层次的节点数据，通过多线程动态加载和GPU并行技术对三维场景进行高效渲染。实现流程如图5-18所示。

图 5-18　点云索引构建流程

2. 基于点模型的智能化分析技术

三维点云数据分析针对的对象是点模型，点模型包含丰富的信息，如三维坐标x、y、z、颜色、强度、距离、角度、时间等信息，现场采集的点组合在一起就形成了点云。立体限界智能分析技术包含点云去噪方法、三维异物侵限识别方法等。

（1）点云去噪方法

激光扫描传感器采集的激光点云数据由于设备及现场环境的因素会产生大量的噪声，这些噪声极大地影响了点云数据的下游分析任务。针对铁路场景带状的特点，对点云数据进行基于网格化的时空压缩，同时利用GPU加速聚类算法的矩阵运算，实现了高效的铁路场景大规模点云去噪，去噪算法模型框架如图5-19所示。

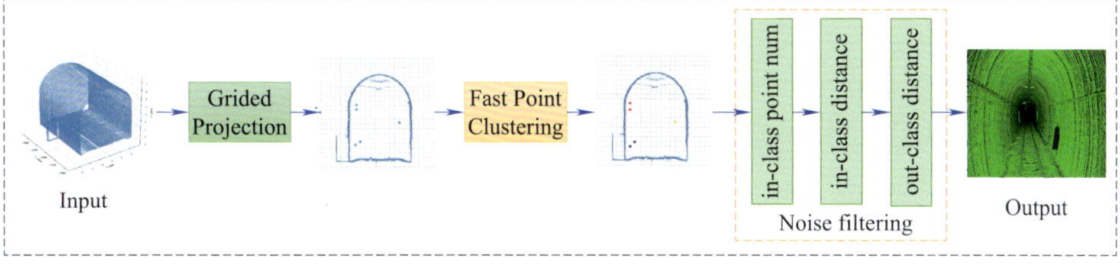

图 5-19　铁路场景的大尺度三维激光点云快速去噪算法框架

（2）铁路场景识别分割方法

点云场景识别分割的目的是识别轨道、接触线杆、隧道、站台、护栏、道砟等铁路场景物体并分类管理，基础数据为三维点云数据，理论模型为深度学习模型，基于三维点云数据构建大量的基于铁路场景的三维点云分割数据集，并进行筛选和人工标注，然后进行模型训练工作，基于识别效果进行模型优化与反复训练，模型训练完成后进行部署与运用。基本原理框架如图5-20所示，采用基于端对端的点云语义分割方法进行场景识别分割，首先基于自注意力的不同尺度范围的局部特征融合模块，自适应获取大尺度场景特征以及小尺度目标特征；然后基于高维语义引导下的上采样方法，将融合的高维特征信息映射至每一个临近点，弥补大尺度下采样造成的信息损失，提高模型整体分割效果。

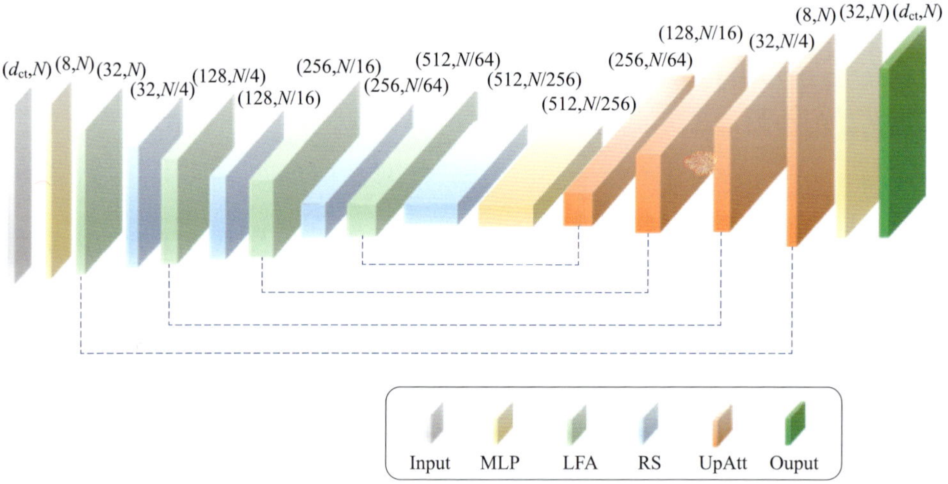

图 5-20　应用于铁路场景的识别分割基础框架

（3）三维异物侵限自动识别方法

基于凸集理论和特征识别技术，以离散点云的分布特征为基础，通过空间投影比对算法，自动计算离散点在标准限界模型中的分布位置，实现三维点云侵入空间的定位识别、侵限区域的自动分析与立体定位展示。

5.2.1.2 数据分析流程

数据分析基于三维点云智能分析与展示软件进行操作，数据分析的操作流程如图5-21所示。

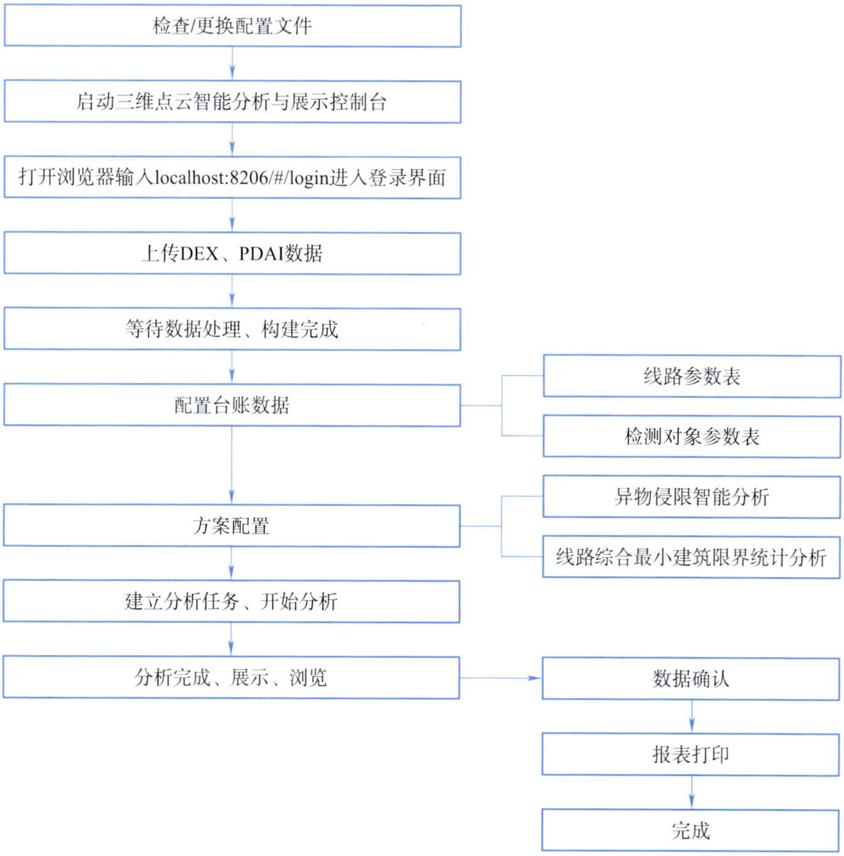

图 5-21 数据分析操作流程

（1）检查配置文件是否更新，若更新替换成新的配置文件。

（2）开启三维点云智能分析与展示控制台。

（3）打开浏览器（支持Chrome、Firefox、Edge浏览器），在浏览器地址栏中输入："localhost:8206/#/login"进入系统登录界面，输入账号、密码后进入主界面，如图5-22所示。

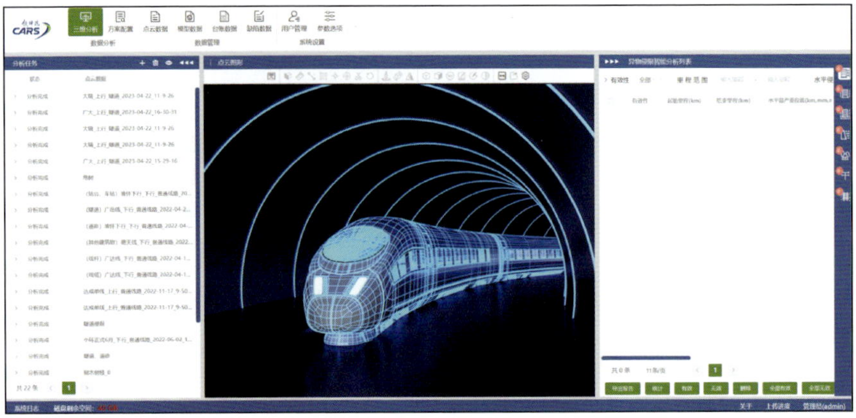

图 5-22　主窗口

（4）点击工具栏“点云数据”选项后，点击“上传”按钮，选中所需DEX和PDAI数据后点击“打开”按钮，可以并行上传多组数据。

（5）添加数据后，将自动进行数据的预处理、索引构建等，会呈现“等待DEX上传、等待PDAI上传、预处理中、构建索引中、可用”五种状态，“可用”为最终状态，如图5-23所示。

图 5-23　数据预处理

（6）数据预处理完成后，进行台账数据配置，分别配置线路参数表和检测对象参数表，若已提前建立好台账数据时，则会根据里程和线路信息自动匹配台账信息。

（7）点击工具栏“方案配置”弹出方案配置界面。在异物侵限智能分析界面按照实际分析需求勾选“是否参与分析、是否使用设计值（使用线路台账数据）”。在线路综合最小建筑限界统计分析界面按照实际需求勾选“是否参与分析、是否使用设计值（使用线路台账数据）选项。

（8）点击工具栏“三维分析”在分析任务界面点击“+”按钮弹出“选择点云数据”框，勾选待分析数据点击“确定”按钮，弹出“新增分析任务”栏，在分析任务栏可自行修改分析里程及是否使用里程修正功能后，点击“确定”按钮后分析任务栏添加该条分析任务并开始分析，待分析完成后分析结果列于界面右侧，如图5-24所示。

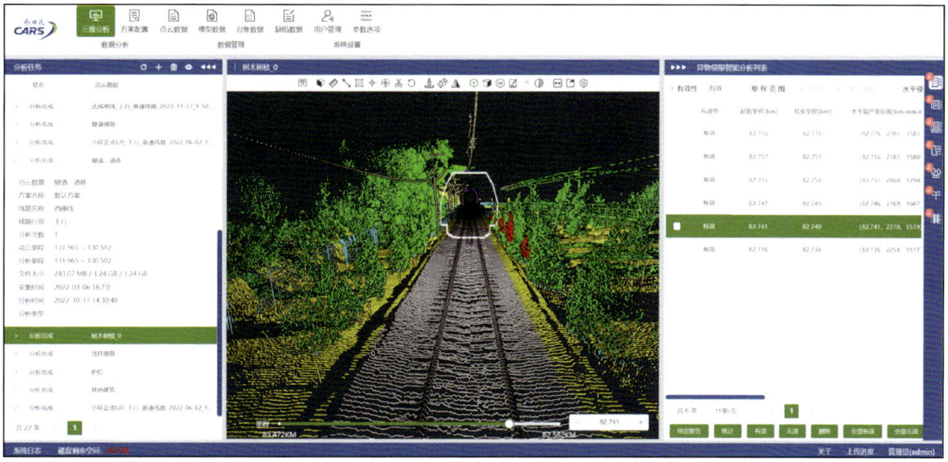

图 5-24　数据分析

（9）点击“异物侵限智能分析列表”“全部”下拉框可选择仅展示有效数据，勾选经过筛选的有效数据点击下方“导出报告”按钮弹出“导出报告”框，点击“生成报告”按钮导出报表，如图5-25所示。

（10）点击“单个桥隧综合最小建筑限界统计分析列表”勾选分析结果，点击“导出报告”按钮，弹出“导出报告”框，点击“生成报告”按钮，生成报表，线路综合最小建筑限界操作相同。

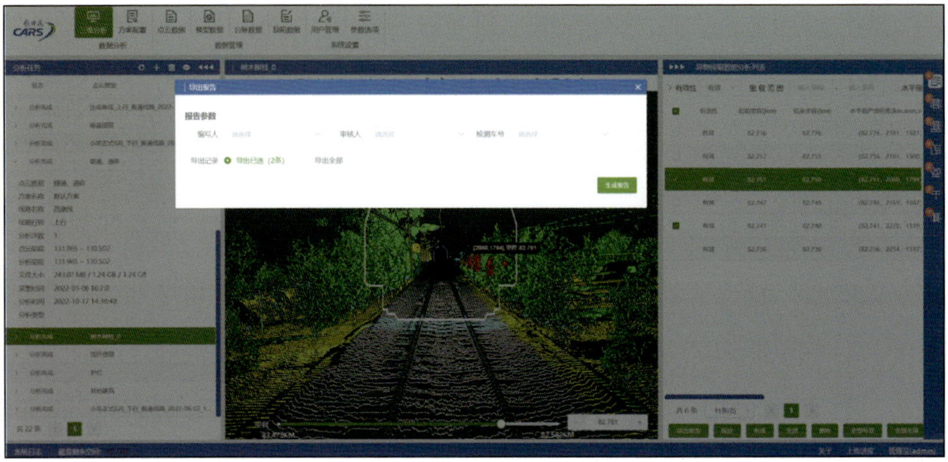

图 5-25　报告导出

5.2.2　数据运用

铁路场景三维点云检测系统目前正在推广运用，现场运用效果展示如下。

1. 三维点云和影像联动展示

现场采集的原始数据和视频数据经过上传、解算、点云去噪、点云索引构建和影像里程匹配后能够进行联动展示，展示效果如图5-26和图5-27所示，能够清楚地识别出铁路沿线的基础设施，能够多视角查看、数据漫游、三维空间测量、点云场景分类管理等。

2. 三维异物侵限检测

三维点云数据分析与展示平台可对线路的限界状态进行精细化的分析与管理，能够以饼形图或波形图来展示和评估整条线路的限界质量状态，如图5-28所示，可以自动输出侵限数据，包含侵限区段起止里程位置、侵限最严重的位置和三维点云图、检测标准、限界侵入量和侵限物等，侵限区段可以与三维点云数据匹配，自动定位到三维点云空间位置。基于现场实采数据分析生成的典型侵限报告如图5-29所示，分别包含护栏、接触网杆柱、隧道壁、道砟、树枝和车厢侵限等，其中危树检测如图5-30所示。

图 5-26 三维点云和影像联动展示（一）

图 5-27 三维点云和影像联动展示（二）

图 5-28　线路限界质量整体评估与展示

(a) 护栏侵限

(b) 接触网杆柱侵限

起止里程(km)	水平最严重位置(km,mm,mm)	侵入量(mm)	垂直最严重位置(km,mm,mm)	侵入量(mm)	侵限物
145.497～145.604	(145.513,-2154,1252)	286	/	/	

限界检测标准	基本建筑限界(正线)

(c) 隧道壁侵限

起止里程(km)	水平最严重位置(km,mm,mm)	侵入量(mm)	垂直最严重位置(km,mm,mm)	侵入量(mm)	侵限物
134.999～134.645	/	/	(134.777,-1399,149)	124	

限界检测标准	基本建筑限界(正线)

(d) 道砟侵限

起止里程(km)	水平最严重位置(km,mm,mm)	侵入量(mm)	垂直最严重位置(km,mm,mm)	侵入量(mm)	侵限物
82.752～82.750	(82.751,1881,1850)	559	/	/	

限界检测标准	基本建筑限界(正线)

(e) 树枝侵限

起止里程(km)	水平最严重位置(km,mm,mm)	侵入量(mm)	垂直最严重位置(km,mm,mm)	侵入量(mm)	侵限物
11.288～11.320	(11.304,2339,2977)	101	/	/	

限界检测标准	基本建筑限界(正线)

(f) 车厢侵限

图 5-29　三维异物侵限

图 5-30　危树检测

3. 综合最小建筑限界统计分析

依据现场采集的空间三维点云数据经过统计分析生成单个桥隧综合最小建筑限界检测报告包含综合最小建筑尺寸表和综合最小建筑接近限界图如图5-31所示，同时对多个单个桥隧综合最小建筑限界进行统计分析生成线路区段综合最小建筑限界如图5-32所示。

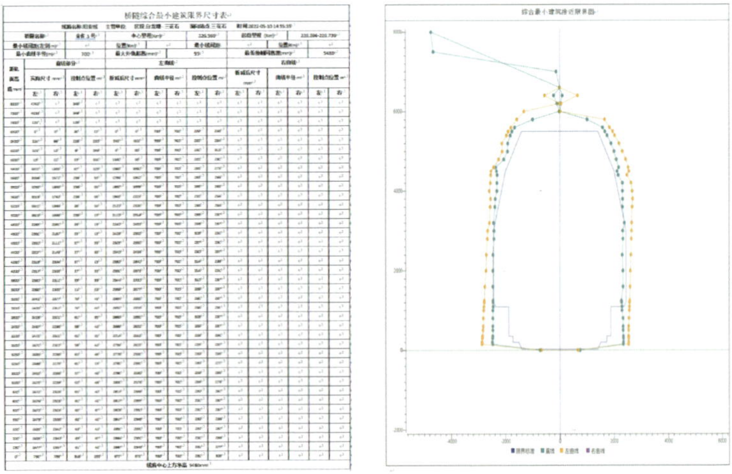

图 5-31　单个综合最小建筑限界尺寸及接近示意

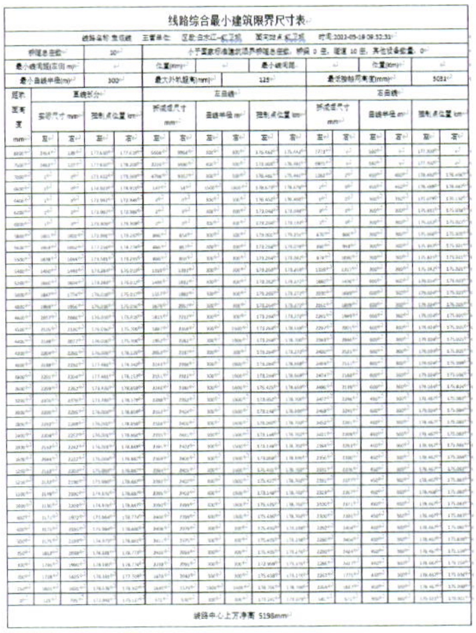
线路综合最小建筑限界尺寸表

线路中心上方净高 5198mm

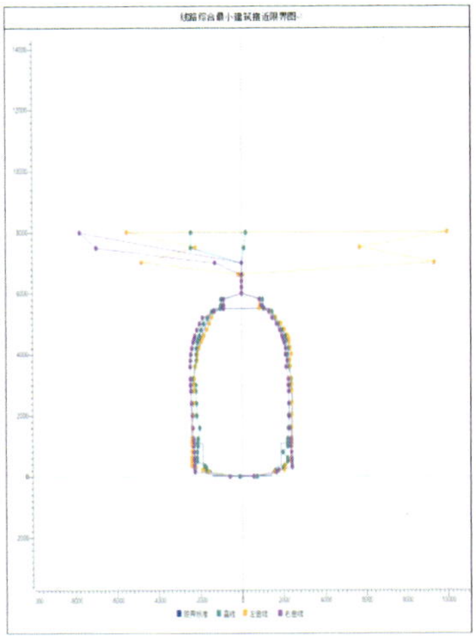

图 5-32　线路综合最小建筑限界尺寸及接近示意

4. 三维场景点云识别与管理

基于机器学习技术可实现铁路基础设施三维场景如隧道、接触线、杆柱、植被等的智能识别、分割与分类管理，如图5-33和图5-34所示。

图 5-33　三维场景识别、分割与管理（一）

图 5-34　三维场景识别、分割与管理（二）

小　结

铁路场景三维点云检测系统构建了铁路运行空间三维点云采集、分析、可视化展示与海量点云数据管理平台，支持三维点云及影像等多源数据联动分析，实现了铁路运行空间风险普查、线路限界质量评估管理和综合展示，能够精准定位风险位置，立体展示风险设施，方便用户全局掌控线路运行空间风险，提前防范和维修。

铁路场景三维点云检测系统在运用过程中采集了海量的铁路三维空间点云数据，目前重点应用于三维异物侵限检测等，三维空间点云的价值还需要结合铁路现场的需求进一步挖掘，目前正在投入力量研究和开发的功能：

（1）铁路三维场景自动识别、分割与管理，实现铁路基础设施三维场景如隧道、接触线、杆柱、站台、植被等的智能识别、分割与管理功能。

（2）有砟轨道道床砟量状态评估。

（3）超限货物运输模拟及风险普查、形变分析、植被分析、铁路施工沙盘推演、线路改扩建仿真模拟等。

第6章 综合巡检车多源融合检测技术运用

6.1 集中监控系统

6.1.1 检测参数及指标

集中监控系统适用于Windows10 64位操作系统，具备多种网络环境适应性（包括局域网和广域网），易于安装部署。外网部署特性使得集中监控具备进行多车集中统一控制的功能特性。

检测系统间的命令交互基于灵活的ISCP协议框架，易于协议扩展，软件内部实现了网络传输、安全加密和冗余操作（比如断线重连、断点续传、远程控制关机和重启等功能）。ISCP协议的可扩展性强，便于扩展新的检测系统。

集中监控系统具备检测系统自动连接和自动重连特性，集中监控系统开启任务后，新连接的检测系统可根据当前任务自动开始检测任务。

集中监控系统将所有检测系统的检测进程和主要检测状态均实时显示，方便检测人员完成统一的共性操作流程、故障诊断和数据同步等。

6.1.2 系统架构

集中监控系统是综合检测车上部署的检测系统统一监控平台。其功能是对巡检图像采集系统、里程定位同步系统（简称PSVR）、轨检系统、限界检测系统、视频监视系统以及数据归集软件等系统进行统一状态监测和实时控制。系统架构如图6-1所示。

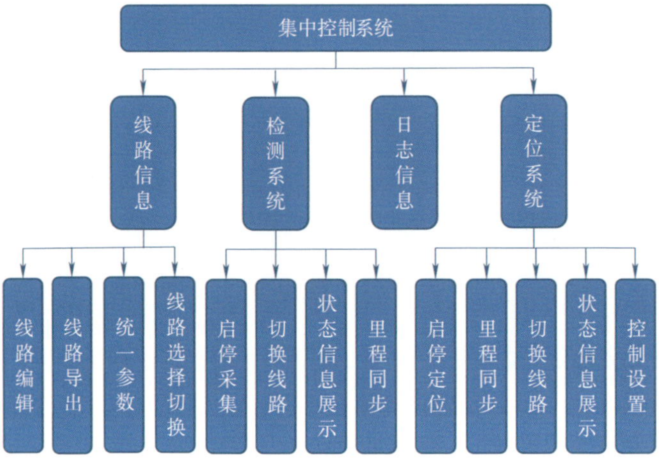

图 6-1　集中监控系统架构

6.1.3　硬件构成

集中监控系统主要由集中控制服务器、交换机组成，通过网络对各检测系统实现统一或单独控制。硬件构成如图6-2所示。

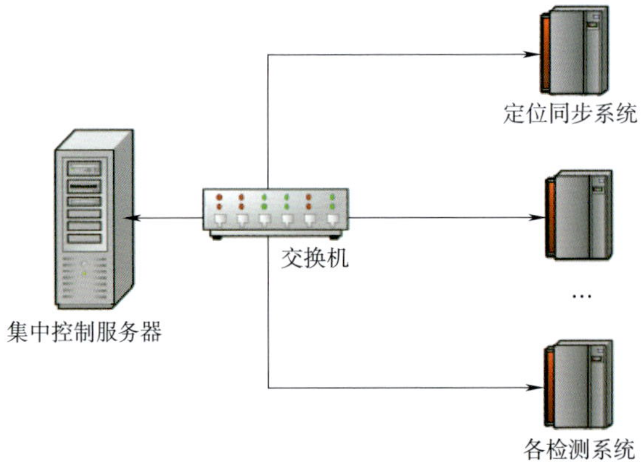

图 6-2　硬件连线

6.1.4　软件组成

集中监控系统软件界面主要包括三部分：检测系统列表，检测状态展示区和数据归集界面，如图6-3所示。

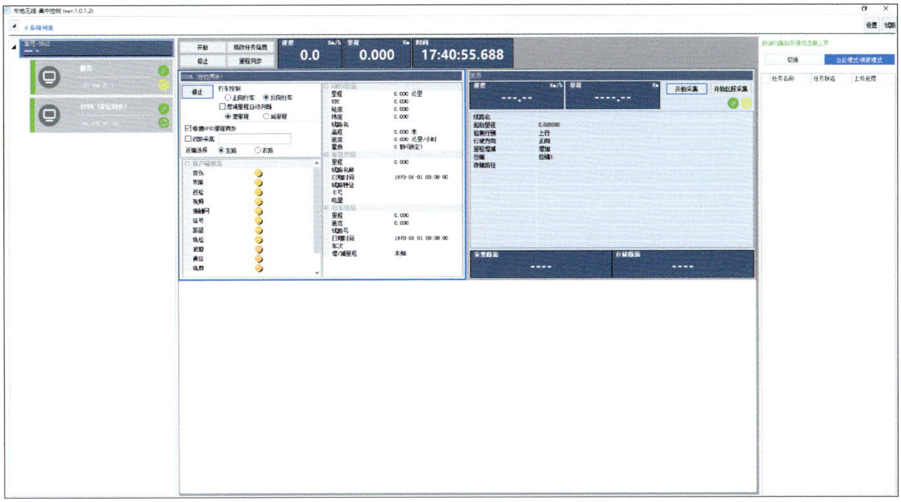

图 6-3　集中监控系统软件主界面

左侧检测系统列表，列出了所有和服务器连接的车辆和每辆车内的检测系统，如图6-4所示。

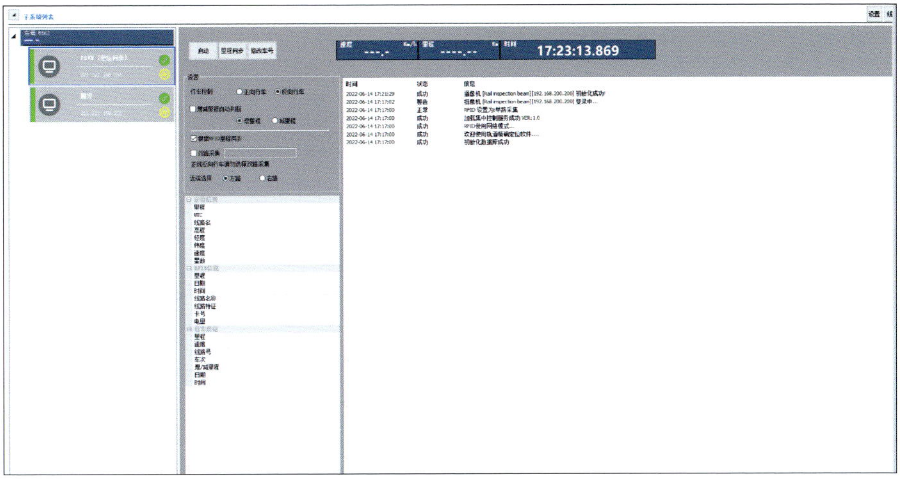

图 6-4　检测系统详细运行信息界面

中间检测状态展示区展示选中车辆内所有检测系统的状态，并可对选中列车的所有检测系统在同一界面进行统一监控，也可对单一检测系统单独控制。对单个子系统详细信息进行展示和监控（图6-4），包括检测任务信息和运行日志等。

数据归集模块位于整个界面右侧，实时对采集数据进行数据归集操作。

6.1.5 检测原理

集中监控系统包括基础信息配置、统一监控和单独监控三大功能。基础信息配置包括交路配置和数据归集配置；统一监控是对选中检测车所有连接系统进行统一操控；单独监控可实现对单个检测系统的控制，查看详细运行日志等功能。

6.1.5.1 基础配置

1. 交路信息配置

（1）配置“交路编辑器”路径。

在设置界面中选择“交路配置”，“浏览”选择交路编辑器执行程序路径，如图6-5所示配置交路编辑器路径。

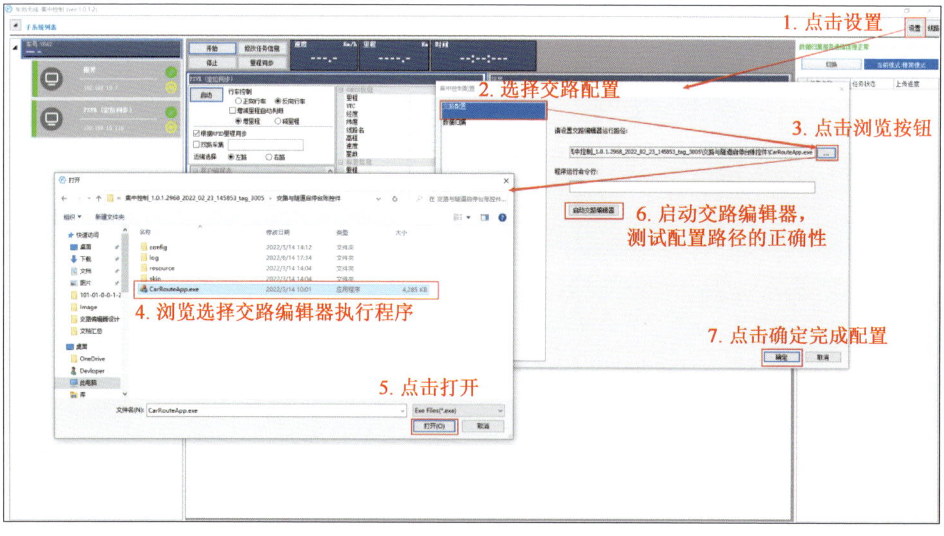

图 6-5 配置交路编辑器路径

（2）配置交路信息。

在完成（1）交路编辑器路径配置后，点击“线路”弹出交路信息管理，在交路信息管理中，选择交路，点击“使用交路”，完成交路基础信息导出配置，为开始任务提供基础线路信息，如图6-6所示。

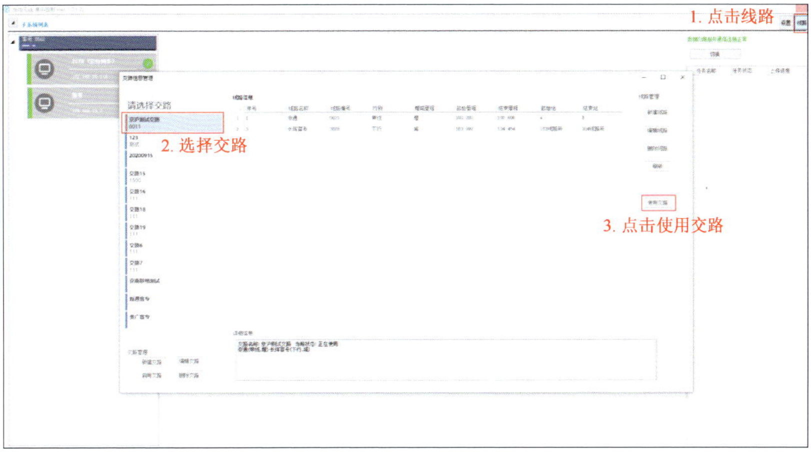

图 6-6　选择交路信息

2. 数据归集配置

点击设置，在集中控制配置界面中选择“数据归集”，浏览加载数据归集执行程序，设置端口号7789，如图6-7所示配置数据归集。

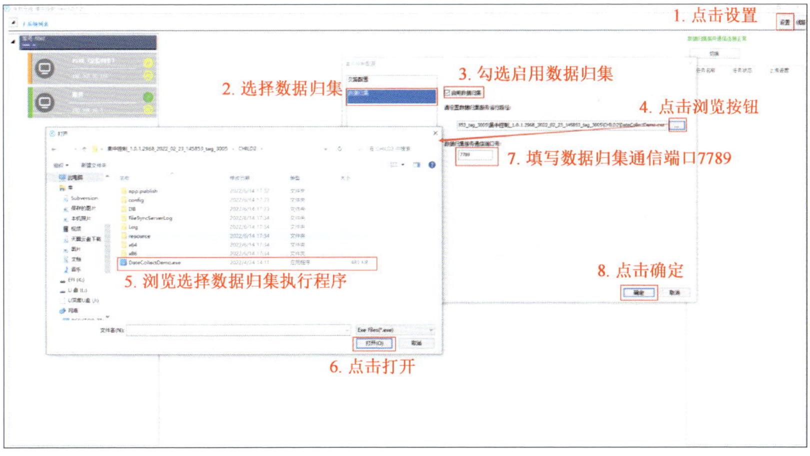

图 6-7　配置数据归集

6.1.5.2　统一监控

选中子系统列表中的车辆，在检测状态展示区，可对所有连接系统进行状态查看，顶部区域为统一控制面板，如图6-8所示。

图 6-8　统一控制面板

（1）点击“开始”按钮，弹出如图6-9所示“基础信息设置”界面，选择线路信息，检测参数等信息，点击确定，可控制所有连接的检测系统开始工作。

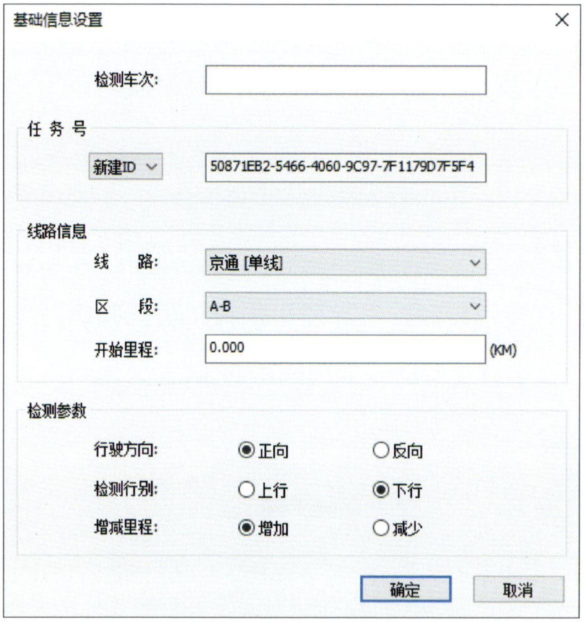

图 6-9　基础信息设置界面

（2）点击“停止”按钮，可控制所有检测系统停止工作。

（3）点击“切换任务”按钮，也会弹出“基础信息设置”界面，在该界面设置线路信息，检测参数后点击“确定”，控制各个检测系统进行线路名、线路行别等任务信息的切换。

（4）点击“里程同步”按钮，集中控制向PSVR里程定位服务器下发里程同步指令，PSVR对各个采集系统执行里程同步。

（5）统一控制面板中显示当前检测车运行的速度，里程和时间信息。

6.1.5.3　单独监控

单独监控在检测状态展示区内的各个检测系统监控界面上进行。如图6-10所示，以PSVR模块为例，在模块内可对PSVR进行单独启停、行车方向、增减里程等控制操作，如图6-11所示。

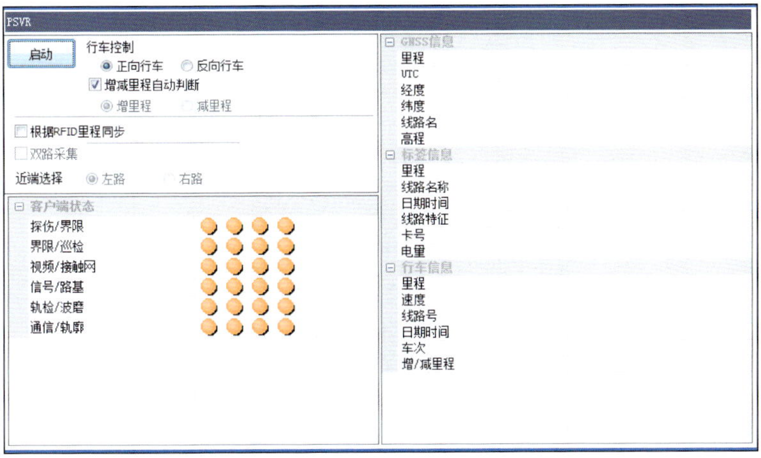

图 6-10　PSVR 单独监控模块

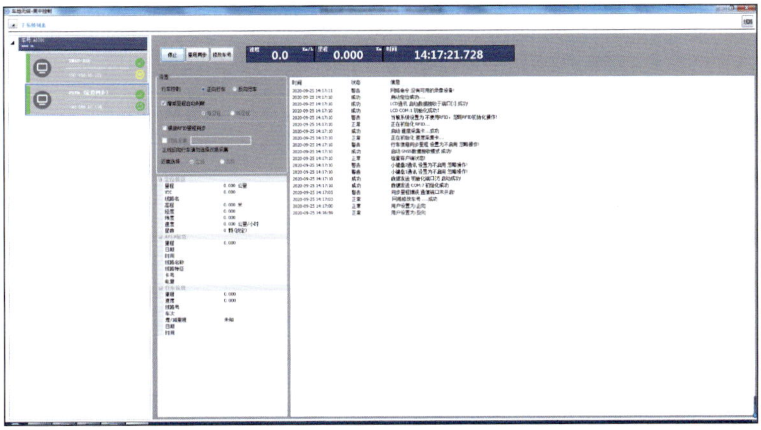

图 6-11　PSVR 详细运行信息

1. PSVR运行监控

（1）启动。PSVR连接集中控制如图6-12所示，点击“启动”按钮，弹出如图6-13所示PSVR启动设置界面，设置同步方式，里程信息设置和车次信息后点击确定，即可启动PSVR系统。

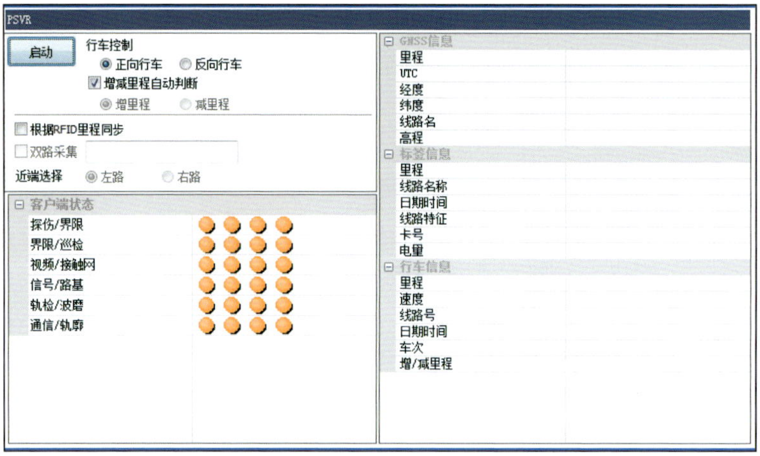

图 6-12　PSVR 启动集中控制

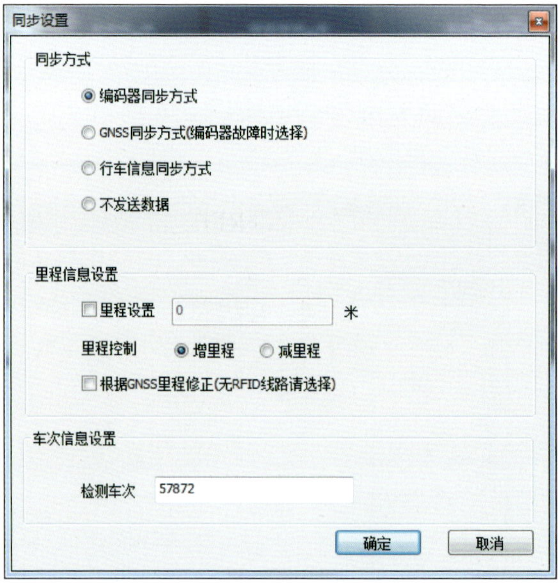

图 6-13　PSVR 启动设置界面

（2）停止任务。点击如图6-14所示PSVR控制界面中的“停止”按钮，即可停止PSVR定位。

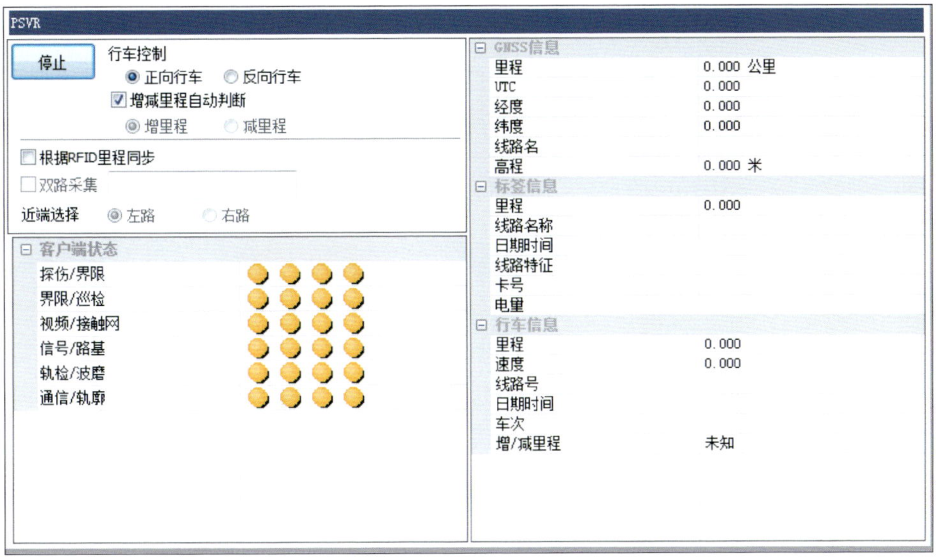

图 6-14　PSVR 控制界面

（3）在PSVR控制界面中选择“行车控制”，即可更改PSVR行车方向。

（4）在PSVR控制界面中勾选“增减里程自动判断”，即可开启PSVR的增减里程自动判断功能。

（5）在PSVR控制界面中勾选“根据RFID里程同步”，即可开启PSVR系统根据RFID里程同步功能。

（6）在PSVR控制界面中勾选“双路采集”，即可开启RFID双路采集功能。

（7）客户端状态栏显示各检测系统与PSVR的连接状态，如图6-15所示。

（8）基础信息栏实时显示PSVR运

图 6-15　客户端连接状态

行的基础信息，如图6-16所示。

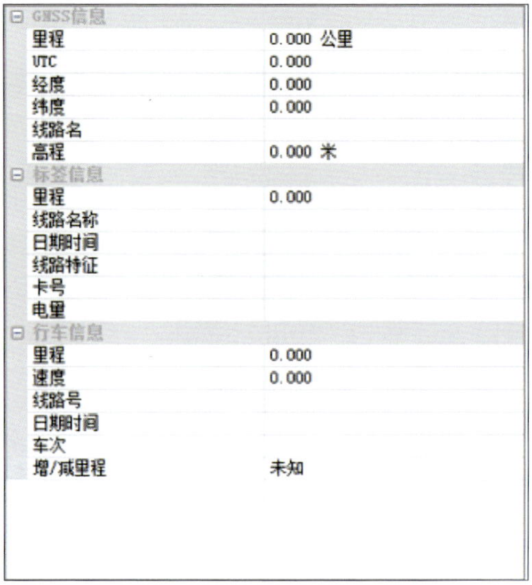

图 6-16　基础信息栏

2. 巡检系统（以下简称TMAS）监控

TMAS连接集中控制子界面如图6-17所示，点击“启动”按钮，弹出TMAS任务信息界面如图6-18所示，设置检测车次、线路信息和检测参数信息后点击“确定”按钮，即可启动TMAS采集。

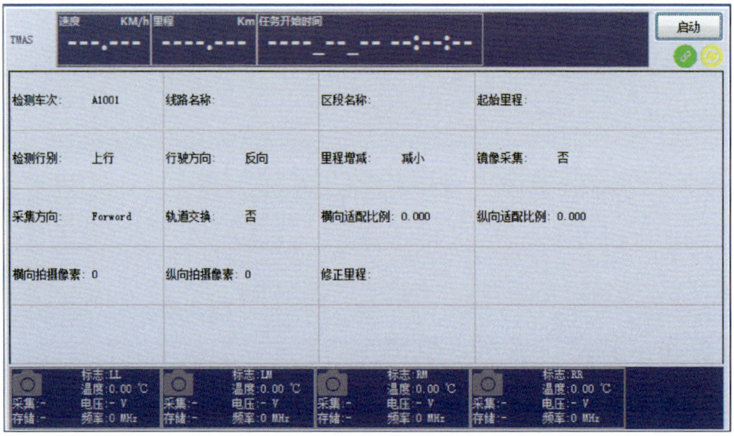

图 6-17　TMAS 集中控制子界面

限界底部信息栏展示限界的采集断面数和存储断面数。

图 6-28　限界断面信息

4. 轨检系统（以下简称轨检）监控

轨检连接集中控制如图6-29所示，点击“运行”按钮，即可启动轨检运行。

图 6-29　轨检模块集中控制

点击如图6-30所示轨检监控界面中的“停止”按钮，即可停止轨检采集。

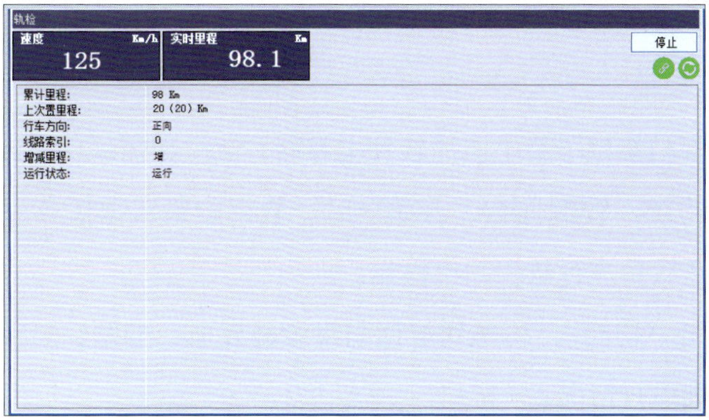

图 6-30　轨检停止采集

轨检监控界面中，左边状态指示表示轨检连接状态，连接状态绿色，断开黄色；右边状态指示表示限界运行状态，运行状态为绿色，停止状态为黄色。

轨检监控界面信息栏展示速度、里程，如图6-31所示。

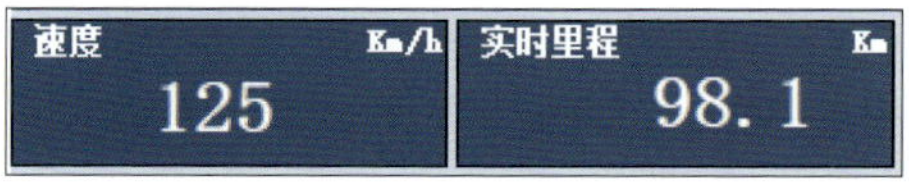

图 6-31　轨检监控界面信息栏

轨检监控界面任务信息显示栏显示累计里程、上次置里程、行车方向、线路索引、增减里程、运行状态等基础信息，如图6-32所示。

图 6-32　轨检任务信息显示栏

5. 数据归集

（1）数据归集位于集中监控软件主界面右侧，如图6-33所示。

（2）点击统一控制面板“开始”时，数据归集根据任务号自动创建任务组，自动在后台进行数据归集操作。

（3）点击“切换”，切换到数据归集全屏界面，如图6-34所示，监控数据归集的详细运行情况。

图 6-33　数据归集模块

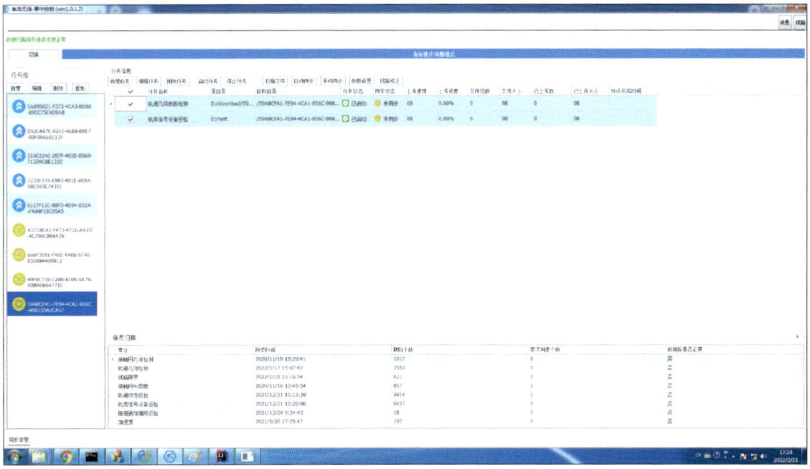

图 6-34　数据归集操作界面

6.1.6　常见故障及处理方法

开始后显示无效的线路基础数据提示信息

在软件界面点击“开始”按钮后弹出如图6-35所示的提示信息。

图 6-35　错误提示

问题排查：在集中控制软件根目录下，打开“line_section”文件夹，确认是否存在如图6-36中的“lineSections.xml”“routeLines.xml”和“tunnels.xml”三个xml文件，如果没有缺少文件，在“交路与隧道启停台账控件\config”文件夹下，按图6-37所示配置修改“setup.ini”文件配置后，重新选择使用交路即可。

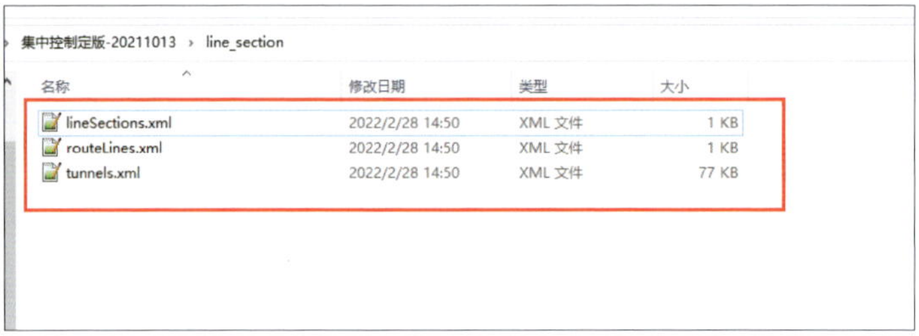

图 6-36　line_section 文件夹

```
Tables=
[System]
Font=12

[Tunnel]
;偏差里程
errorRange=1000
; 台账导出路径

inUse=1
exportPath=..\line_section

[Show]
;是否显示台账  0 不显示，  1显示
isTunnelShow=0

[Language]
;语言
Language=zh_CN
[Export]
; 0 表示导出时加交路名称文件夹，  1 不加
isRouteLevel=1
[UI]
;界面风格
style=19

[DataSource]
;sqlserver 连接字符串
ConnStr=Provider=SQLOLEDB.1;Password=sa123456;Persist Security Info=True;User I

[DataBase]
;数据库类型
mode=0
[Sync]
HIPOS=0
LOPOS=0
DBName=routeline
HIPOSRESTORE=0
LOPOSRESTORE=0
TESTRESTORE=0
isSync=0
[LocalDB]
dbname=account.db
path=..\交路与隧道启停台账控件\account.db
dbnameAccount=account.db
pathAccount=..\交路与隧道启停台账控件\account.db
```

图 6-37　setup.ini 配置

6.1.7 系统应用

点击集中监控系统界面中列表中的某个子系统，例如点击如图6-38所示子系统列表中的PSVR，右侧展示PSVR系统的详细信息，如图6-39所示为PSVR详细界面，左侧展示PSVR详细信息，右侧展示PSVR的操作、状态和运行日志信息。

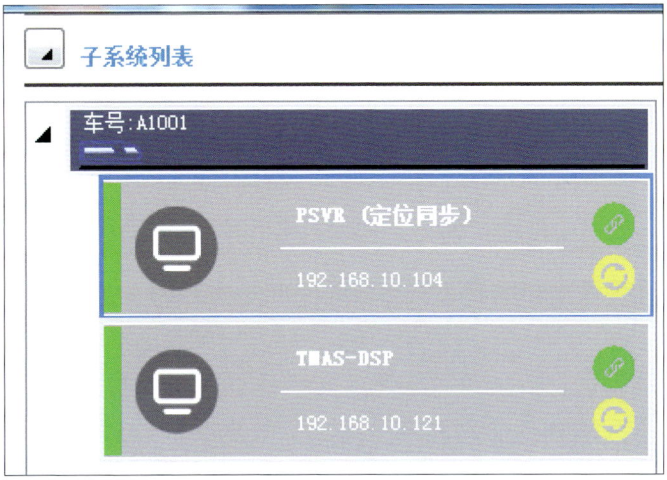

图 6-38 子系统列表

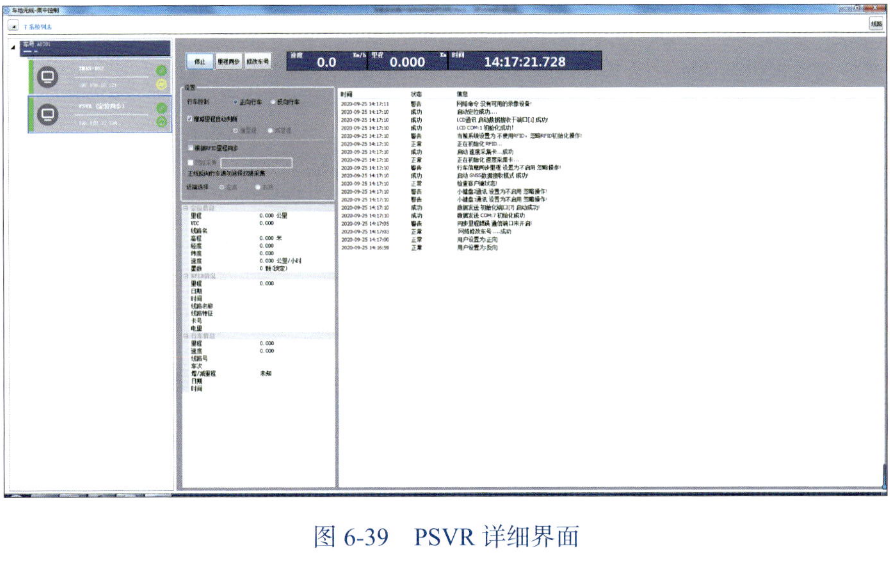

图 6-39 PSVR 详细界面

6.2 检测数据管理系统

6.2.1 检测参数及指标

检测数据管理系统由车载端和地面端两部分组成，车载端用于将各专业系统的检测文件和检测偏差结果统一归集并进行规范化存储。其主要参数如下：

（1）检测数据文件网络归集速度：从数据归集客户端到数据归集服务端通过车载网络进行数据传输，网络归集速度满足＞40 Mbps。

（2）检测数据文件传输时间：对于同一条检测数据文件，从数据归集客户端至数据归集服务端数据传输响应时间满足≤3 s。

（3）检测数据文件滞后时间：检测数据文件停止采集后，检测数据文件的归集滞后时间和检测偏差文件滞后时间满足≤300 s。

6.2.2 系统架构

系统由车载端和地面端两部分组成，数据转储通过可移动硬盘或者无线网络进行传输。数据转储网络如图6-40所示。

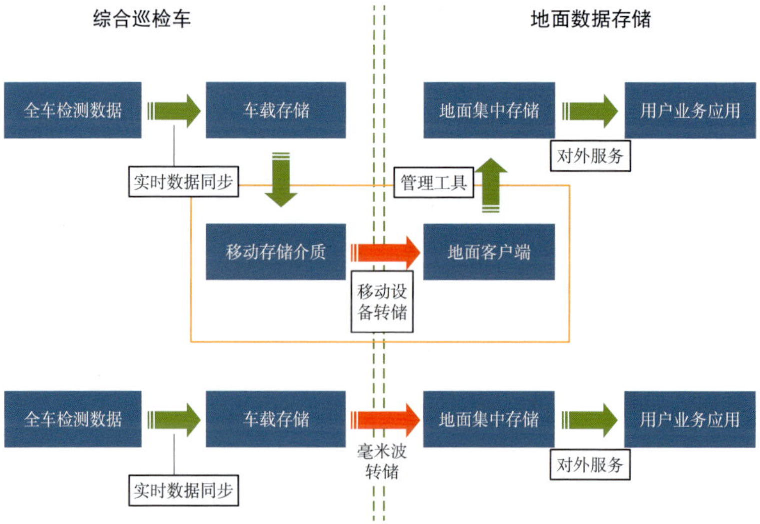

图 6-40　数据转储网络图

（1）车载端。车载端负责归集车载各类检测文件和检测结果偏差信息，并按照规范化的数据存储结构进行存储。

（2）地面端负责归档存储车载各类数据文件，并在各系统专业软件分析的基础上，对检测数据进行综合分析与展示管理。

（3）车地数据转储，可以通过可移动存储设备进行数据拷贝，有条件的可以在车辆停靠站铺设高速无线传输设备（如：5G毫米波），进行检测数据的无线转储。

6.2.3 硬件构成

1. 数据归集

检测数据归集服务器安装于车内机柜，由高性能工业级计算机和磁盘阵列组成，用于检测数据文件的归集和存储，如图6-41所示。

图 6-41 检测数据归集服务器

2. 综合展示

数据综合管理系统服务器安装于地面中心，由高性能工业级计算机和磁盘阵列组成，用于检测数据文件的归集和存储，如图6-42所示。

图 6-42　综合展示服务器

6.2.4　软件组成

1. 数据归集

检测数据归集软件负责归集车载各类检测文件和检测偏差文件信息，并按照规范化的数据存储结构进行存储。检测数据归集软件为用户提供任务组和任务的新增、编辑、删除功能，软件主功能界面如图6-43所示。

图 6-43　检测数据归集主界面

2. 综合展示

数据综合管理系统服务器负责归档存储车载各类数据文件，并在各系统专业软件分析的基础上，对检测数据进行综合分析与展示管理，软件主功能界面如图6-44所示。

图 6-44　综合展示主界面

6.2.5　检测原理

6.2.5.1　数据归集

1. 文件归集

文件同步模块分为采集客户端和服务端，采用多任务、多线程、支持断点续传、基于TCP协议实时传输检测文件。服务端负责任务集中管理、任务进度监控和接收存储文件等功能，客户端负责监听任务状态、实时监测文件变化、实时上传检测文件、传输任务进度、记录文件传输记录、文件传输完整性校验等功能，如图6-45所示。

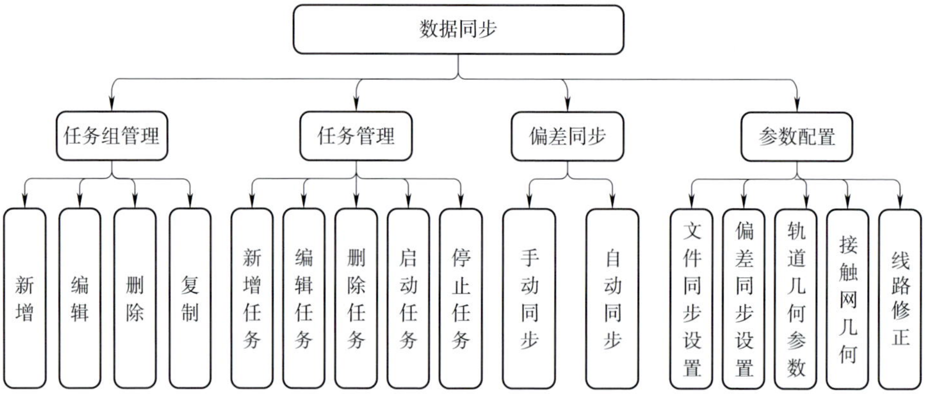

图 6-45　车载数据管理功能图

2. 偏差归集

实时监听各检测专业数据库中存储的偏差数据，将各专业的偏差数据以增量的方式归集到集中存储数据库中，并对偏差数据进行属性补充修正，保障偏差数据的统一性。偏差数据同步包括数据库数据变化监听和文件化模块、数据还原模块、偏差数据修正模块，如图6-46所示。

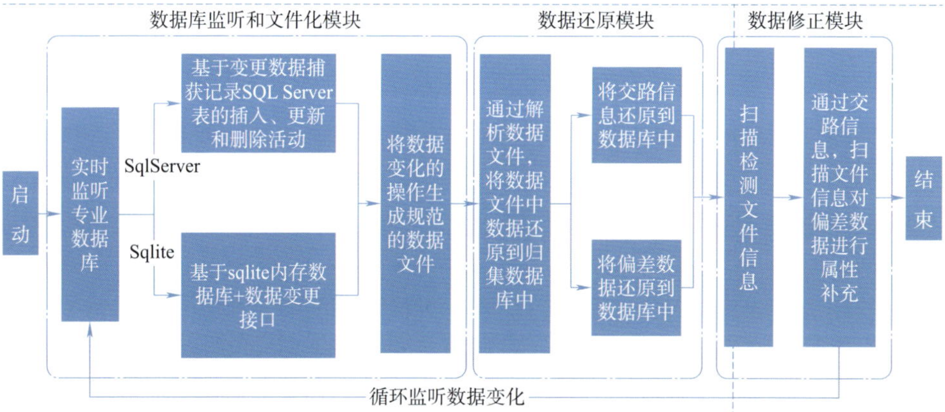

图 6-46　偏差数据流程

6.2.5.2　综合展示

地面数据综合管理系统主要包括数据管理、综合展示、综合报表等功能。系统结构如图6-47所示。

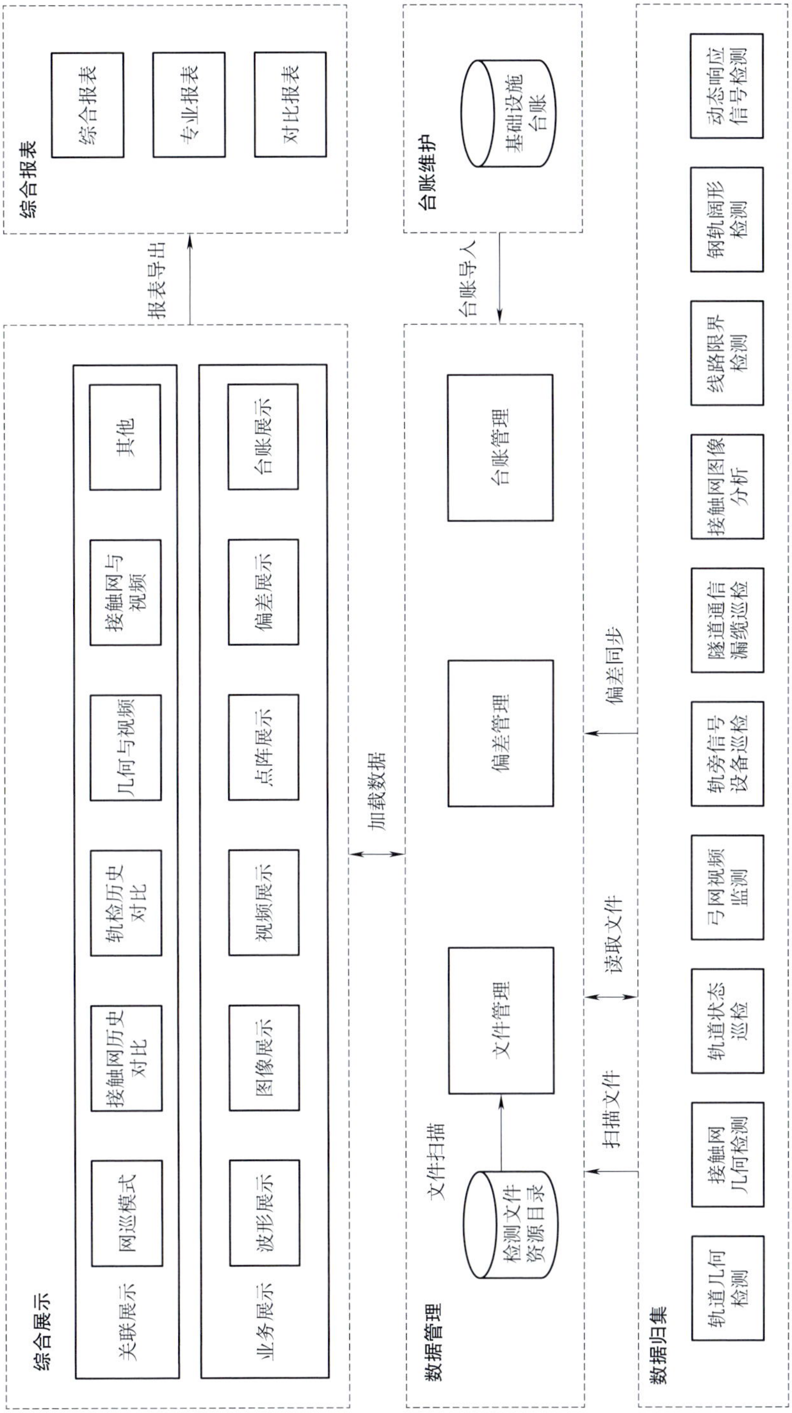
综合报表
综合报表
专业报表
对比报表
报表导出
台账维护
基础设施台账
台账导入
综合展示
关联展示
网巡模式
接触网历史对比
轨检历史对比
几何与视频
接触网与视频
其他
业务展示
波形展示
图像展示
视频展示
点阵展示
偏差展示
台账展示
加载数据
数据管理
检测文件资源目录
文件扫描
文件管理
偏差管理
台账管理
扫描文件
读取文件
偏差同步
数据归集
轨道几何检测
接触网几何检测
轨道状态巡检
弓网视频监测
轨旁信号设备巡检
隧道通信漏缆巡检
接触网图像分析
线路限界检测
钢轨阔形检测
动态响应信号检测

图 6-47 系统结构图

数据管理基于海量综合检测数据存储规模大、产生速度快、数据多样化等特点，利用数据仓库、数据预处理、数据共享等技术，实现了多源数据的高效存储数据管理平台。系统具有数据资源目录管理功能，能够建立各检测数据文件的关联关系。

综合展示是综合检测数据可视化的核心模块，具备多源数据的时空同步、融合展示、协同分析、关联展示、历史对比展示等功能。系统基于综合布局、大文件解析、里程修正、里程同步等技术，实现波形、图像、视频、点阵各类业务类型数据以及偏差、台账等辅助数据的可视化展示，实现全专业综合检测数据的关联展示，提高综合检测数据的分析效率和准确性。

综合分析报表涵盖了轨道几何检测、接触网几何参数、接触网图像分析、线路限界检测、轨道状态巡检、轨旁信号设备巡检、隧道通信漏缆巡检等检测专业，主要依托地面中心强大的数据分析处理能力，将海量检测数据进行综合性分析及评估，在分析过程中能够全面提供数据综合统计、历史数据对比及数据关联关系分析等能力。为检测人员日常检测分析能力，提供有效精准的综合统计分析表。

1. 文件管理

文件管理能够对检测数据文件进行规范化管理，建立综合检测数据文件之间的关联关系，是综合检测数据融合分析的基础。首先，系统采用千兆网络、高速I/O磁盘对数据集中存储，在数据资源访问上具备高性能、多专业、同步的数据读取能力。其次，系统通过数据资源目录管理，有效建立各检测数据文件的关联关系，为数据综合展示提供良好数据支撑。文件管理包括文件扫描、文件资源管理、文件归档功能。

（1）文件扫描

文件扫描，能够扫描检测数据文件的存储路径、文件名、文件头部信息等关键信息，提取关键属性作为文件索引；建立数据资源目录，对外提供文件关键属性索引，为检测数据文件规范化管理提供基础。文件扫描规则见表6-1。

表 6-1 文件扫描规则表

检测专业名称	扫描文件类型	扫描级别	关联文件类型	备注
轨道状态巡检	rssf	检测文件	dex	
接触网图像分析		一级目录		
轨旁信号设备巡检	rssf	检测文件	dex	
通信漏缆外观巡检	rssf	检测文件	dex	
轨道几何检测	geo	检测文件		
钢轨轮廓检测	txt	检测文件		
接触网几何参数和地磁通量检测	wave	检测文件	info	
线路限界检测	pdai	检测文件		
定位器坡度巡检		一级目录		
接触网悬挂视频监测	Mp4	检测文件	idx	
线路环境视频监测	Mp4	检测文件	idx	
弓网视频监测	avi	检测文件	sub	

（2）文件资源管理

文件资源管理，是指可以对检测数据文件进行检索、编辑等管理功能。文件检索是指用户可以输入线路、行别、增减里程、检测时间等检索条件，快速检索检测符合条件的数据文件信息。文件编辑是指用户可以修改某一个检测文件的属性，也可批量修改同一次检测任务的多个检测文件的共同属性，如线路、行别、增减里程、开始里程、结束里程等，也能对无效的数据进行删除，如图6-48所示。

文件资源管理提供关联检测文件快速分组功能，包括按照同一任务分组、按照同一线路分组、按照文件通道分组等，用户可以使用文件分组快速检索出多个专业的关联检测数据，如图6-49所示。

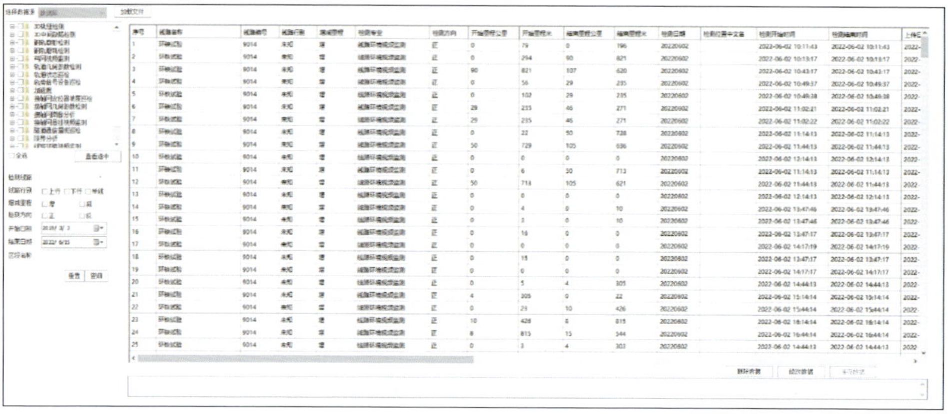

图 6-48　文件资源管理详情

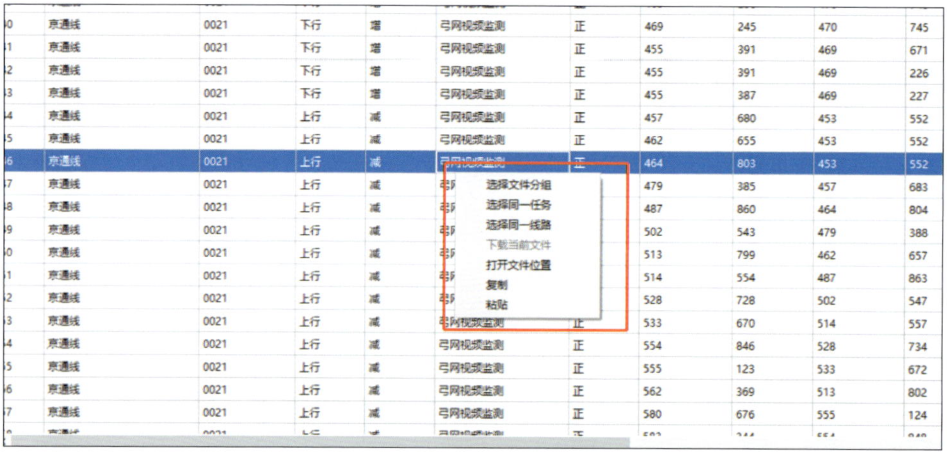

图 6-49　文件关联管理

（3）文件归档

文件归档，是指用户能够对检测数据文件进行结构化、规范化管理，形成统一的数据存储目录，便于后期的文件管理。

系统可以按照用户习惯自定义文档归档的目录结构，即支持按照检测专业、检测日期、检测任务、检测车号等多级归档目录。用户首先选择单个或多个要归档的检测文件后，单击归档按钮，系统会自动按照检测日期、检测车、检测专业等业务信息进行存储归档，如图6-50所示。

图 6-50　文件归档示例

2. 综合展示

数据综合展示，是指对多个专业的检测数据进行同步里程定位和回放展示，系统支持单专业展示、多专业展示、历史对比展示以及由用户自定义展示等多种组合展示方式。通过数据综合展示，可以实现不同专业检测数据的联动展示，从而进行数据融合分析。

通过综合展示，能够对不同检测项目之间进行关联数据分析，从而发现检测数据的状态变化以及缺陷数据的真实原因，提高数据综合分析效率。

数据综合展示能够根据用户习惯定义扩展不同的布局展示模板，相关应用模板的基本说明，见表6-2。

表 6-2　各模板介绍

模板名称		控　件	说　明
工务模板	轨道几何波形	波形	轨道几何
	巡检历史对比	图像	巡检对比
	线路环境视频	视频	线路视频
	线路限界	点阵+视频	限界与线路视频
	轨道巡检	图像	轨道状态巡检
	轨巡对比	波形+图像	轨道几何与巡检对比
	三路视频	视频	线路视频
	四路视频	视频	线路视频
	轨巡多路	波形+图像	轨道几何与巡检对比
供电模板	几何与视频	波形+视频	接触网几何与弓网视频
	几何对比	波形	接触网几何对比
	接触网几何	波形	接触网几何
	视频对比	视频+	视频对比
	磁通量	波形+图像	接触网几何参数和轨道状态巡检
	接触网视频	视频	接触网视频
电务模板	轨旁设备图片	图像	轨旁信号设备巡检
	隧道漏缆图片	图像	隧道漏缆
关联融合模板	波形对比	波形+	接触网几何与轨道几何对比

（1）轨巡对比展示

轨巡对比展示，适用于轨道几何参数和单个通道的轨道状态巡检的融合分析，如图6-51所示，能够同步展示相同里程的轨道图像以及轨道几何波形的变化情况；能够展示单个轨道的连续多张巡检图像；用户也可以在地面进行回放展示。

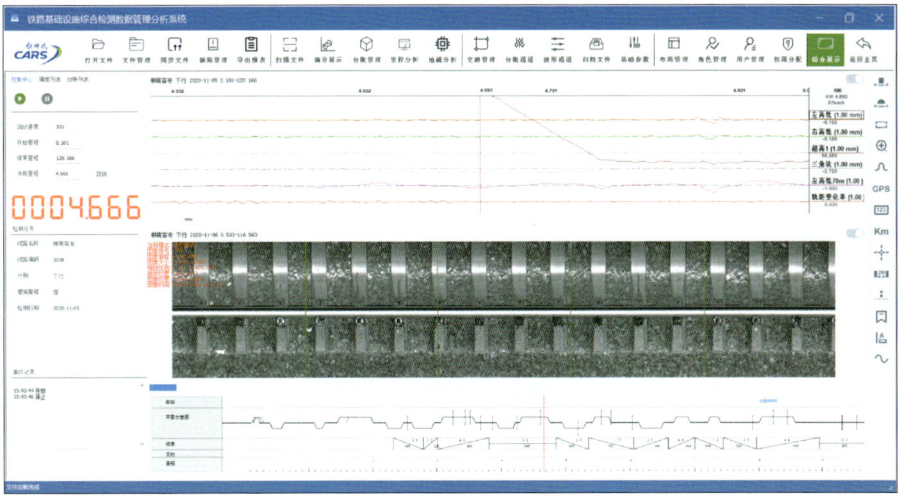

图 6-51 轨巡对比展示

（2）轨巡多路对比展示

轨巡多路对比展示，适用于轨道几何和多个通道的轨道状态巡检的融合分析，如图6-52所示，能够同步展示相同里程的轨道图像以及轨道几何波形的变化情况；能够展示多个轨道的巡检合成图像；用户也可以在地面进行回放展示。

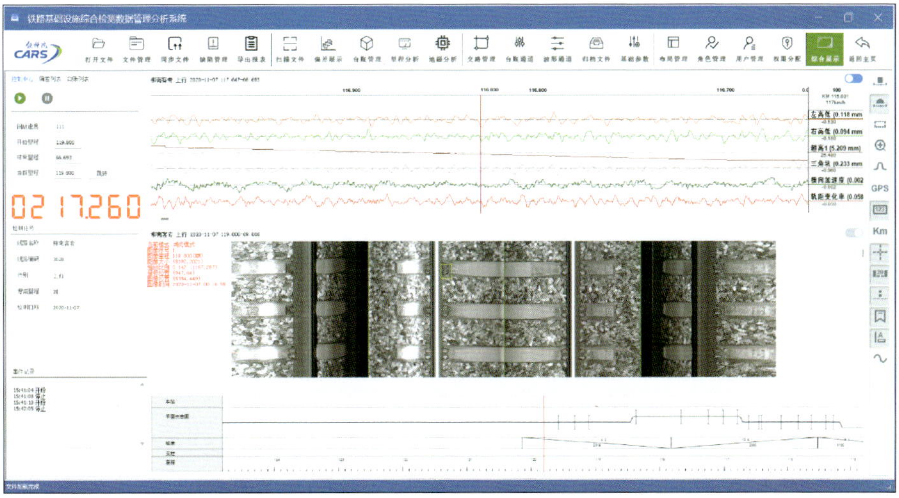

图 6-52 轨巡多路对比展示

（3）历史波形对比展示

历史波形对比展示，适用于轨道几何检测、接触网几何参数检测等专业的历史波形融合分析，如图6-53所示，能够同步展示相同里程的两次检测任务的轨道几何波形的变化情况；能够按照检测里程进行波形对齐展示；用户也可以在地面进行回放展示。

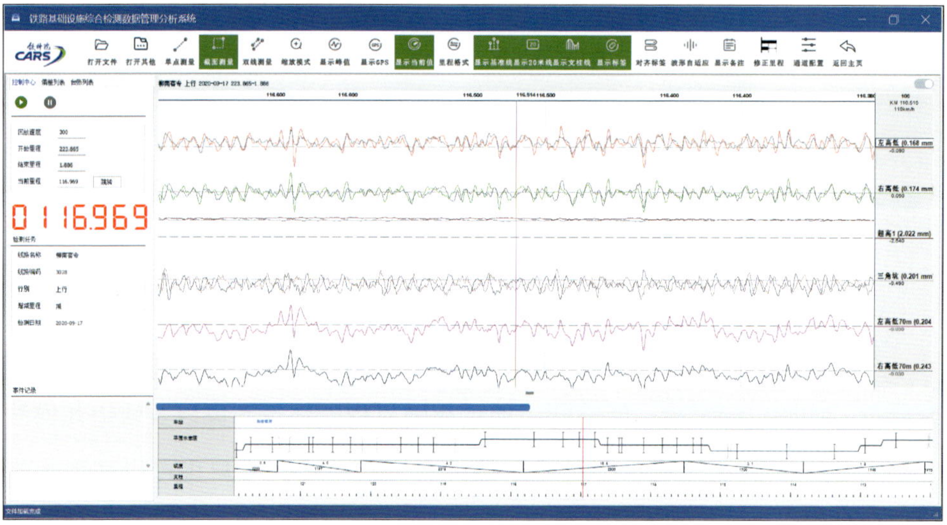

图 6-53　历史波形对比展示

（4）历史图像对比展示

历史图像对比展示，适用于两次历史检测的轨道巡检图像对比，系统采用图像识别智能算法，采用大数据算法智能避开里程检测误差，自动识别出两次检测的相同位置的巡检图像，快速识别轨道扣件、道岔等历史维修质量情况，如图6-54所示。

（5）线路环境视频展示

线路环境视频展示，适用于线路环境视频监测的分析，如图6-55所示，能够同步展示相同里程的线路环境视频以及相关的线路环境检测参数等字幕列表；用户也可以在地面进行回放展示。

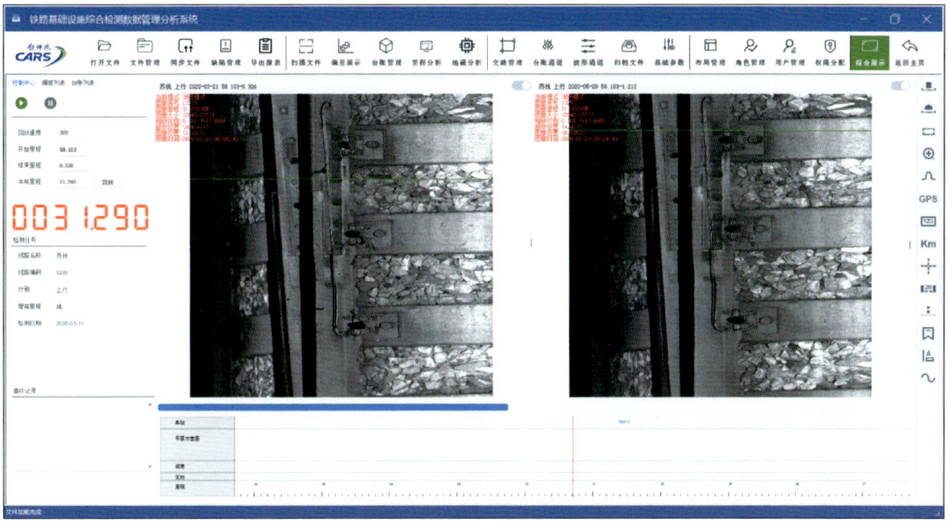

图 6-54　历史图像对比展示

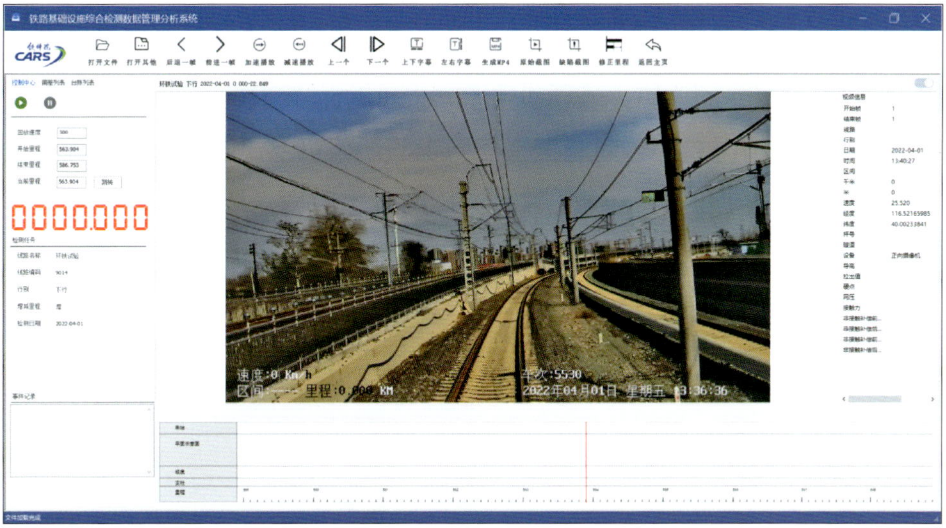

图 6-55　线路环境视频展示

（6）视频对比展示

视频对比展示，适用于对弓网视频监测、线路环境视频监测等多个视频的融合分析，如图6-56所示，能够同步展示相同里程的左弓网视频和右弓网视频；能够同步展示弓网视频图像以及相关的弓网检测参数等字幕列表；

用户也可以在地面进行回放展示。

图 6-56　视频对比展示

（7）接触网视频对比展示

接触网视频对比展示，适用于接触网几何参数检测和弓网视频监测的融合分析，如图6-57所示，能够同步展示相同里程的接触网几何参数以及弓网视频的变化情况；能够同时显示弓网视频图像以及接触网杆、检测参数等字幕列表；用户也可以在地面进行回放展示。

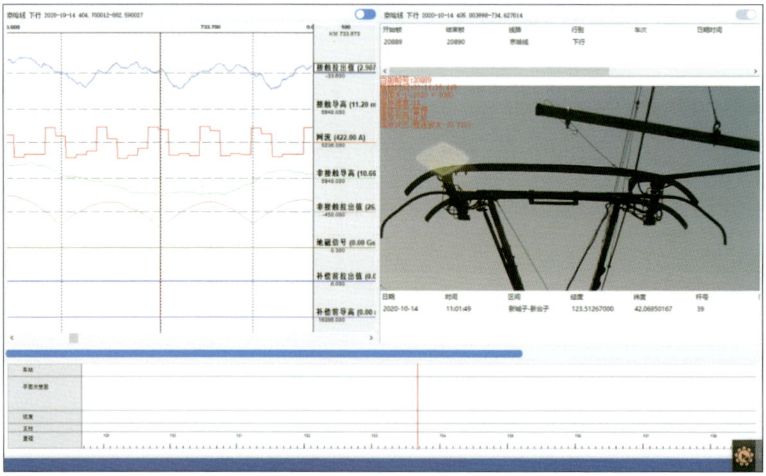

图 6-57　接触网视频对比展示

（8）轨检轮廓对比展示

轨检轮廓对比展示，适用于轨道几何检测和钢轨轮廓检测的融合分析，如图6-58所示，能够同步展示相同里程的轨道几何以及钢轨轮廓的变化情况；能够同时显示左轨轮廓和右轨轮廓图像。

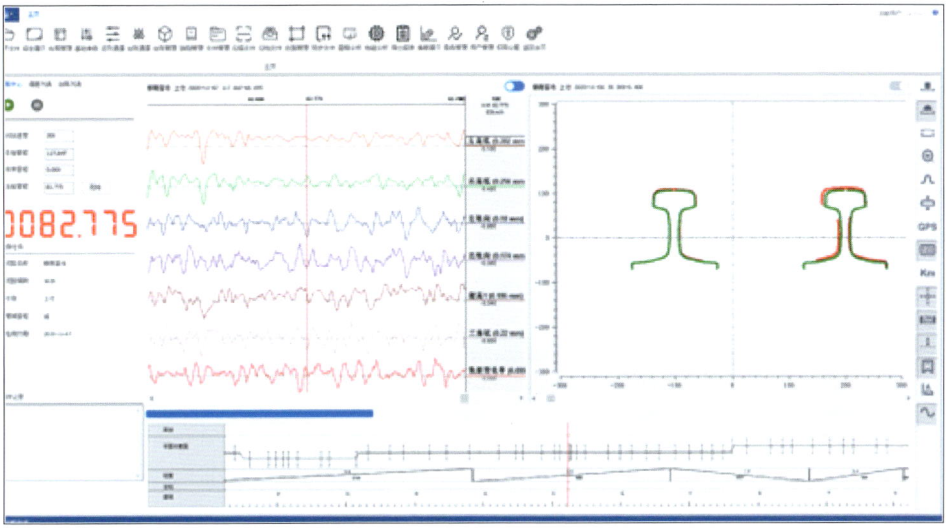

图 6-58 轨检轮廓对比展示

（9）限界视频对比展示

限界视频对比展示，适用于线路限界检测和环境视频监测的融合分析，如图6-59所示，能够同步展示相同里程的限界检测图像以及环境视频的变化情况；能够同时显示环境视频图像以及环境视频监测参数等字幕列表；用户也可以在地面进行回放展示。

（10）磁通量对比展示

磁通量对比展示，适用于接触网几何参数检测和轨道巡检检测的融合分析，能够同步展示相同里程的接触网几何参数以及地磁通道图像；能够按照地磁设备里程定位到接触网几何参数波形和轨道巡检图像位置，如地磁信号波形和地磁设备图像的同步展示，如图6-60所示。

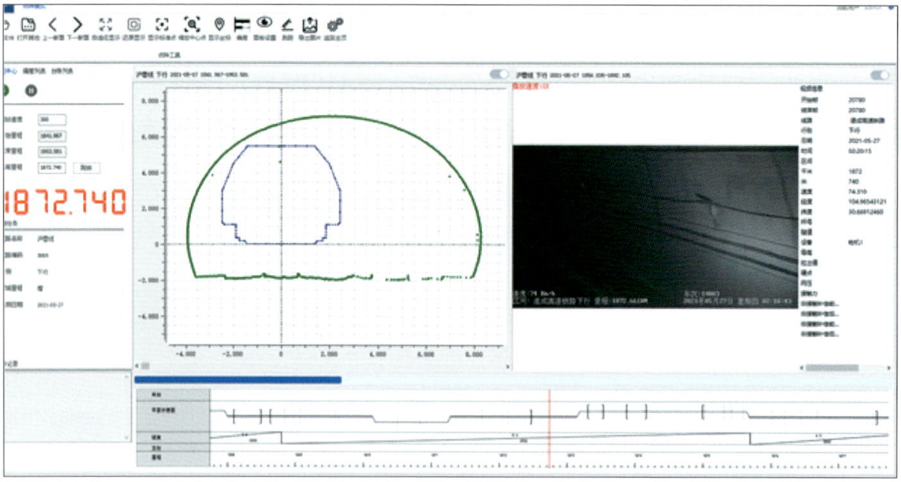

图 6-59　限界视频对比展示

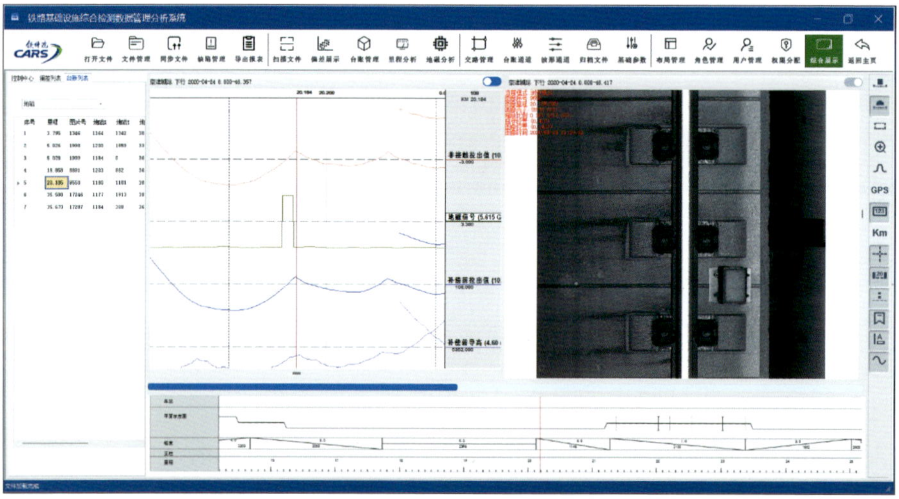

图 6-60　磁通量对比展示

（11）台账定位展示

台账定位展示，适用于各类检测专业和基础设施台账的融合分析，如图6-61所示，能够同步展示相同里程的轨道几何参数以及台账通道图像；能够按照台账里程定位到轨道几何波形位置，如曲线台账和超高通道的同步展示；用户也可以在地面进行回放展示。

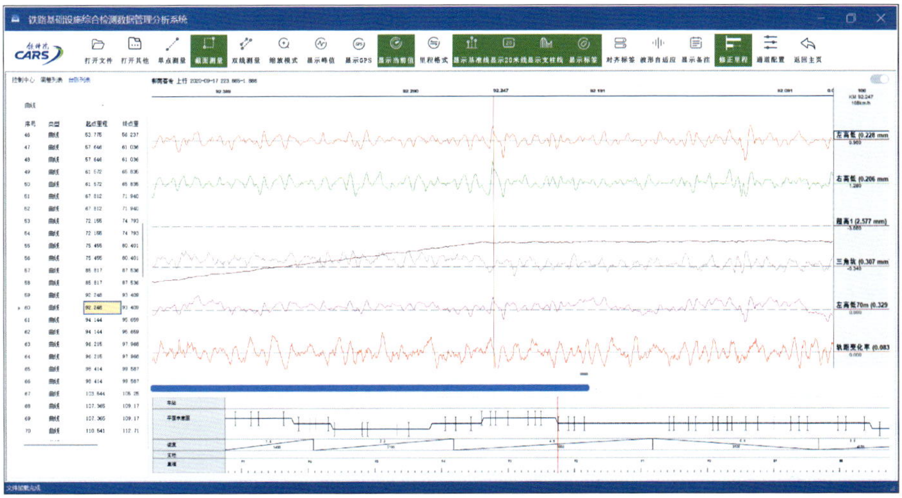

图 6-61 台账定位展示

（12）偏差定位展示

偏差定位展示，适用于各类检测专业和基础设施台账的融合分析，如图6-62所示，能够同步展示相同里程的巡检缺陷以及轨道巡检图像；能够按照缺陷里程定位到轨道巡检图像位置，如扣件异常缺陷和左轨通道巡检图像的同步展示。

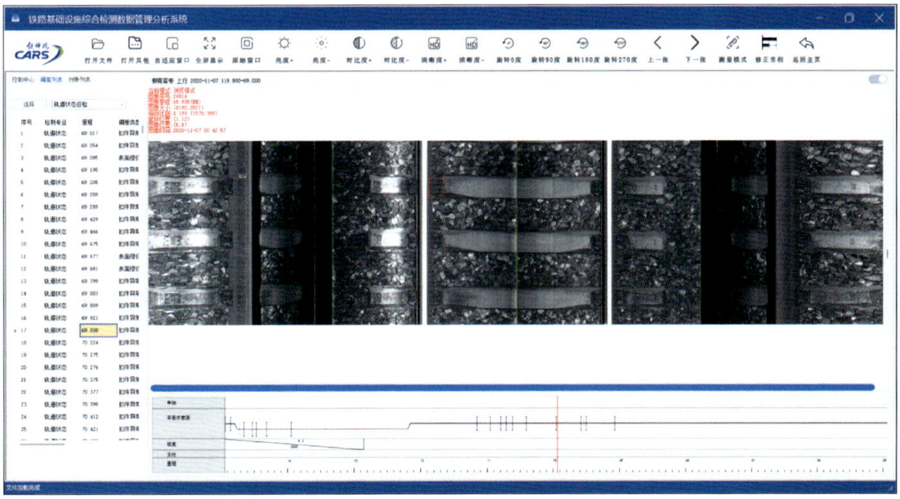

图 6-62 偏差定位展示

（13）偏差综合展示

偏差综合展示，适用于各类检测专业的偏差数据和基础设施台账的融合分析，如图6-63所示，能够按照台账类型分别在不同通道以不同颜色同步展示台账平面示意图；能够用色阶图按照线路显示偏差里程分布；能够用色阶图按照偏差类型和通道显示偏差里程分布；能够按照柱状图显示不同检测专业的偏差数量变化情况；能够按照缺陷表格显示不同专业的详细缺陷数量和类型等。

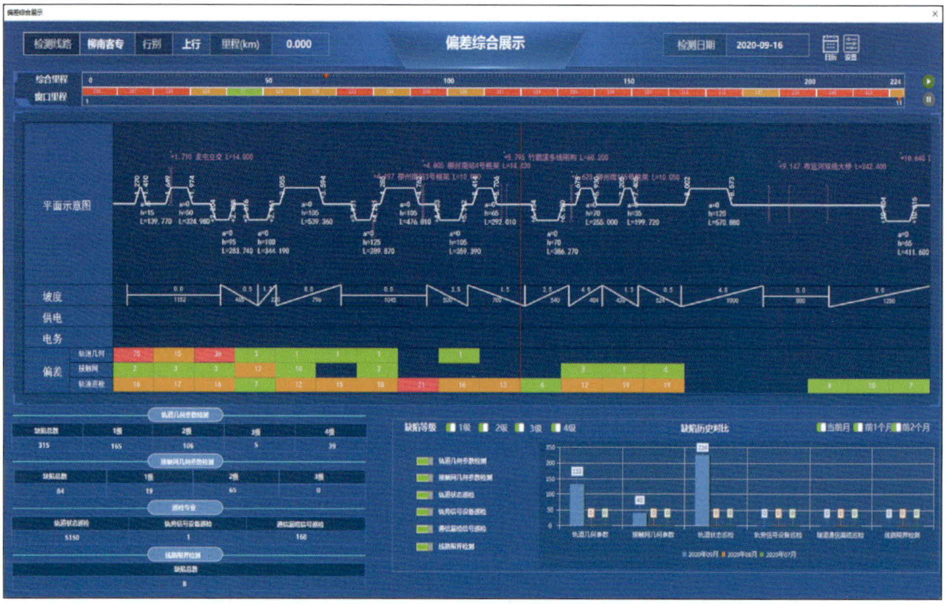

图 6-63　偏差综合展示

3. 数据报表

综合分析报表涵盖了轨道几何参数检测、接触网几何参数、接触网图像分析、线路限界检测、轨道状态巡检、轨旁信号设备巡检、隧道通信漏缆巡检等检测专业偏差分析功能，主要依托地面中心强大的检测数据分析处理能力，将海量检测数据进行综合性分析及评估，在分析过程中能够全面提供数据综合统计、历史数据对比及数据关联关系分析等能力。为检测人员日常检测分析能力，提供有效精准的综合统计分析表，如图6-64所示。

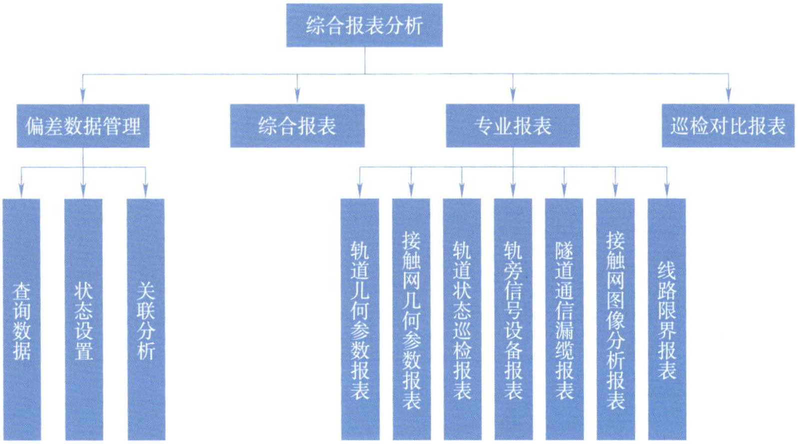

图 6-64 报表功能结构

（1）偏差数据管理

将地面中心各专业的分析数据以增量的方式同步到中央数据库中，并对偏差数据关联的部分数据信息进行补充修正，如：检测记录、检测任务号、检测文件路径、同步时间等信息，可保障偏差数据的统一性和完整性。存储后的偏差数据按照检测专业进行归类，支持按照检索条件对偏差数据以列表形式进行查询展示、状态设置、里程修正、数据表导出及数据发布等。同时还具备相同检测专业历史数据对比，不同专业存在的关联关系分析能力。

（2）偏差列表展示

按照检索条件依次将各专业的偏差数据以列表形式呈现，详细展示各专业偏差数据，包括：线路名称、行别、检测日期、检测里程、偏差值、偏差等级、偏差类型、偏差专业、偏差文件位置等信息，如图6-65所示。

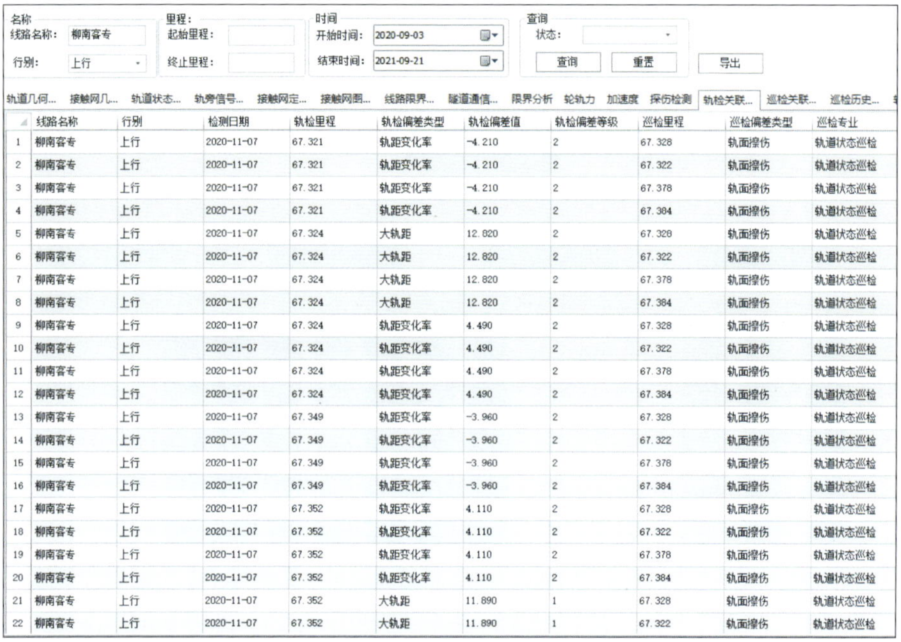

名称 线路名称：柳南客专 行别：上行 | 里程：起始里程： 终止里程： | 时间 开始时间：2020-09-03 结束时间：2021-09-21 | 查询 状态： 查询 重置 导出

轨道几何… 接触网几… 轨道状态… 轨旁信号… 接触网定… 接触网图… 线路限界… 隧道通信… 限界分析 轮轨力 加速度 探伤检测 轨检关联… 巡检关联… 巡检历史…

	线路名称	行别	检测日期	轨检里程	轨检偏差类型	轨检偏差值	轨检偏差等级	巡检里程	巡检偏差类型	巡检专业
1	柳南客专	上行	2020-11-07	67.321	轨距变化率	-4.210	2	67.328	轨面擦伤	轨道状态巡检
2	柳南客专	上行	2020-11-07	67.321	轨距变化率	-4.210	2	67.322	轨面擦伤	轨道状态巡检
3	柳南客专	上行	2020-11-07	67.321	轨距变化率	-4.210	2	67.378	轨面擦伤	轨道状态巡检
4	柳南客专	上行	2020-11-07	67.321	轨距变化率	-4.210	2	67.384	轨面擦伤	轨道状态巡检
5	柳南客专	上行	2020-11-07	67.324	大轨距	12.820	2	67.328	轨面擦伤	轨道状态巡检
6	柳南客专	上行	2020-11-07	67.324	大轨距	12.820	2	67.322	轨面擦伤	轨道状态巡检
7	柳南客专	上行	2020-11-07	67.324	大轨距	12.820	2	67.378	轨面擦伤	轨道状态巡检
8	柳南客专	上行	2020-11-07	67.324	大轨距	12.820	2	67.384	轨面擦伤	轨道状态巡检
9	柳南客专	上行	2020-11-07	67.324	轨距变化率	4.490	2	67.328	轨面擦伤	轨道状态巡检
10	柳南客专	上行	2020-11-07	67.324	轨距变化率	4.490	2	67.322	轨面擦伤	轨道状态巡检
11	柳南客专	上行	2020-11-07	67.324	轨距变化率	4.490	2	67.378	轨面擦伤	轨道状态巡检
12	柳南客专	上行	2020-11-07	67.324	轨距变化率	4.490	2	67.384	轨面擦伤	轨道状态巡检
13	柳南客专	上行	2020-11-07	67.349	轨距变化率	-3.960	2	67.328	轨面擦伤	轨道状态巡检
14	柳南客专	上行	2020-11-07	67.349	轨距变化率	-3.960	2	67.322	轨面擦伤	轨道状态巡检
15	柳南客专	上行	2020-11-07	67.349	轨距变化率	-3.960	2	67.378	轨面擦伤	轨道状态巡检
16	柳南客专	上行	2020-11-07	67.349	轨距变化率	-3.960	2	67.384	轨面擦伤	轨道状态巡检
17	柳南客专	上行	2020-11-07	67.352	轨距变化率	4.110	2	67.328	轨面擦伤	轨道状态巡检
18	柳南客专	上行	2020-11-07	67.352	轨距变化率	4.110	2	67.322	轨面擦伤	轨道状态巡检
19	柳南客专	上行	2020-11-07	67.352	轨距变化率	4.110	2	67.378	轨面擦伤	轨道状态巡检
20	柳南客专	上行	2020-11-07	67.352	轨距变化率	4.110	2	67.384	轨面擦伤	轨道状态巡检
21	柳南客专	上行	2020-11-07	67.352	大轨距	11.890	1	67.328	轨面擦伤	轨道状态巡检
22	柳南客专	上行	2020-11-07	67.352	大轨距	11.890	1	67.322	轨面擦伤	轨道状态巡检

图 6-65　偏差列表展示

（3）里程修正

检测数据中的里程会出现一定范围的误差，里程修正是以每个区段内计算出的误差值进行计算修正，里程修正功能会以每个区段的误差值修正该区段内所有偏差里程的值，如图6-66所示。

轨道几何参数检测 接触网几何参数检测 轨道状态巡检 轨旁信号设备巡检 接触网定位器坡度巡检 接触网图像分析 线路限界检测 隧道通信漏缆巡检 限界分析 轮轨力 加速度 探伤检测 轨检关联巡检 巡检关联轨检 巡检历史对比 轨检历史对比

	线路名称	行别	检测日期	检测时间	偏差里程(KM)	修正里程	图片号	偏差类型	偏差状态	分析结果文件	原始文件
16	柳南客专	上行	2020-11-07	00:16:59	68.868	68.902	27282	轨面擦伤	有效	V:\综合巡检车数据\分析结果\20201107\轨道状态巡检\2043595_27282.jpg	V:\综合巡检车
17	柳南客专	上行	2020-11-07	00:16:59	68.147	68.187	25703	轨面擦伤	有效	V:\综合巡检车数据\分析结果\20201107\轨道状态巡检\2043575_25703.jpg	V:\综合巡检车
18	柳南客专	上行	2020-11-07	00:16:59	68.401	68.439	25576	轨面擦伤	有效	…数据\分析结果\20201107\轨道状态巡检\2043574_25576.jpg	V:\综合巡检车
19	柳南客专	上行	2020-11-07	00:16:59	68.673	68.709	25440	轨面擦伤	有效	…数据\分析结果\20201107\轨道状态巡检\2043572_25440.jpg	V:\综合巡检车
20	柳南客专	上行	2020-11-07	00:16:59	68.142	68.182	26919	轨面擦伤	有效	…数据\分析结果\20201107\轨道状态巡检\2043588_26919.jpg	V:\综合巡检车
21	柳南客专	上行	2020-11-07	00:16:59	68.058	68.099	26877	轨面擦伤	有效	V:\综合巡检车数据\分析结果\20201107\轨道状态巡检\2043587_26877.jpg	V:\综合巡检车
22	柳南客专	上行	2020-11-07	00:16:59	68.882	68.916	27289	轨面擦伤	有效	V:\综合巡检车数据\分析结果\20201107\轨道状态巡检\2043604_27289.jpg	V:\综合巡检车
23	柳南客专	上行	2020-11-07	00:16:59	68.646	68.682	27171	轨面擦伤	有效	V:\综合巡检车数据\分析结果\20201107\轨道状态巡检\2043602_27171.jpg	V:\综合巡检车
24	柳南客专	上行	2020-11-07	00:16:59	69.869	69.895	27782	轨面擦伤	有效	V:\综合巡检车数据\分析结果\20201107\轨道状态巡检\2043600_27782.jpg	V:\综合巡检车
25	柳南客专	上行	2020-11-07	00:16:59	69.741	69.768	27718	轨面擦伤	有效	V:\综合巡检车数据\分析结果\20201107\轨道状态巡检\2043599_27718.jpg	V:\综合巡检车
26	柳南客专	上行	2020-11-07	00:16:59	69.279	69.310	27487	轨面擦伤	有效	V:\综合巡检车数据\分析结果\20201107\轨道状态巡检\2043598_27487.jpg	V:\综合巡检车
27	柳南客专	上行	2020-11-07	00:16:59	69.171	69.203	27433	轨面擦伤	有效	V:\综合巡检车数据\分析结果\20201107\轨道状态巡检\2043597_27433.jpg	V:\综合巡检车
28	柳南客专	上行	2020-11-07	00:16:59	69.653	69.681	27674	轨面擦伤	有效	V:\综合巡检车数据\分析结果\20201107\轨道状态巡检\2043611_27674.jpg	V:\综合巡检车
29	柳南客专	上行	2020-11-07	00:16:59	69.311	69.342	27503	轨面擦伤	有效	V:\综合巡检车数据\分析结果\20201107\轨道状态巡检\2043608_27503.jpg	V:\综合巡检车
30	柳南客专	上行	2020-11-07	00:16:59	69.305	69.336	27500	轨面擦伤	有效	V:\综合巡检车数据\分析结果\20201107\轨道状态巡检\2043607_27500.jpg	V:\综合巡检车
31	柳南客专	上行	2020-11-07	00:16:59	69.745	69.772	24904	轨面擦伤	有效	V:\综合巡检车数据\分析结果\20201107\轨道状态巡检\2043562_24904.jpg	V:\综合巡检车
32	柳南客专	上行	2020-11-07	00:16:59	69.681	69.709	24936	轨面擦伤	有效	V:\综合巡检车数据\分析结果\20201107\轨道状态巡检\2043573_24936.jpg	V:\综合巡检车
33	柳南客专	上行	2020-11-07	00:16:59	69.873	69.899	24840	轨面擦伤	有效	V:\综合巡检车数据\分析结果\20201107\轨道状态巡检\2043558_24840.jpg	V:\综合巡检车
34	柳南客专	上行	2020-11-07	00:16:59	69.982	70.007	24792	轨面擦伤	有效	V:\综合巡检车数据\分析结果\20201107\轨道状态巡检\2043557_24792.jpg	V:\综合巡检车
35	柳南客专	上行	2020-11-07	00:16:59	69.847	69.873	24853	轨面擦伤	有效	V:\综合巡检车数据\分析结果\20201107\轨道状态巡检\2043560_24853.jpg	V:\综合巡检车
36	柳南客专	上行	2020-11-07	00:16:59	69.191	69.223	25181	轨面擦伤	有效	V:\综合巡检车数据\分析结果\20201107\轨道状态巡检\2043578_25181.jpg	V:\综合巡检车
37	柳南客专	上行	2020-11-07	00:16:59	69.269	69.300	25142	轨面擦伤	有效	V:\综合巡检车数据\分析结果\20201107\轨道状态巡检\2043577_25142.jpg	V:\综合巡检车
38	柳南客专	上行	2020-11-07	00:16:59	69.307	69.338	25123	轨面擦伤	有效	V:\综合巡检车数据\分析结果\20201107\轨道状态巡检\2043576_25123.jpg	V:\综合巡检车
39	柳南客专	上行	2020-11-07	00:16:59	69.165	69.197	25194	轨面擦伤	有效	V:\综合巡检车数据\分析结果\20201107\轨道状态巡检\2043570_25194.jpg	V:\综合巡检车
40	柳南客专	上行	2020-11-07	00:16:59	69.183	69.215	25105	轨面擦伤	有效	V:\综合巡检车数据\分析结果\20201107\轨道状态巡检\2043569_25105.jpg	V:\综合巡检车
41	柳南客专	上行	2020-11-07	00:16:59	69.283	69.314	25135	轨面擦伤	有效	V:\综合巡检车数据\分析结果\20201107\轨道状态巡检\2043568_25135.jpg	V:\综合巡检车
42	柳南客专	上行	2020-11-07	00:16:59	70.460	70.481	24553	轨面擦伤	有效	V:\综合巡检车数据\分析结果\20201107\轨道状态巡检\2043567_24553.jpg	V:\综合巡检车

有效 无效 待确认

图 6-66　里程修正

（4）列表数据导出

根据检索条件所呈现出各专业的偏差数据，可利用导出功能将偏差数据以Excel列表的形式导出，方便数据汇总分析，如图6-67所示。

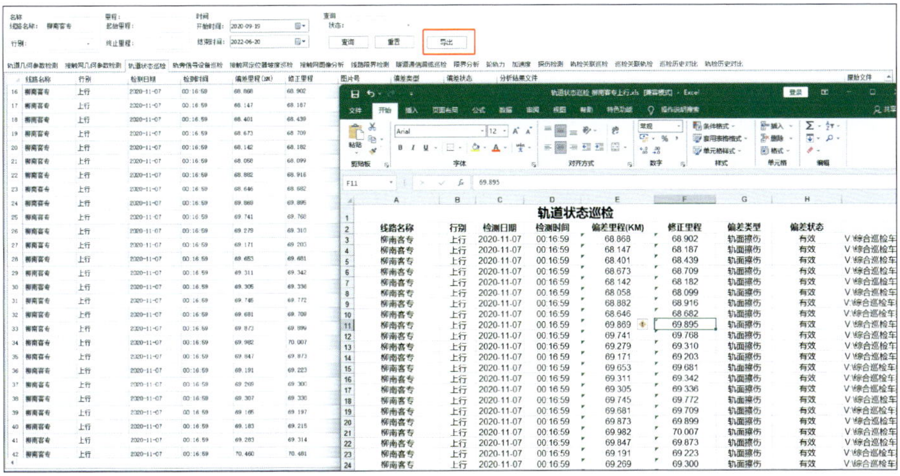

图 6-67 列表数据导出

（5）偏差数据发布

偏差数据一般仅仅以SQLServer数据库的形式，存储在内网服务器数据库中。不利于数据交流试验所用，因此利用发布功能，将选中的数据以CCF文件的形式进行导出，如图6-68所示。

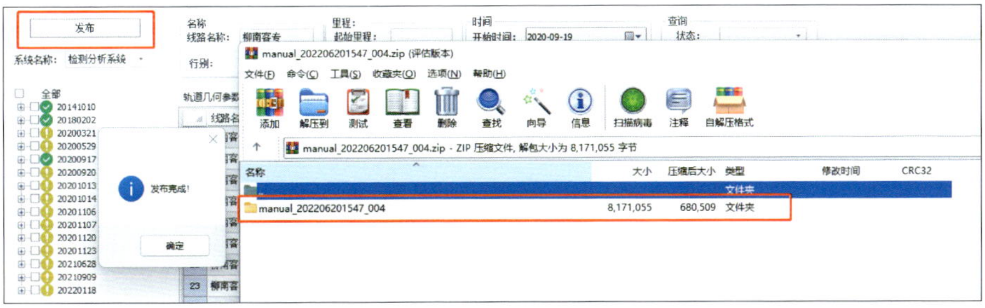

图 6-68 偏差数据发布

（6）历史数据对比

将同条线路、相同里程范围内的不同日期的检测分析数据进行对比，可有效反馈当前检测数据与历史检测数据的详情。如图6-69所示。

	线路名称	行别	检测日期	对比日期	偏差里程(KM)	对比偏差里程	修正里程	对比修正里程	偏差类型	对比偏差类型	偏差状态
1	柳南客专	上行	2020-11-07	2020-09-17	74.324	74.289	74.340	74.279	轨面擦伤	轨面擦伤	1
2	柳南客专	上行	2020-11-07	2020-09-17	74.266	74.289	74.281	74.279	轨面擦伤	轨面擦伤	1
3	柳南客专	上行	2020-11-07	2020-09-17	74.197	74.289	74.212	74.279	轨面擦伤	轨面擦伤	1
4	柳南客专	上行	2020-11-07	2020-09-17	74.217	74.289	74.232	74.279	轨面擦伤	轨面擦伤	1
5	柳南客专	上行	2020-11-07	2020-09-17	74.343	74.289	74.359	74.279	轨面擦伤	轨面擦伤	1
6	柳南客专	上行	2020-11-07	2020-09-17	74.324	74.323	74.340	74.313	轨面擦伤	轨面擦伤	1
7	柳南客专	上行	2020-11-07	2020-09-17	74.266	74.323	74.281	74.313	轨面擦伤	轨面擦伤	1
8	柳南客专	上行	2020-11-07	2020-09-17	74.343	74.323	74.359	74.313	轨面擦伤	轨面擦伤	1
9	柳南客专	上行	2020-11-07	2020-09-17	116.599	116.505		116.493	扣件移位	轨面擦伤	1
10	柳南客专	上行	2020-11-07	2020-09-17	116.475	116.505		116.493	扣件移位	轨面擦伤	1
11	柳南客专	上行	2020-11-07	2020-09-17	116.537	116.505		116.493	轨面擦伤	轨面擦伤	1
12	柳南客专	上行	2020-11-07	2020-09-17	116.577	116.505		116.493	轨面擦伤	轨面擦伤	1
13	柳南客专	上行	2020-11-07	2020-09-17	116.531	116.505		116.493	轨面擦伤	轨面擦伤	1
14	柳南客专	上行	2020-11-07	2020-09-17	116.545	116.505		116.493	轨面擦伤	轨面擦伤	1
15	柳南客专	上行	2020-11-07	2020-09-17	113.921	113.967		113.957	扣件移位	扣件移位	1
16	柳南客专	上行	2020-11-07	2020-09-17	113.921	113.967		113.957	扣件移位	扣件移位	1
17	柳南客专	上行	2020-11-07	2020-09-17	113.949	113.967		113.957	扣件移位	扣件移位	1
18	柳南客专	上行	2020-11-07	2020-09-17	113.997	113.967		113.957	扣件移位	扣件移位	1
19	柳南客专	上行	2020-11-07	2020-09-17	114.047	113.967		113.957	扣件移位	扣件移位	1
20	柳南客专	上行	2020-11-07	2020-09-17	113.875	113.967		113.957	扣件移位	扣件移位	1
21	柳南客专	上行	2020-11-07	2020-09-17	113.909	113.967		113.957	扣件移位	扣件移位	1

图 6-69　历史数据对比

（7）关联对比

将轨道几何与轨道状态每次的检测分析数据进行对比，查看同里程范围内的偏差数据关联反馈情况，如图6-70所示。

	线路名称	行别	检测日期	轨检里程	轨检偏差类型	轨检偏差值	轨检偏差等级	巡检里程	巡检偏差类型	巡检专业
1	柳南客专	上行	2020-11-07	67.321	轨距变化率	-4.210	2	67.328	轨面擦伤	轨道状态巡检
2	柳南客专	上行	2020-11-07	67.321	轨距变化率	-4.210	2	67.322	轨面擦伤	轨道状态巡检
3	柳南客专	上行	2020-11-07	67.321	轨距变化率	-4.210	2	67.378	轨面擦伤	轨道状态巡检
4	柳南客专	上行	2020-11-07	67.321	轨距变化率	-4.210	2	67.384	轨面擦伤	轨道状态巡检
5	柳南客专	上行	2020-11-07	67.324	大轨距	12.820	2	67.328	轨面擦伤	轨道状态巡检
6	柳南客专	上行	2020-11-07	67.324	大轨距	12.820	2	67.322	轨面擦伤	轨道状态巡检
7	柳南客专	上行	2020-11-07	67.324	大轨距	12.820	2	67.378	轨面擦伤	轨道状态巡检
8	柳南客专	上行	2020-11-07	67.324	大轨距	12.820	2	67.384	轨面擦伤	轨道状态巡检
9	柳南客专	上行	2020-11-07	67.324	轨距变化率	4.490	2	67.328	轨面擦伤	轨道状态巡检
10	柳南客专	上行	2020-11-07	67.324	轨距变化率	4.490	2	67.322	轨面擦伤	轨道状态巡检
11	柳南客专	上行	2020-11-07	67.324	轨距变化率	4.490	2	67.378	轨面擦伤	轨道状态巡检
12	柳南客专	上行	2020-11-07	67.324	轨距变化率	4.490	2	67.384	轨面擦伤	轨道状态巡检
13	柳南客专	上行	2020-11-07	67.349	轨距变化率	-3.960	2	67.328	轨面擦伤	轨道状态巡检
14	柳南客专	上行	2020-11-07	67.349	轨距变化率	-3.960	2	67.322	轨面擦伤	轨道状态巡检
15	柳南客专	上行	2020-11-07	67.349	轨距变化率	-3.960	2	67.378	轨面擦伤	轨道状态巡检
16	柳南客专	上行	2020-11-07	67.349	轨距变化率	-3.960	2	67.384	轨面擦伤	轨道状态巡检
17	柳南客专	上行	2020-11-07	67.352	轨距变化率	4.110	2	67.328	轨面擦伤	轨道状态巡检
18	柳南客专	上行	2020-11-07	67.352	轨距变化率	4.110	2	67.322	轨面擦伤	轨道状态巡检
19	柳南客专	上行	2020-11-07	67.352	轨距变化率	4.110	2	67.378	轨面擦伤	轨道状态巡检
20	柳南客专	上行	2020-11-07	67.352	轨距变化率	4.110	2	67.384	轨面擦伤	轨道状态巡检
21	柳南客专	上行	2020-11-07	67.352	大轨距	11.890	1	67.328	轨面擦伤	轨道状态巡检
22	柳南客专	上行	2020-11-07	67.352	大轨距	11.890	1	67.322	轨面擦伤	轨道状态巡检

图 6-70　关联对比

4. 导出报表

检测数据报表主要是依托地面中心强大的分析处理能力，将检测数据进行综合性分析及评估，在分析过程中能够全面提供数据综合统计、历史数据对比及数据关联关系分析等能力，可提供有效精准的综合统计分析表、检测专业分析表及巡检历史对比表。检测数据报表中涵盖了轨道几何参数检测、接触网几何参数、接触网图像分析、线路限界检测、轨道状态巡检、轨旁信号设备巡检、隧道通信漏缆巡检等检测专业偏差分析能力。如下所示。

（1）综合分析表

涵盖了多个检测专业的综合数据统计分析，按照检索条件将一次检测任务，或一个时期内所有的检测任务的偏差情况进行分析汇总，其中包括总体汇总各专业的检测详情、历史数据对比、轨检与巡检偏差的关联对比等，如图6-71所示。

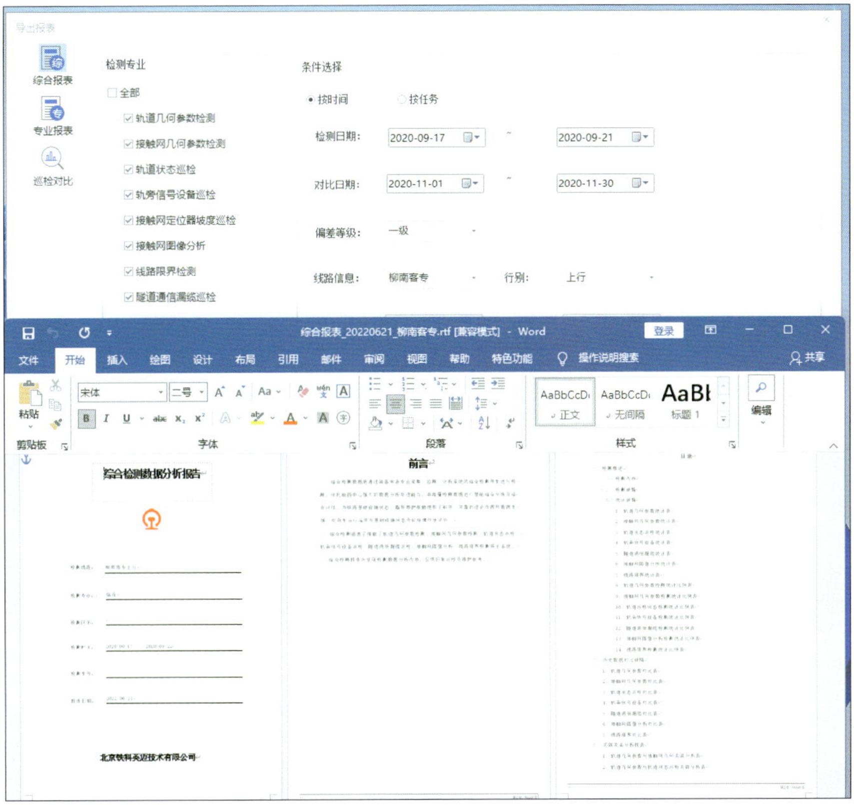

图 6-71　综合分析表

（2）检测数据表

详细的将各专业的检测数据进行单专业的汇总，包含该专业检测详情汇总与同里程图像类历史数据对比等，如图6-72所示。

图 6-72　检测数据表

（3）巡检对比表

详细对比轨道状态巡检同里程范围内两次检测任务的偏差图像数据，如图6-73所示。

图 6-73　巡检对比表

6.2.6　常见故障及处理方法

1. 数据归集

（1）KB2533623驱动程序安装失败

启动任务管理器，打开服务，找到Windows Update服务，右键打开属性，把启动类型从禁用更改为自动并启动此服务即可，然后重新安装KB2533623驱动，如图6-74所示。

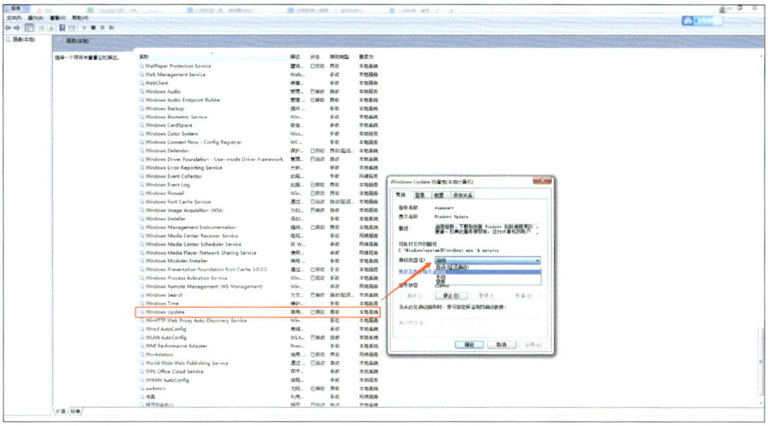

图 6-74　系统任务设置

（2）任务的同步状态为等待客户端链接

任务启动后，根据任务的同步状态进行排查，如图6-75和图6-76所示，同步状态为等待客户端链接，说明客户端那边出现了差错，在任务对应的服务器中检测客户端有没有启动。

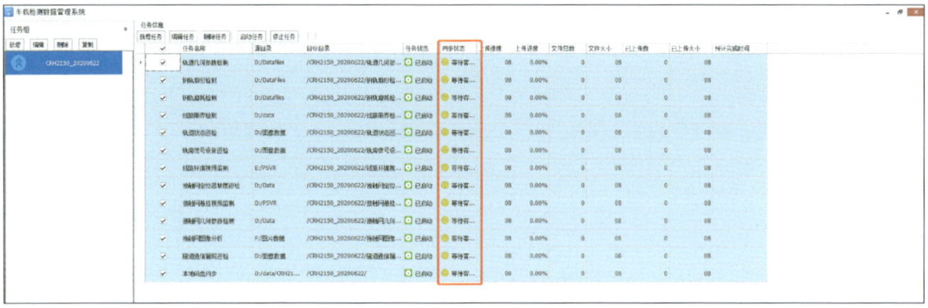

图 6-75　客户端连接状态

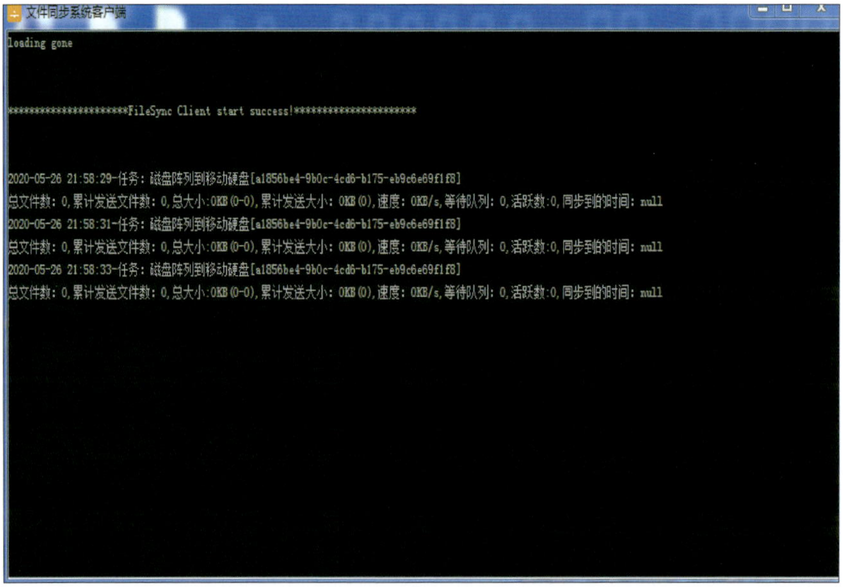

图 6-76　检查客户端运行状态

（3）没有传输数据文件

任务启动后，发现同步状态为已上传完成，上传速度、上传大小和已上传数据都为0，如图6-77所示。

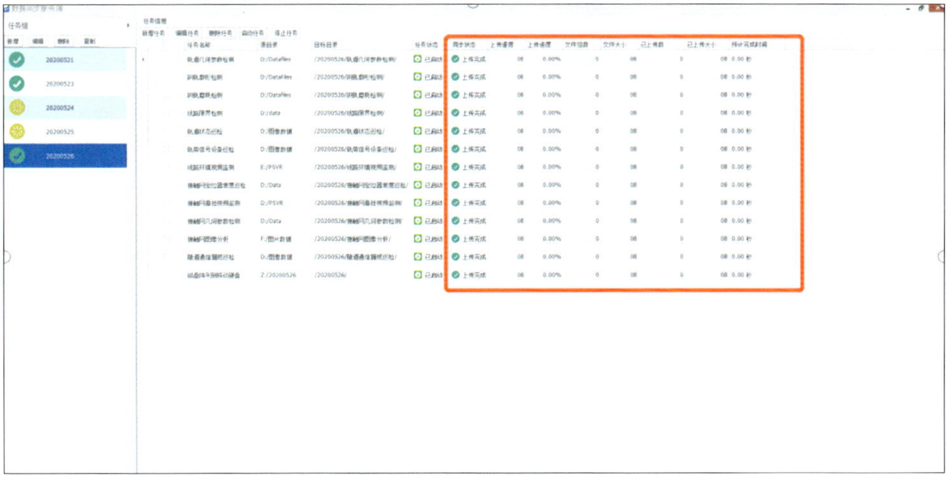

图 6-77　服务端同步状态为 0

这种情况就是任务组的过滤时间设置不对，首先停止所有任务，选中任务组点击编辑，修改为正确过滤时间，最后启动所有任务即可，如图6-78所示。

图 6-78　设置过滤时间范围

（4）清理客户端日志文件

Log文件每天都有增加记录的日志文件，长时间不清理占用存储空间，影响运行，建议定期清理，删除即可，如图6-79所示。

图 6-79 清除日志文件

2. 综合展示

（1）打开系统软件 CDVMS.exe，提示波形组件初始化失败。

原因是WaveActive.ocx控件自动注册失败，需手动注册。首先，进入软件安装目录，使用regsvr32命令注册即可，示例如下：

“以管理员身份运行”“命令提示符（cmd）”，输入regsvr32 程序所在路径\WaveActive.ocx，然后回车即可。

如，regsvr32 E:\CDDASV0.6.6\CDDASV0.6.6\WaveActive.ocx

（2）有些Windows系统长期运行软件时，内存一直增长，此时需要安装内存管理补丁。

①解压DynCache.zip补丁文件后，如图6-80所示。

②将\DynCache\Retail\AMD64\DynCache.exe复制到系统System32路径下，如图6-81所示。

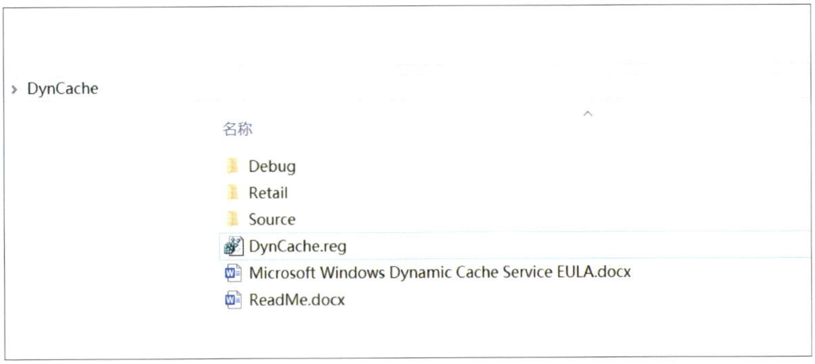

图 6-80 内存管理补丁

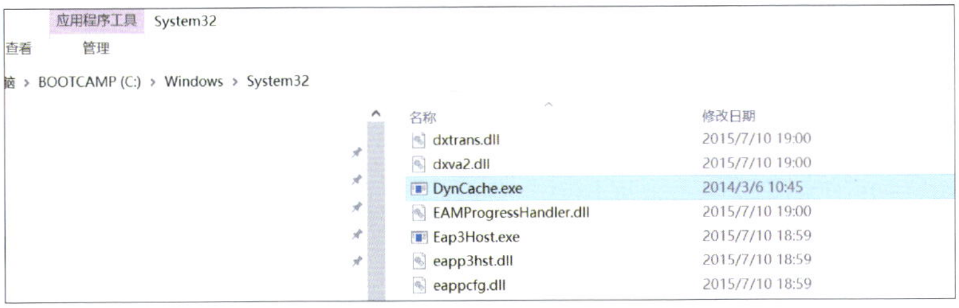

图 6-81 复制路径

③以管理员身份打开命令行工具cmd，在命令行工具中输入如下命令，输入命令回车，启动补丁程序：

sc create DynCache binpath=%SystemRoot%\System32\DynCache.exe start=auto type=own DisplayName="Dynamic Cache Service"，如图6-82所示。

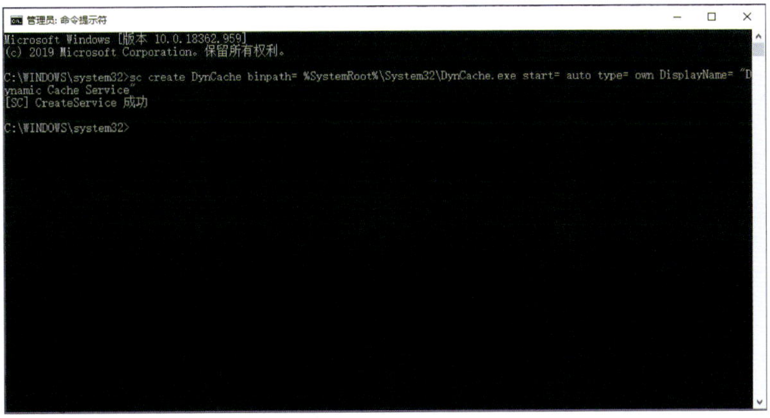

图 6-82 运行 cmd

④双击DynCache.reg导入注册信息，单击“是”即可，如图6-83所示。

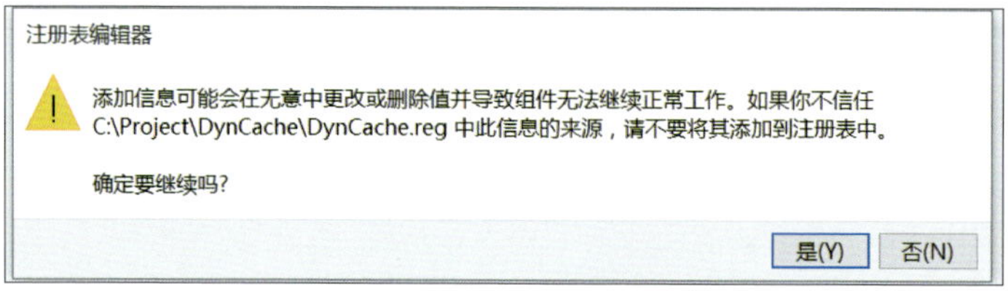

图 6-83　导入注册信息

⑤打开注册表工具regedit.exe，修改注册表信息。

HKEY_LOCAL_MACHINE\SYSTEM\CurrentControlSet\Services\DynCache\Parameters。

双击MaxSystemCacheMBytes设置系统最大缓存为200 MB，电脑内存够大的话可以设置400或者600都可以，如图6-84所示。

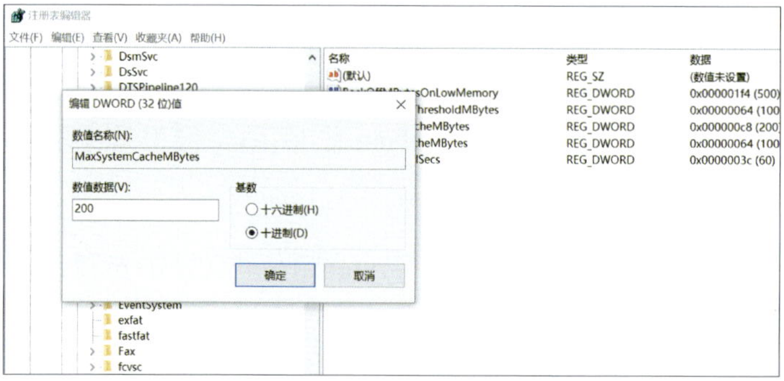

图 6-84　修改注册值

至此，系统内存管理补丁完成。

（3）应用软件找不到映射的网络驱动器解决办法。

从Windows功能打开SMB直通并编辑名为EnableLinkedConnections的注册表项。

打开“程序和功能”里的“启用或关闭Windows功能”，“SMB直通”前打上勾，如图6-85所示。

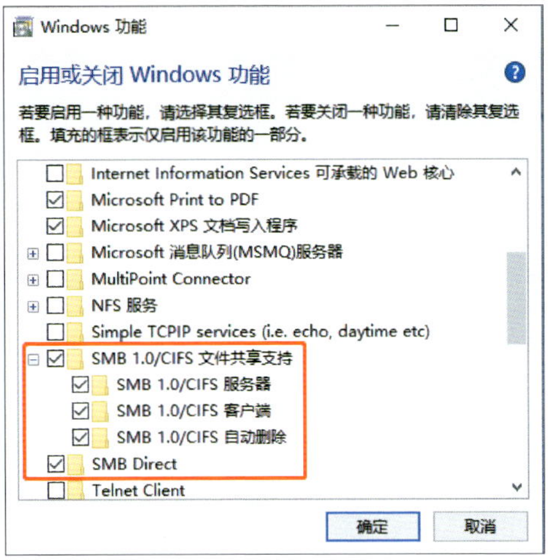

图 6-85　启动功能

注册表创建EnableLinkedConnections，步骤如下：

①单击“开始”，在“运行”框中（或者win徽标+R）键入regedit，然后按Enter。

②找到并右键单击注册表子项HKEY_LOCAL_MACHINE\SOFTWARE\Microsoft\Windows\CurrentVersion\Policies\System。

③指向“新建”，然后单击“DWORD值”，如图6-86所示。

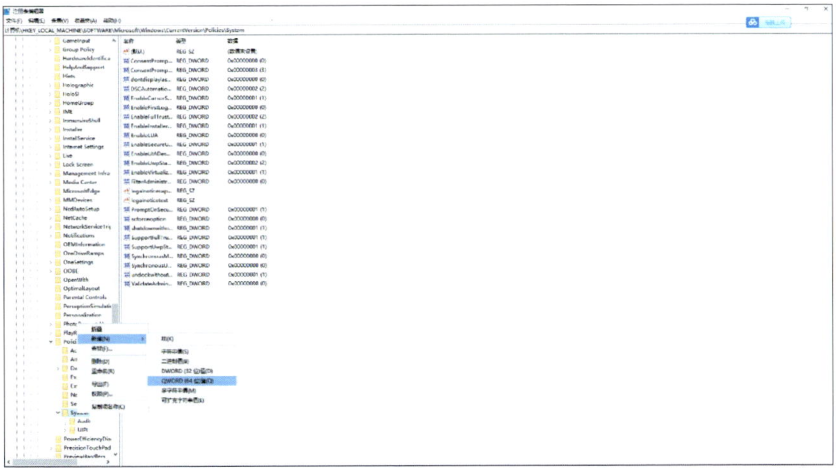

图 6-86　注册表创建（一）

④键入EnableLinkedConnections，然后按Enter，如图6-87所示。

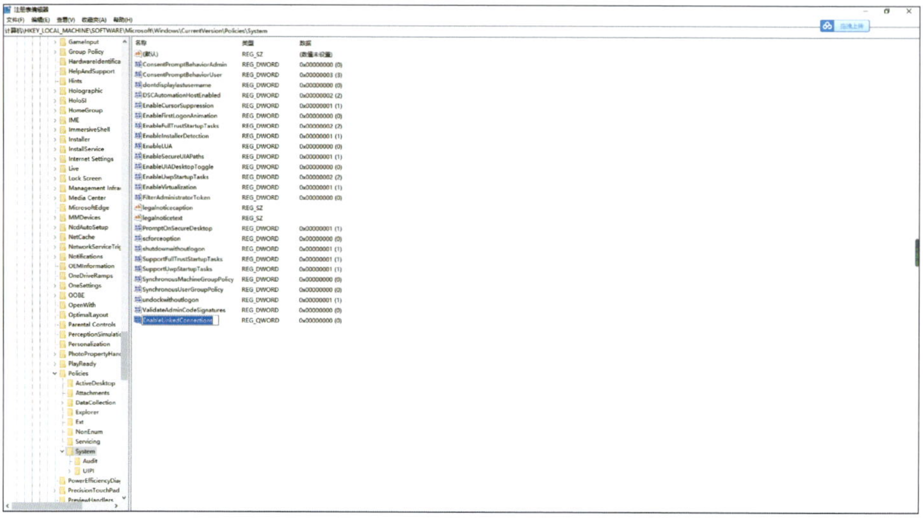

图 6-87　注册表创建（二）

⑤右键单击“EnableLinkedConnections”，然后单击“修改”。在“数值数据”框中，键入1，然后单击“确定”，如图6-88所示。

图 6-88　注册表创建（三）

退出注册表编辑器，然后重新启动计算机。

（4）安装注意事项。

①SQL Server 2014数据库安装：“身份认证模式”必须选择“混合认证”

方式。数据库必须使用SQL Server 2014 x64版本（标准版或者企业版）。

②独立显卡配置：存在多个显卡时，必须将符合要求的独立显卡设置为默认显卡。

③Direct X配置：系统必须支持DirectX 11、DirectX 12环境。

本章内容介绍的检测系统操作与维护详见《定位同步及视频监控系统操作维护手册》以及《检测数据管理系统操作维护手册》。

6.2.7 系统应用

1. 数据归集

（1）任务组管理（图6-89）

①新增：手动创建新的任务组，可将当前的检测任务添加进该组当中。

②编辑：手动进行任务组信息编辑，已录入的任务号不能再次进行编辑，只可修改开始和结束的过滤时间，编辑前需停止所有的同步任务。

③删除：可以手动逐个删除已停止归集检测任务的任务组。

④复制：选择一个历史任务组进行复制，会将该任务组下所有同步任务一同进行复制，复制过程中会生成新的任务号和开始、结束过滤时间，等同于创建了一个完整的任务组，无须添加同步任务。

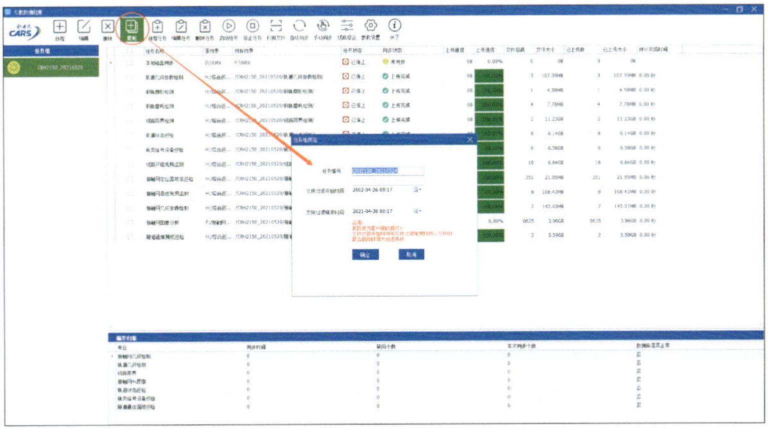

图 6-89 任务组管理

（2）任务管理（图6-90）

①新增任务：在当前任务组下新增需要同步的检测数据文件信息。

②编辑任务：可编辑当前任务组下的每项同步任务信息。

③删除任务：停止状态下删除任务组中每项任务，可单选或多选。

④启动任务：开启检测任务数据文件同步功能，可单选或多选。

⑤停止任务：暂停当前任务组中已选中的同步任务，可单选或多选。

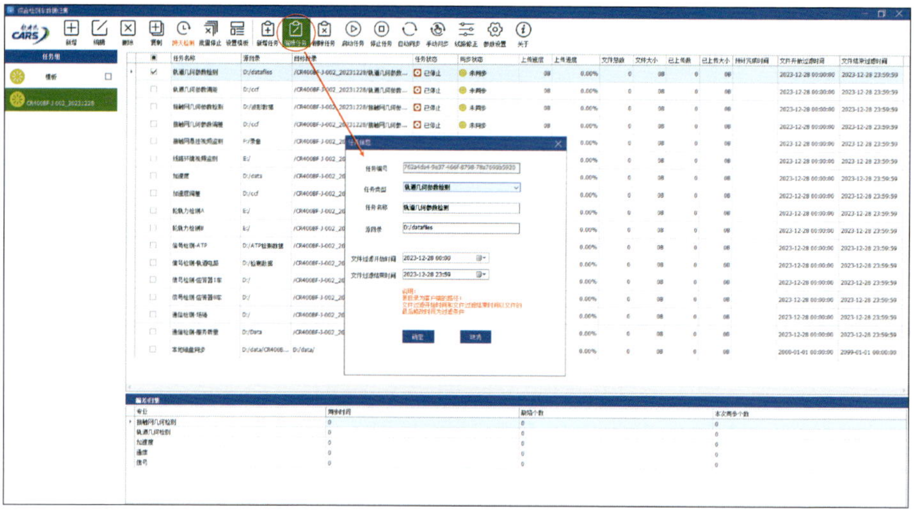

图 6-90　任务管理

（3）自动同步（图6-91）

负责将车载模式下轨道几何参数和接触网几何参数的偏差数据从各自的检测专业数据库中同步到本地服务器数据库中。开启轨道几何参数文件同步任务会自动开启自动同步功能。

（4）参数设置（图6-92）

配置本地服务端软件文件同步存储位置和偏差同步数据库连接设置，偏差数据库连接包括本地数据库连接和检测系统数据库连接等配置，车载检测系统数据库连接包括轨道几何参数、接触网几何参数。

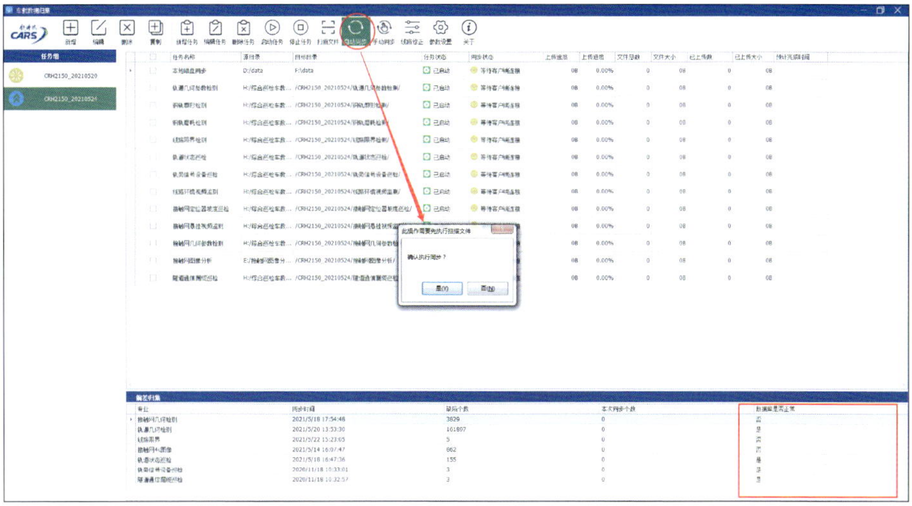

图 6-91　自动同步

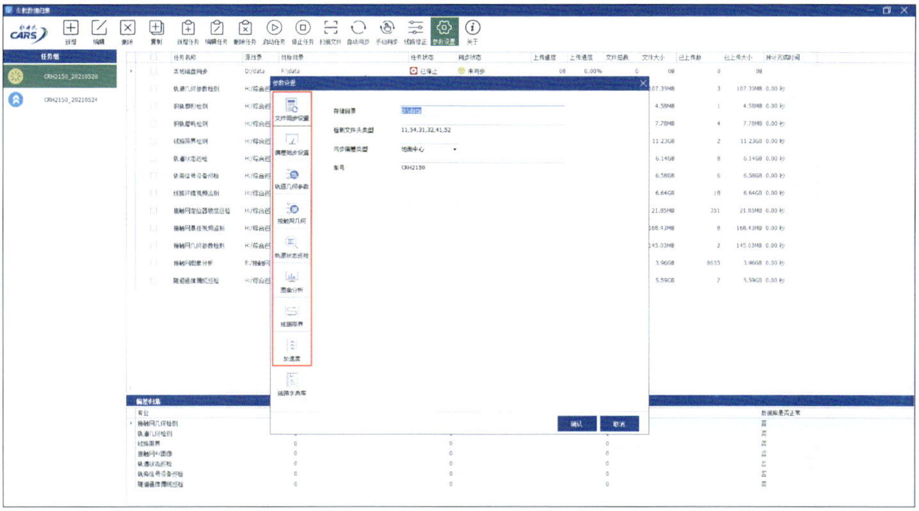

图 6-92　参数配置

（5）线路修正（图6-93）

车载检测模式下，各检测专业存在线路名称命名不统一的情况，同步和扫描到数据库中的线路信息较为混乱，不利于进行条件筛选。具体操作如下：

输入别称信息，选择线路信息，依次点击“新增”和“线路修正”。完成信息修正。

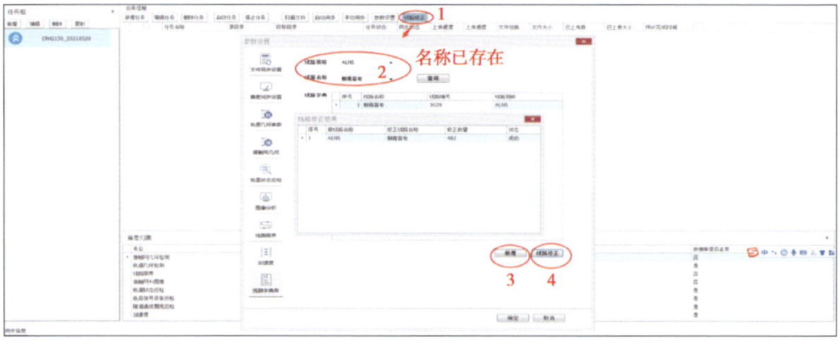

图 6-93　线路修正

2. 综合展示

（1）基础参数

数据库配置，可以设置数据库类型SQL Server，填写数据库服务器，数据库名称，用户名，密码（SQL Server 2014安装时的用户名和密码），如图6-94所示。

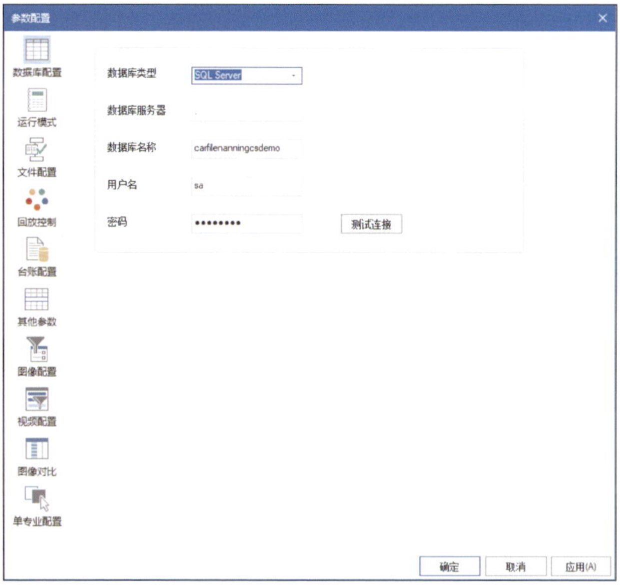

图 6-94　数据库配置

文件配置可以配置文件的扫描路径、归档路径，设置扫描方式，进行文件导航、文件列表、文件归档的配置。单击基础参数按钮，选择文件配置按钮，弹出右面的对话框，默认路径是扫描文件需要配置的路径，归档路径是归档文件需要配置的路径，扫描方式单击下拉菜单选择手动或者是自动，是否重复扫描任务目录，打钩即重复扫描，不打钩即不重复扫描，以文件目录中的时间文件夹判定是否重复，如图6-95所示。

图 6-95 文件配置

台账配置可以设置里程线位置和里程范围相关参数，可以自定义设置台账导出的路径，如图6-96所示。

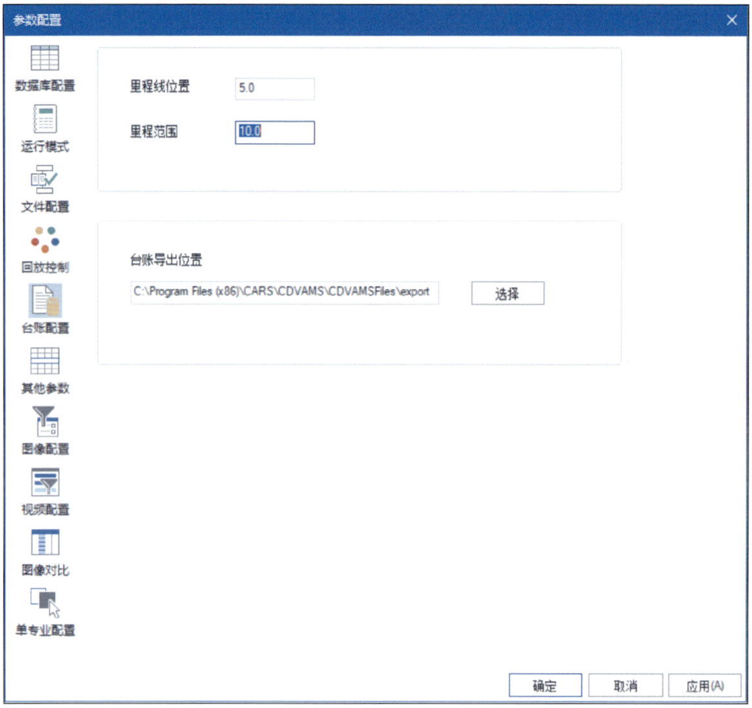

图 6-96　台账配置

（2）功能操作

登录软件，进入软件首页后有首页菜单栏。从首页选择某模板进入后会显示各自模板的菜单栏。

首页菜单栏主要功能描述见表6-3。

表 6-3　首页菜单栏功能

功能名称	功能描述
打开文件	打开文件的操作
文件管理	文件的增删改查
同步文件	为任务组管理，任务管理，等功能
缺陷管理	缺陷的增删改查
导出报表	按照条件导出缺陷报表
扫描文件	扫描新文件到软件

续表

功能名称	功能描述
偏差展示	按照线路集中显示偏差
台账管理	展示和编辑台账
里程分析	进行里程修正
地磁分析	分析地磁设备
交路管理	交路、线路的增删改查
台账通道	修改台账通道的操作
波形通道	修改波形通道设置
归档文件	保存文件到本地
基础参数	常用设置修改
布局管理	设置展示布局
角色管理	系统角色配置
用户管理	系统用户配置
权限分配	为系统配置不同角色配置不同权限
综合展示	展示各个专业文件
返回主页	返回系统首页

图像菜单栏见表6-4。

表 6-4　图像菜单栏功能

功能名称	功能描述
打开文件	打开图像文件
打开其他	打开关联文件
自适应窗口	最佳图像大小
全屏显示	全屏显示图像
原始窗口	图像原本大小
亮度+	亮度增加
亮度-	亮度减少
对比度+	对比度增强
对比度-	对比度减弱
清晰度+	清晰度增加

续表

功能名称	功能描述
清晰度-	清晰度减少
旋转0°	图像旋转0°
旋转90°	图像旋转90°
旋转180°	图像旋转180°
旋转270°	图像旋转270°
上一张	当前文件时间的上一个文件
下一张	当前文件时间的下一个文件
测量模式	测量图像两点间的距离
修正里程	校正里程
返回主页	返回系统首页

视频菜单栏见表6-5。

表 6-5　视频菜单栏功能

功能名称	功能描述
打开文件	打开视频文件的操作
打开其他	打开关联文件的操作
后退一帧（或者鼠标右键）	视频文件帧数减1
前进一帧（或者鼠标右键）	视频文件帧数加1
加速播放（或者鼠标右键）	视频文件加速播放
减速播放（或者鼠标右键）	视频文件减速播放
上一个（或者鼠标右键）	打开当前文件的前一个文件
下一个（或者鼠标右键）	打开当前文件的后一个文件
上下字幕（或者鼠标右键）	字幕由右侧字幕变成上下字幕
右侧字幕（或者鼠标右键）	字幕由上下字幕变成右侧字幕
生成MP4	视频以MP4格式保存到本地
原始截图（或者鼠标右键）	视频以图片格式保存到本地
缺陷截图	缺陷以图片形式保存到本地

续表

功能名称	功能描述
修正里程	里程校正
返回主页	返回系统首页

波形菜单栏主要功能见表6-6。

表 6-6 波形菜单栏主要功能

功能名称	功能描述
打开文件	打开波形文件
打开其他	打开关联文件
单点测量	文件中测量某个点
截面测量	测量文件中的截面
双线测量	测量截面与截面之间的距离
缩放模式	框选放大查看
显示峰值	波形最高值最低值的显示
显示上下界	标注每个通道的波形最高值最低值
显示GPS	GPS显示数据
显示当前值	显示当前里程值
里程格式转换	里程单位转换
显示基准线	在每个通道内显示基准线
显示20 m线	每20 m显示一条线
显示支柱线	支柱线的显示
显示标签	文件标签的显示
对齐标签	标签对齐的操作
自适应波形	恢复波形大小
显示备注	显示标注的备注
修正里程	偏移里程的修正
通道配置	设置通道参数
返回主页	返回系统首页

（3）控制台

里程回放。打开文件之后，单击【里程回放】按钮，如果想暂停，单击【暂停】按钮，如图6-97和图6-98所示。

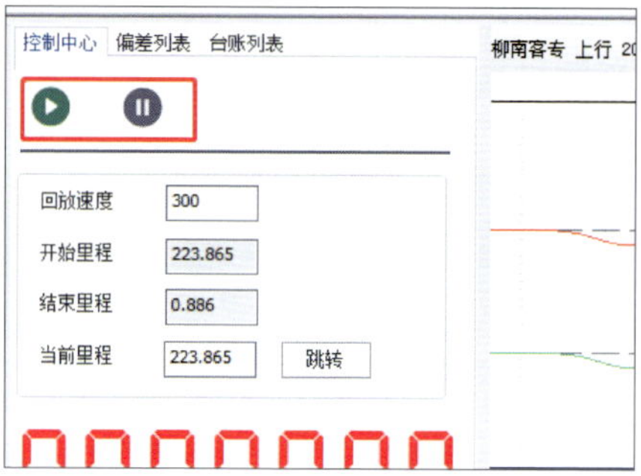

图 6-97　里程回放

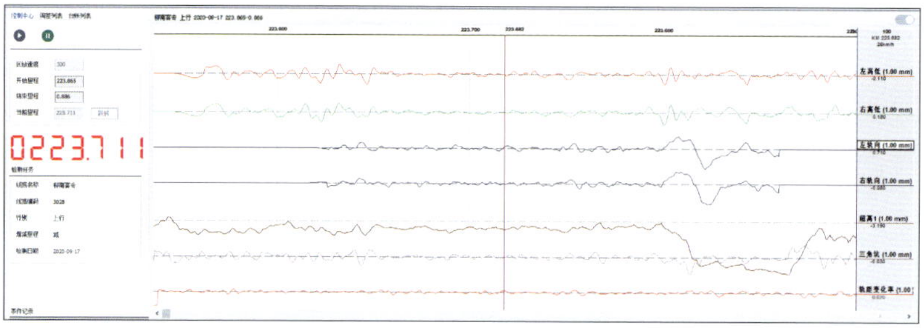

图 6-98　里程回放过程中

里程跳转。输入跳转里程之后，单击【跳转】按钮，如图6-99和图6-100所示。

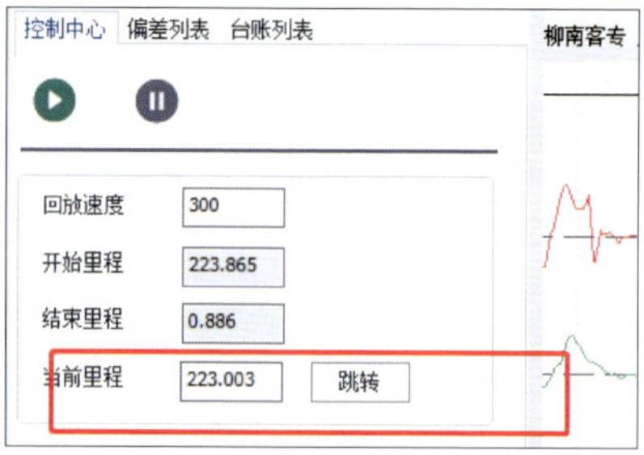

图 6-99　里程跳转

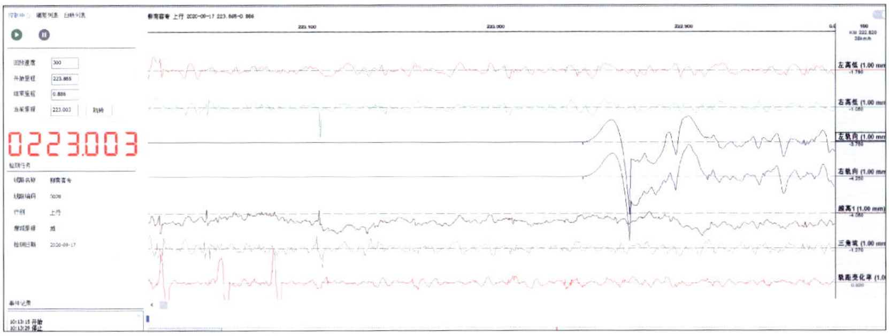

图 6-100 里程跳转之后

台账列表如图6-101所示。

图 6-101 台账列表

①选择台账类型：从左侧选择台账列表选项（图6-101），在下拉框列表中选择台账类型。

②台账联动功能：单击台账列表数据，打开的检测数据直接就跳转到相应的里程位置。

缺陷列表，如图6-102和图6-103所示。

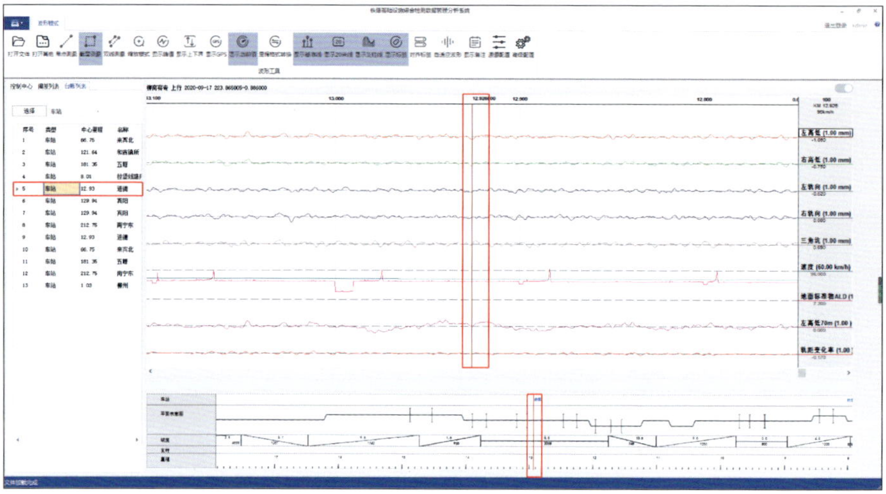

图 6-102　偏差列表跳转

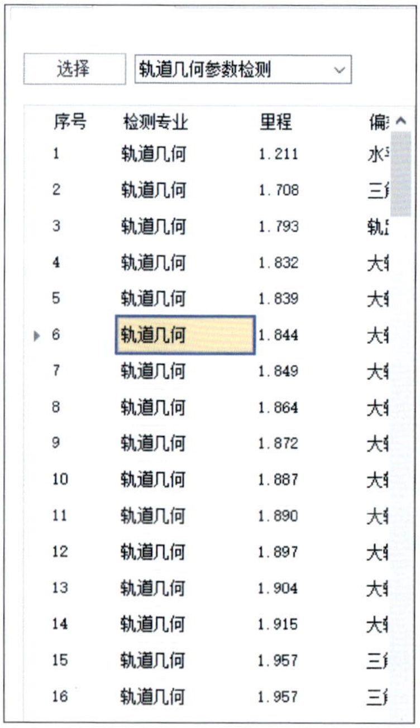

图 6-103　缺陷列表

①选择缺陷类型：从专业列表下拉框中选择检测类型。

②缺陷联动功能：单击台账列表数据，打开的检测数据直接就跳转到相应的里程位置，如图6-104所示。

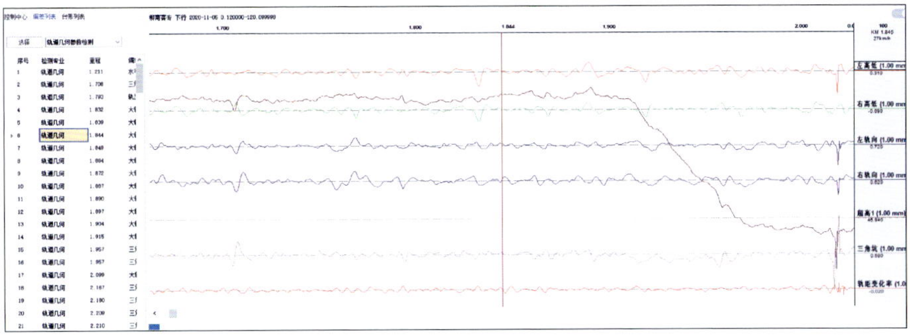

图 6-104　缺陷列表跳转

（4）布局管理

①布局更改

对综合布局模板进行管理。普通用户请勿操作，由运维人员使用。

打开布局管理窗口。以图像对比模板为例进行操作说明。

选择展示模式（图6-105），单击预览。

图 6-105　选择展示模式

选择对应子窗口，单击选择，然后选择对应视图内容，单击更新即可，如图6-106所示。

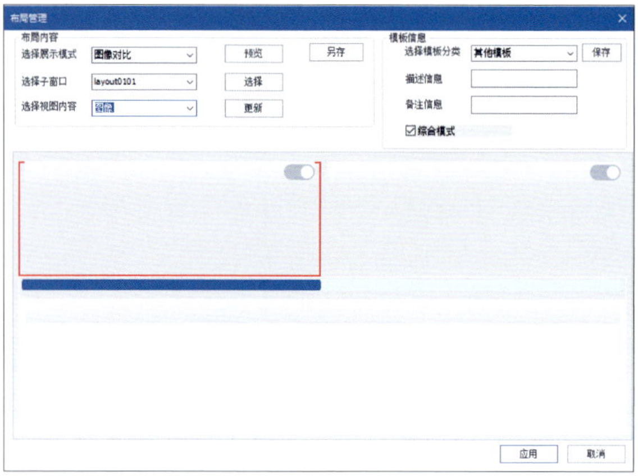

图 6-106 选择子窗口和视图内容

②模板设置

选择模板分类，输入描述信息和备注信息，然后保存，该模板就会显示在选择的模板分类中。

如果是单专业的就在备注信息中备注专业名称；如果不是单专业就选择下方的综合模式选项，然后单击保存。

波形单专业示例如图6-107所示。

图 6-107 模板设置

保存后重启软件就可以看到波形模板显示在其他模板中。

（5）文件管理

文件管理主要是对各类专业检测数据的文件进行管理。包括波形数据文件、图像数据文件、视频、限界数据文件等。

①扫描文件

通过扫描功能完成对所有数据的扫描并解析统计，统计的数据只显示一年以内的，如需查看一年以上的数据，需要将查询的开始时间修改为一年之前的时间点。

从文件管理选择扫描文件，在弹出提醒窗口中选择确定，如图6-108所示。

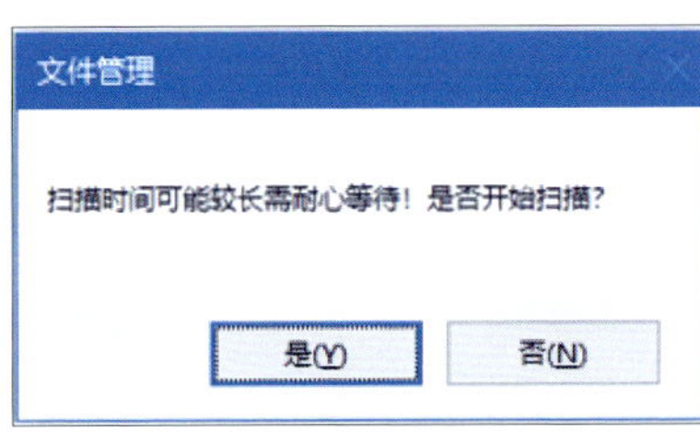

图 6-108　扫描文件

在弹出窗口找到扫描文件的文件夹，选择目标文件，如图6-109所示。

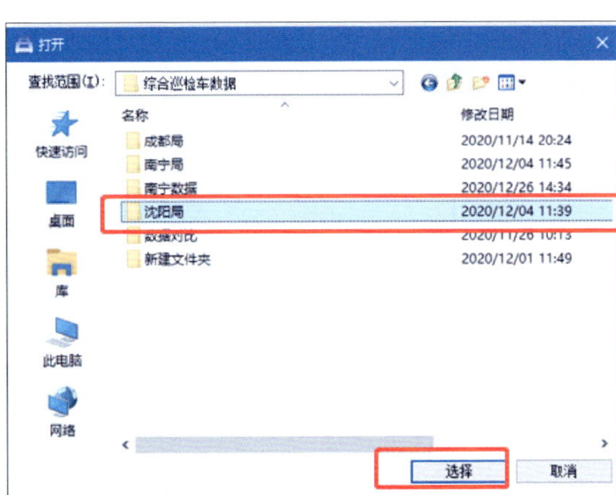

图 6-109　选择扫描文件

选择文件后，弹出对话框，单击开始扫描，如图6-110所示。

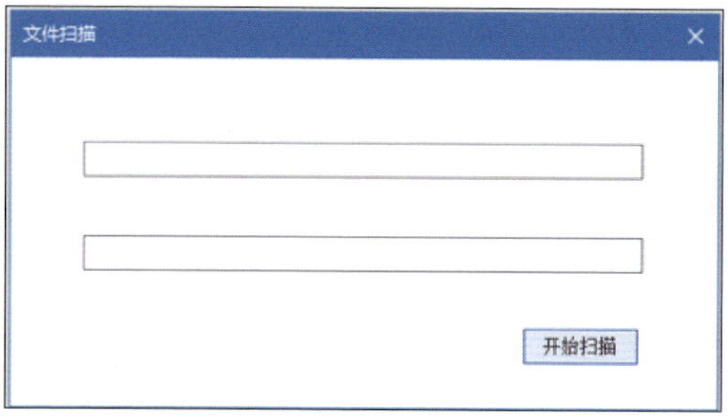

图 6-110　开始扫描文件

等待扫描结束后，提示扫描数量，单击确定，自动关闭对话框，如图6-111所示。

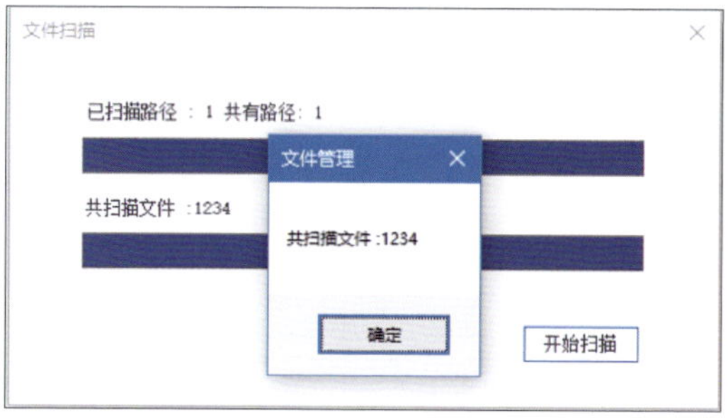

图 6-111　扫描完成

②文件管理

数据的查询、修改与删除，选择文件分组、打开文件位置、复制、粘贴功能。默认显示为一年之内的数据，如需显示更多的数据，请将查询位置的开始时间修改为一年以上的时间，然后再单击加载文件，或者通过修改setup文件，找到TimeSpan=365这里，将365修改成它的倍数即可，730或者1095即代表2年或者3年。

③文件编辑

使用数据前将线名、行别、里程等改成实际的检测数据。打开【文件管理】—通过左侧选目标数据，对相应数据进行删除或者修改，如图6-112所示。

图 6-112 文件管理

选好之后单击【修改数据】按钮，双击要修改的数据进行修改，如图6-113和图6-114所示。

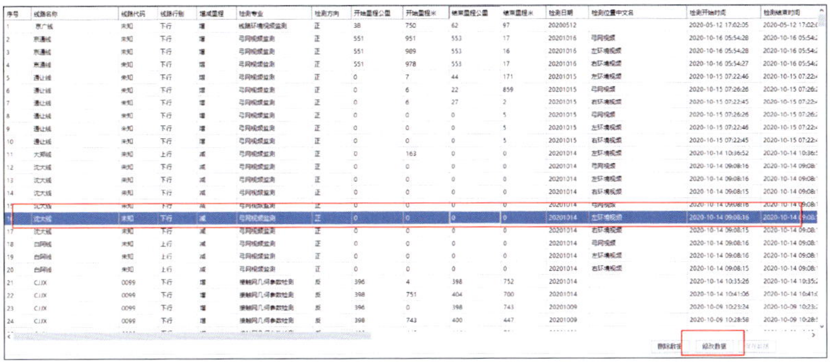

图 6-113 修改数据按钮

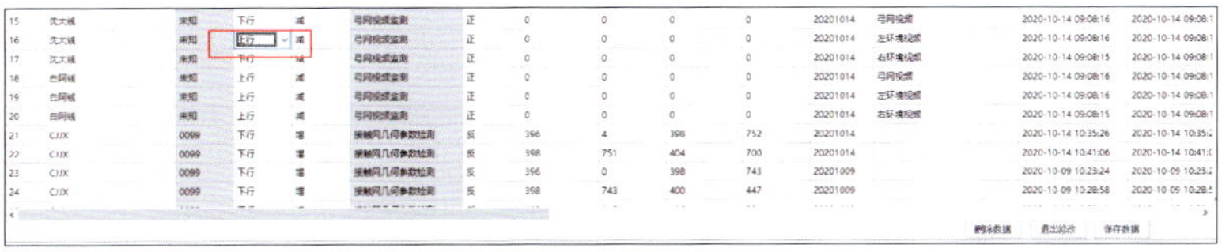

图 6-114 修改数据

修改完成后，单击【保存数据】按钮，如图6-115所示。

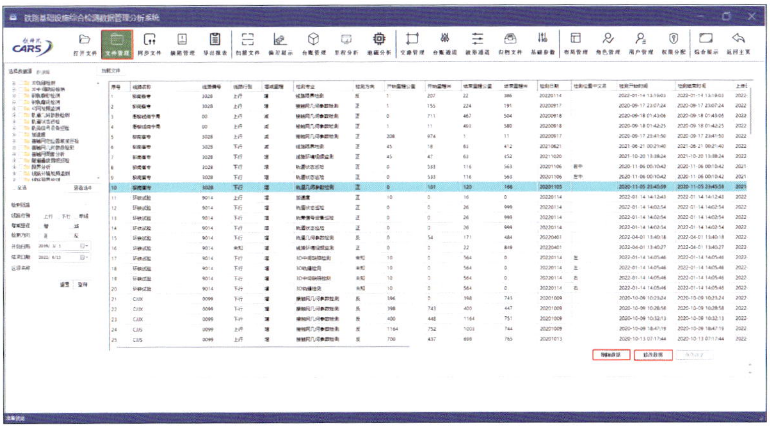

图 6-115 保存数据

修改线路名称的时候，选择完线路名称后需要点下其他单元格触发更改线路代码。

④文件查询

通过左边查询功能，选择相应的参数可以精确查询，如图6-116所示，检测线路可以直接在下拉框中选择即可。

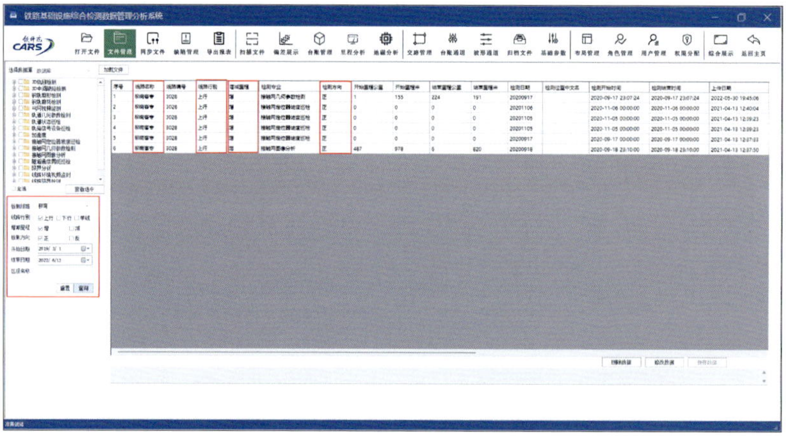

图 6-116　精确查询

操作选择文件分组、选择同一任务、选择同一线路、打开文件位置、复制、粘贴。选择一条或者多条文件，单击鼠标右键，弹出菜单，如图6-117所示。

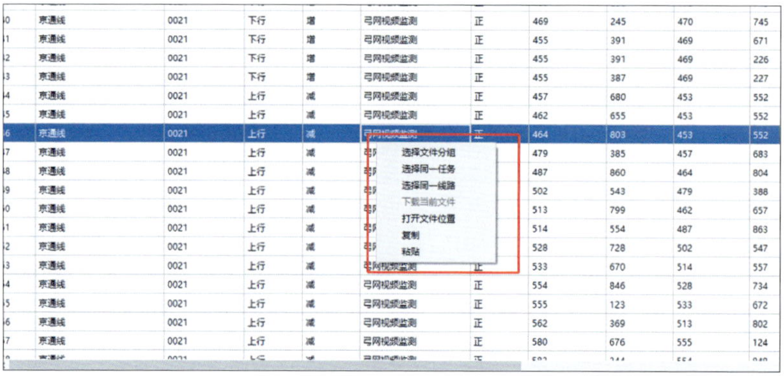

图 6-117　鼠标右键

选择文件分组：这个功能主要是对rssf文件（其他文件操作没有作用）操作，把rssf文件同一专业类别同时选中，如图6-118和图6-119所示。

图 6-118　选择文件分组

图 6-119　选择文件分组

选择同一任务：打开所选文件的相同路线、任务、行别、增减里程的文件，如图6-120和图6-121所示。

图 6-120　选择同一任务

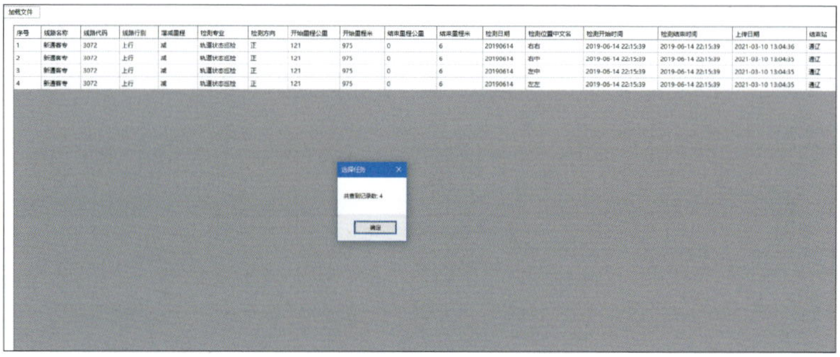

图 6-121　选择同一任务后

选择同一线路：打开所选文件的相同线路、行别、增减里程文件，如图6-122和图6-123所示。

图 6-122　选择同一线路

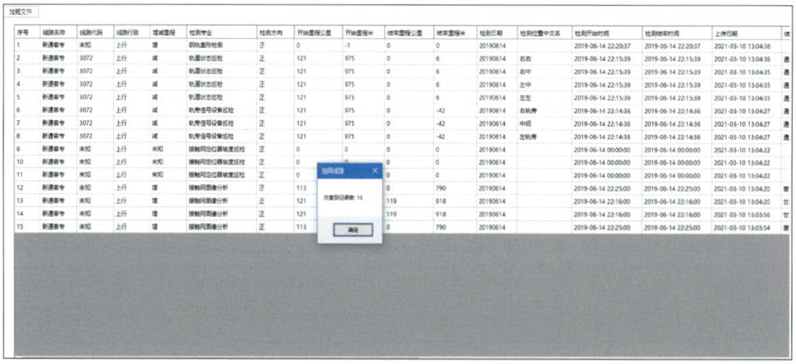

图 6-123　选择同一线路后

打开文件位置：打开所选文件在电脑存储的路径，如图6-124和图6-125所示。

图 6-124　打开文件位置

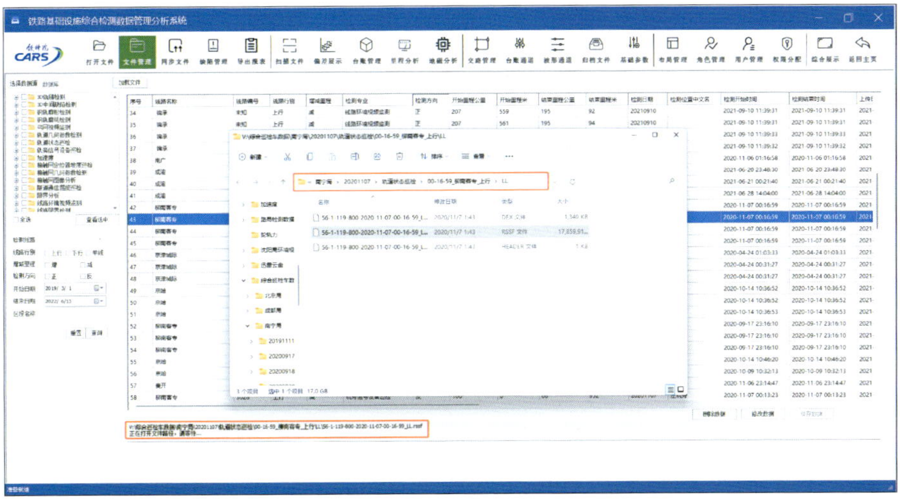

图 6-125　打开文件位置后

执行复制、粘贴。选中一个或者多个单元格，单击鼠标右键，单击“复制”，然后选中单元格单击鼠标右键，单击“粘贴”，如图6-126和图6-127所示。注明：单元格复制需要先单击修改数据，不允许直接整行复制。

然后在要粘贴的位置单击鼠标右键粘贴，单击“保存数据”，退出修改即可。

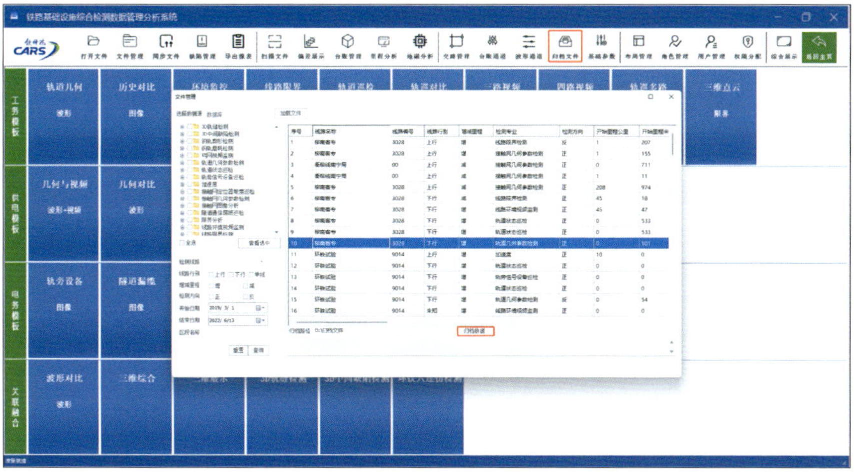

图 6-128 选择归档文件

图 6-129 归档成功

图 6-130 归档后查看

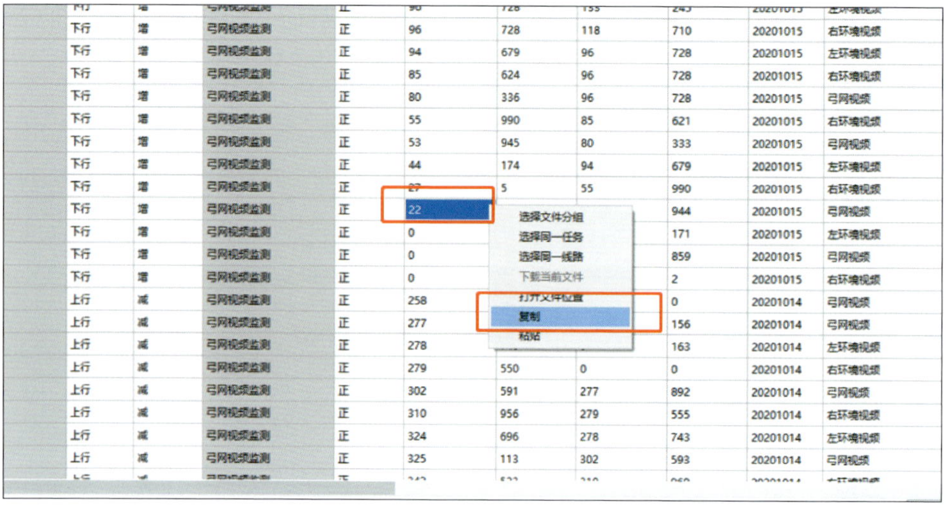

图 6-126　复制

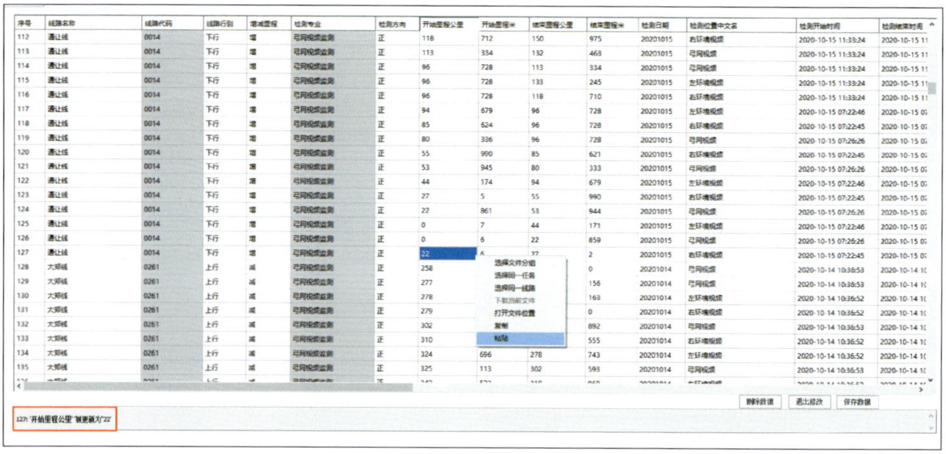

图 6-127　粘贴

⑤归档文件

把需要保存的数据导出，进行归档保存。

单击“归档文件”，在弹出窗口选择要进行归档的文件，确认归档路径，单击“归档数据”，选择“是”，等待归档完成，如图6-128～图6-130所示。打开归档位置所在文件夹，查看文件归档结果。

（6）系统主页

系统主页如图6-131所示，从上到下依次为菜单栏、工务模板选择区域、供电模板选择区域、电务模板选择区域、关联融合模板选择区域。

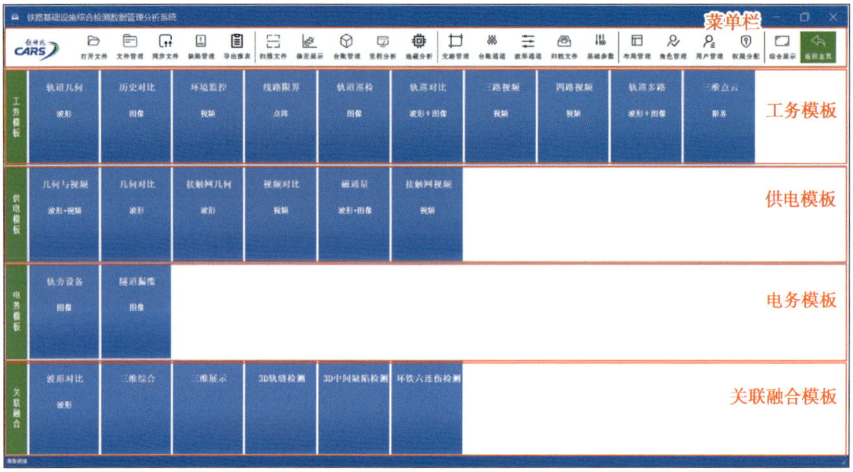

图 6-131　软件首页

各类型模板的基本说明见表6-7。

表 6-7　各模板介绍

模板名称		控　件	说　明
工务模板	轨道几何波形	波形	轨道几何
	巡检历史对比	图像	巡检对比
	线路环境视频	视频	线路视频
	线路限界	点阵+视频	限界与线路视频
	轨道巡检	图像	轨道状态巡检
	轨巡对比	波形+图像	轨道几何与巡检对比
	三路视频	视频	线路视频
	四路视频	视频	线路视频
	轨巡多路	波形+图像	轨道几何与巡检对比
	三维点云	3D限界	3D限界

续表

模板名称		控　件	说　明
供电模板	几何与视频	波形+视频	接触网几何与弓网视频
	几何对比	波形	接触网几何对比
	接触网几何	波形	接触网几何
	视频对比	视频+	视频对比
	磁通量	波形+图像	接触网几何参数和轨道状态巡检
	接触网视频	视频	接触网视频
电务模板	轨旁设备图片	图像	轨旁信号设备巡检
	隧道漏缆图片	图像	隧道漏缆
关联融合模板	波形对比	波形+	接触网几何与轨道几何对比
	三维综合	波形+视频+3D限界	轨道几何、线路视频、3D限界
	三维展示	3D限界+视频+图像	3D限界、线路视频、轨道巡检